ein Ullstein Buch

ÜBER DAS BUCH:

Ein Name, ein Antlitz, ein Mythos: Marlene! Was verbirgt sich hinter der Diva, die von der ganzen Welt bewundert und geliebt wird? In diesem Buch äußert sich Marlene Dietrich freimütig. Sie erzählt von ihrer Kindheit, ihrer Jugend, von ihrem Aufstieg zum Weltstar. Sie spricht über die Männer und Frauen, die in ihrem Leben eine Rolle spielten. 1929 entdeckte sie Hollywoods Starregisseur Josef von Sternberg und machte aus ihr in der Rolle der Lola im »Blauen Engel« *die Marlene!* Mit Frack, Zylinder und Zigarette im Mundwinkel wurde sie für die ganze Welt ein Begriff. Das Traumbild der modernen Frau: erotisch, aber kühl, selbstbewußt, doch voller Leidenschaft ... Sie hat gelebt, wie sie wollte. Sie hat geliebt, wen sie wollte. Und doch war immer ein Hauch von Geheimnis um sie. Was dachte sie, was fühlte sie? Wofür engagierte sie sich, was ließ sie kalt? Hier steht sie Rede und Antwort.

DIE AUTORIN:

Marlene (Maria Magdalena) Dietrich wurde Anfang des Jahrhunderts als Tochter eines Offiziers in Berlin-Schöneberg geboren. Nach der Schulzeit nahm sie in der Schauspielschule von Max Reinhardt Unterricht und ging zur Bühne. 1924 heiratete sie den Regieassistenten Rudolf Sieber. Josef von Sternberg entdeckte sie 1929 für den »Blauen Engel«. 1930 folgte sie ihm in die USA und startete damit eine Weltkarriere. In insgesamt dreiundfünfzig Filmen ist sie aufgetreten und hat sich Weltruhm erworben. 1937 wurde sie amerikanische Staatsbürgerin. Nach dem Krieg wurde sie ein international gefeierter Show-Star. Seit 1976 lebte sie ständig in Paris, wo sie am 6. Mai 1992 im Alter von 90 Jahren starb.

Marlene Dietrich

Ich bin, Gott sei Dank, Berlinerin

Memoiren

ein Ullstein Buch

ein Ullstein Buch
Nr. 22320
im Verlag Ullstein GmbH,
Frankfurt/M – Berlin
Aus dem Französischen von
Nicola Volland
Der Übersetzung liegt zugrunde:
Marlène D. par Marlene Dietrich,
erschienen bei Editions Grasset,
Paris 1984

Ungekürzte Ausgabe

Umschlagentwurf:
Hansbernd Lindemann
Foto: Ullstein Bilderdienst

Printed in Germany 1992
Druck und Verarbeitung:
Ebner Ulm
ISBN 3 548 22320 6

2. Auflage Mai 1992

Alle im Buch enthaltenen
Fotos stammen aus dem
Privatbesitz von Frau
Dietrich.

Die Deutsche Bibliothek –
CIP-Einheitsaufnahme

Dietrich, Marlene:
Ich bin, Gott sei Dank, Berlinerin:
Memoiren / Marlene Dietrich. [Aus d.
Franz. von Nicola Volland]. –
Frankfurt/M; Berlin: Ullstein, 1992
(Ullstein-Buch; Nr. 22320)
Einheitssacht.: Marlène D. par Marlene
Dietrich <dt.>
ISBN 3-548-22320-6
NE: GT

BERLIN

WENN MAN MEINE PLATTE, TITEL - "BERLIN-BERLIN" ANHOERT WEISS MAN WO MEIN HERZ LIEGT!

ICH BIN, GOTT SEI DANK, BERLINERIN!
ICH SAGE "GOTT SEI DANK" WEIL DER BERLINER HUMOR MIR MEIN GANZES LEBEN ERLEICHTERT HAT UND MIR GEHOLFFEN HAT NICHT IN DEM GRAM DER WELT ZU ERTRINKEN.

ES IST EIN LEICHTER HUMOR - KEIN SCHWERER ODER PASSIONTER HUMOR. DAS HABEN WIR BERLINER NICHT NOETIG.

BERLIN IN DEN ZWANZIGER JAHREN WAR ALLEM VORAUS, WAS SICH JETZT IN DER WELT ALS "NEU" IN UNSERER BRANCHE BEHAUPEET. ES GAB ALLES, DIE GROSSEN THEATER VON REINHARDT, GROSSE FILM-STUDIOS, GROSSE FILME. ES GAB KLASSICHE KONZEREE UND AUCH NICHT KLASSISCHE KONZERTE.
ES GAB ALLES WAS MENSCHEN BEGEHRTEN IN DER KUNST.
ES GAB DIE SCHOENSTEN LOKALE, AUCH SCHWULE LOKALE.
BERLIN WAR EINE GROSSTADT - PRODUCTIF UND REICH AN IDEEN, REICH AN ORGANIZATION - REICH AN IDEALEN UND ZUGLEICH PRAKTISCH, EINE NIE ERREICHTE KOMBINATION!
VON DEM BERLINER ERFUNDENEM "JARGON" GARNICHT ZU REDEN!
UNERSETZBAR UND NUR FUER UNS BERLINER UNERSAETLICH!

Hinweis

Dieses Buch ist niemandem im besonderen gewidmet.

Es gibt keinen »Peter, Paul und Hans« für mich.

Ich habe dieses Buch für diejenigen geschrieben, die mich gerne gesehen haben, auf der Leinwand wie auf der Bühne, für diejenigen, die es mir möglich gemacht haben, zu arbeiten, Geld zu verdienen, meine Steuern zu bezahlen und die flüchtigen Freuden zu genießen, die das Leben bietet.

Vielleicht werden sie dieses Buch lesen.

Vielleicht werden sie ein wenig mit mir lachen.

Vorwort

Ich habe beschlossen, dieses Buch zu schreiben, um zahlreiche Mißverständnisse aus dem Weg zu räumen.

Denn zu viel Unsinn ist über mich verbreitet worden von Personen, die mit meinem Namen nur Geld verdienen wollten. Wie hätte ich sie davon abhalten können? Ich erfuhr immer zu spät von ihren Plänen, vom Erscheinen ihrer Werke, und ich wußte nicht, daß diese Herren, die die Stirn hatten, Verleumdungen in die Welt zu setzen, sich des Privatlebens eines Menschen zu bemächtigen, von den Gesetzen in ihren Ländern geschützt wurden. Ich muß wohl nicht eigens erwähnen, daß keiner meiner sogenannten Biographen jemals die Höflichkeit besessen hat, mich zu Rate zu ziehen – was Bände über sie spricht.

Diese Leute haben weder Ehre im Leib noch Würde, sie gehören zur Rasse derjenigen, die Ernest Hemingway als »Parasiten« bezeichnete. Meine einzige Abwehr – eine klägliche Verteidigung, wirklich! – gegen diese Fälscher hat immer darin bestanden, ihre »Werke« zu ignorieren. Wenn mir jemand nach einer Theatervorstellung, in den Vereinigten Staaten oder im Ausland, eines jener Bücher entgegenstreckte, weigerte ich mich, es zu signieren.

Über mein Leben zu sprechen, interessiert mich nicht. Aber da mein Werdegang, das, was ich dargestellt habe, auf allgemeines Interesse zu stoßen scheint, habe ich mich dazu durchgerungen, diese Memoiren zu schreiben, damit man sich in Zukunft nicht mehr fragen muß, was Wahrheit ist und was Lüge. Fakten sind unwichtig. Ich möchte nur die verschiedenen Abschnitte meines Lebens nicht verzerren. Und zwar denjenigen zuliebe, die mich mögen oder die sich an mich erinnern. Ich habe niemals Tagebuch geführt. Ich habe mich nie ernst genug genommen, um die kleinen alltäglichen Ereignisse aufzuschreiben. Dazu fehlte mir die nötige Selbstgefälligkeit. Der Glanz des Ruhmes hat mich immer gleichgültig gelassen; während alle anderen ihm erlagen, fand ich ihn lästig, lähmend und gefährlich. Ich habe ihn verabscheut. Im Gegensatz zu den meisten Schauspielern und Schauspielerinnen hasse ich es, mich als »Star« aufzuführen, auf der Straße oder auf einem Flughafen den Neugierigen zum Opfer zu fallen. Die Bewunderung von Unbekannten läßt mich kalt. Die Berühmtheit, die die Persönlichkeit eines Menschen völlig verändern kann, hat keine Macht über mich. Warum? So bin ich nun einmal.

Ich besaß ein gewisses »Laisser-aller«, das sicher recht selten ist für ein so junges Mädchen, wie ich es bei meinem Debüt war. Anders als meine »Biographen« behaupten, habe ich es nie darauf angelegt, ins Gespräch zu kommen oder Fotos von mir auf die Titelseiten der Zeitungen zu bringen. Der Mißbilligung der Studios, für die ich arbeitete, zum Trotz habe ich mich nie um meine Fotos oder um die Artikel, die über mich in der Presse geschrieben wurden, gekümmert. Wenn ich mich dem Terminkalender der Interviews fügte, so einzig und allein, um meine Verträge zu erfüllen.

Jeder weiß, wie schwierig es ist, sich die erste Zeit seines Lebens ins Gedächtnis zurückzurufen. Wir alle haben Eindrücke, Erinnerungen, die nicht unbedingt mit der Wirklichkeit übereinstimmen, oder die sich mit der Zeit verwischt haben. Meine Mutter, die mir vieles erzählen könnte, lebt nicht mehr. Sie ist kurz nach dem Krieg gestorben. Wir haben ihren Sarg aus Schulbänken zusammengezimmert und draußen im Regen gestanden, weil die Kapelle bombardiert worden war. Das war 1945, und ich war noch in der amerikanischen Armee, aber meine Vorgesetzten hatten mir erlaubt, mich um alle Formalitäten zu kümmern; ich nahm ein Flugzeug, und wir gerieten während des Fluges in ein so heftiges Gewitter, daß die Landung in Berlin beinahe mißglückt wäre, aber schließlich konnte ich meine Mutter beerdigen. Mit ihr löste sich das letzte Band, das mich an meine Heimat fesselte. Wir alle verlieren unsere Mütter, Freunde, Kinder, wir werden immer wieder von denjenigen fortgerissen, die wir lieben. Wie unserem Schicksal entgehen, unserem Leid, unserer eigenen Vernichtung? Vielleicht indem wir denken, daß – für unsere Kinder und für unsere Familien – unser Leben nicht nutzlos gewesen ist, daß wir ihr Leid und ihren Schmerz haben lindern können.

Mein Name ist tatsächlich Marlene Dietrich, meine Schulkameradinnen können das leicht bezeugen. Pech für meine »Biographen«, die behaupten, das sei ein Künstlername. Als Kind war ich dünn und blaß; ich hatte lange rotblonde Haare und den durchscheinenden Teint, die weiße Haut der Rothaarigen sowie, ebenfalls aufgrund dieser langen rotblonden Haare, ein kränkliches Aussehen. Meine Eltern waren sehr wohlhabend, und so erhielt ich die denkbar beste Erziehung. Ich hatte Gouvernanten und Privatlehrer, die mir Hochdeutsch beibrachten, jene reine, von jedem Dialekt ungetrübte Sprache. Ich bin dem Hochdeutschen treu geblieben und erschüttert über die Verstümmelung, die es heute ständig erfährt, über die Lässigkeit, mit der die meisten zeitgenössischen Schriftsteller es handhaben. Diese Treue ist auch eine Art und Weise, meine Kindheit nicht zu vergessen.

Erster Teil

Ein Mädchen aus gutem Hause

I

Alle sagten, ich sei noch zu jung, um zur Schule zu gehen. Frühmorgens, im Winter, kniff ich die Augen zusammen, und kleine Tränen verwandelten die blassen Straßenlaternen in lange, schmale, glitzernde Lichtbündel. Jeden Morgen spielte ich dieses Spiel, und meine Tränen flossen leicht. Im Grunde brauchte ich gar nicht zu weinen, der Wind und die Kälte reichten vollauf. Ich kannte die geschlossenen Läden aller Geschäfte, alle vorspringenden Steine, über die ich – auf einem Bein, mit geschlossenen oder gekreuzten Beinen – springen oder, wenn es in der Nacht geschneit hatte, rutschen konnte. Ebenso vertraut waren mir meine Gefühle: die Gewißheit, meine kostbare Freiheit verloren zu haben, Angst vor den Lehrern und Strafen, Angst vor der Einsamkeit.

Das Schultor war schwer. Ich mußte mich mit aller Kraft dagegenstemmen, um es zu öffnen. Ein Lederstreifen dämpfte den lauten Aufprall von Eisen auf Eisen, und ich war wieder gefangen wie jeden Morgen. Ich wurde ein Jahr zu früh eingeschult, und da ich bereits lesen, schreiben und rechnen konnte, kam ich direkt ins zweite Schuljahr. Ich war also jünger als meine Klassenkameradinnen, und sogar jünger als die kleinen Mädchen, die in die erste Klasse gingen. Das war der Grund für meine Einsamkeit.

Auch später, und obwohl nicht wenige meiner Mitschülerinnen meine französischen Aufsätze abschrieben, blieb ich einsam, war weiterhin ausgeschlossen von ihren getuschelten Geheimnissen, ihren Vertraulichkeiten und ihren Lachanfällen. Doch ich wollte auch gar nicht wissen, was die anderen vor mir verheimlichten. Das Gefängnis Schule barg ein zusätzliches Gitter, eigens für mich, weil ich zu jung war. Ich zweifelte keine Sekunde daran, daß das Alter von entscheidender Bedeutung sei. Alle Erwachsenen fragen ein Kind erst nach seinem Namen, dann nach seinem Alter; doch nicht der Name, sondern immer nur das Alter sorgt für beifälliges Kopfnicken. Da die Zufriedenheit der Erwachsenen der Anzahl der Jahre zu entsprechen schien, machte ich mich gerne älter.

Mein Schicksal in der Schule war eigenartig und meiner Meinung nach unverdient. Ich wußte, daß, auch wenn noch so viele Jahre vergingen, ich doch immer zu jung bleiben würde; ich mußte jemanden finden, der zu mir hielt, einen intelligenten Menschen, dem mein Alter gleichgültig war. Da trat Mlle. Breguand, Marguerite Breguand, in mein Leben.

Sie hatte dunkelbraune Augen, band ihre schwarzen Haare zu einem lockeren Knoten zusammen und trug immer eine weiße Bluse, einen schwarzen Rock und um ihre Taille einen schmalen Gürtel aus weichem Leder. An der Schule war sie die einzige Französischlehrerin französischer Herkunft – alle anderen Lehrer, für französisch wie für englisch, hatten die Sprachen jeweils nur an Ort und Stelle studiert. Mlle. Breguand sprach fließend deutsch mit einem französischen Akzent. Sie unterrichtete die höheren Klassen, Schüler also, die bereits die Grundregeln der französischen Grammatik beherrschten.

Eines Tages, als ich während der Pause versuchte, mein Butterbrot zu vertilgen, sprach sie mich an. Ich stand ganz allein an einem der hohen Fenster im Schulflur und war trauriger als der Regen, der draußen fiel. Sie blieb vor dem Fenster stehen, blickte hinaus und fragte mich dann: »Hast du einen ernsten Grund, traurig zu sein?« Ich preßte meine Lippen über dem schwer verdaulichen Bissen meines Brotes fest zusammen und schüttelte den Kopf. »Dann ist es eine Sünde, traurig zu sein.« (Sie sprach deutsch, sagte das Wort »Sünde« aber auf französisch.) In diesem Augenblick klingelte es, die Pause war vorbei, und sie ging fort.

Am nächsten Tag zur selben Stunde kam sie wieder zu mir; ich antwortete auf alle ihre Fragen. Jeden Tag kam sie nun zur selben Stunde an denselben Ort. Mein Alter schien sie nicht zu kümmern: wichtig war ihr offensichtlich nur, daß ich da war und daß wir miteinander sprachen. Sie war so glücklich, sich auf französisch mit mir unterhalten zu können. Wenn es läutete, trug ich ihre Bücher hinter ihr her. Sie wandte den Kopf, um mit mir zu sprechen, und manchmal blieb sie mit einem kleinen Ausruf der Überraschung über meinen umfangreichen Wortschatz stehen. Schließlich trat sie in ihre Klasse, sah mich an und schloß die Tür. Glückstrahlend lief ich dann vor dem letzten Klingeln durch die leeren Korridore in meinen Klassenraum.

Sie vertrieb meine Einsamkeit, meine kindlichen Sorgen, meine Traurigkeit. Sie verkörperte meine Wünsche und gleichzeitig deren Erfüllung. Ich verbrachte meine ganze freie Zeit damit, mir Geschenke für sie auszudenken: blau-weiß-rote Bänder, die meine Mutter beim französischen Ball in ihrem Haar getragen hatte; französische Landschaften, die ich aus alten Magazinen ausschnitt; einen Strauß Maiglöckchen zum 1. Mai; eine Kornblume, ein Maßliebchen und einen Klatschmohn zum 14. Juli. Ich kaufte in Frankreich hergestellte Weihnachts- und Neujahrskarten und träumte davon, ihr ein französisches Parfum zu schenken, aber meine Mutter sagte, daß zu kostspielige Geschenke Mlle. Breguand in Verlegenheit brächten, und daß ich geduldig warten müßte, bis ich ein wenig älter wäre. Mlle. Breguand wartete oft mit mir vor der Schule, wenn meine Gouvernante zu spät kam, und manchmal begleitete sie uns auch ein Stück, so lange, bis sie die begonnene Geschichte zu Ende erzählt hatte.

Niemals vergaß sie, mir am letzten Schultag vor den Ferien ihre Adresse zu geben, die sie auf eine aus ihrem Notizbuch herausgerissene Seite geschrieben hatte. Sie hatte meine geheimsten Hoffnungen erraten und wußte, wie sie meinen Kummer heilen konnte.

Endlich kam der Tag, an dem ich eine ihrer Schülerinnen wurde. Endlich war ich in ihrer Klasse. Doch sie schenkte mir nicht mehr Aufmerksamkeit als den anderen Kindern. Manchmal warf sie einen Blick in meine Richtung, als wollte sie sich meiner vergewissern. Unsere Vertrautheit schwebte wie ein blaßblaues Band in der unbeweglichen Luft der Klasse und erfüllte mein Herz mit jenem Glücksrausch, den die Dichter preisen und der andere Menschen nicht rührt. Nach der Schule lief ich schnell nach Hause, um an meinen französischen Aufsätzen zu arbeiten, herrliche Ausdrücke zu finden, die sie in Erstaunen versetzen würden, und zu versuchen, das Beste aus einer Sprache herauszuholen, deren Reichtum sie immer rühmte. Ihre in Schönschrift und mit roter Tinte geschriebenen Anmerkungen enthielten im Telegrammstil abgefaßtes, maßvolles Lob, das mir zärtliche Blicke meiner Mutter eintrug. Dank Mlle. Breguand war die Schule kein Gefängnis mehr, sondern eine Art große Stadt, in der ich meine heimliche Liebe zu finden wußte. Diesen ganzen Winter und Frühling ging ich jeden Morgen leichten Herzens zur Schule bei dem Gedanken, daß wieder ein glücklicher Tag vor mir lag.

Aber als der Unterricht im Herbst 1914 wieder anfing, mußten sich alle Schüler und Lehrer in der Aula versammeln.

Es wurden donnernde Reden gehalten, von denen wir kein Wort verstanden. Auf Zehenspitzen versuchte ich, das Gesicht von Mlle. Breguand zu entdecken. Ich sah es nicht. Die Englisch- und Französischlehrer standen neben den Latein- und Griechischlehrern. Sie war nicht dabei. Ich suchte die Reihen der Lehrer für naturwissenschaftliche Fächer und Mathematik ab. Auch dort war sie nicht. Sie hatte doch sicher die große Schulglocke gehört, die uns zusammenrief. Wo war sie? Da dämmerte mir langsam, eiskalt die schreckliche Wahrheit. Marguerite Breguand! Frankreich! Franzosen! Sie sind Französin! Sie, Marguerite Breguand, Sie sind Französin! Deutschland befindet sich im Krieg gegen Frankreich! Deswegen sind Sie nicht hier. Wir sind der Feind. Bei diesem Gedanken wurde ich ohnmächtig.

Ich mußte Wasser trinken, und es hieß, die Luft in der Aula sei zu stickig. Die Reden gingen zu Ende, schwatzend wie die Elstern kehrten wir in unsere Klassenzimmer zurück. Wir sollten nun während der Schulstunden für die Soldaten stricken. Die jüngeren von uns Pulswärmer, die älteren Pullover. Auch Schals, eine einfache Arbeit. In der Turnhalle wurde Wolle gelagert. Die toten Sprachen würden weiter unterrichtet, aber was war mit englisch und französisch? Neue Lehrer würden diejenigen ersetzen, die nun an der Front kämpften. Mit etwas Glück würden sie alt und verschlafen sein. Und wir hatten Glück: die Schulordnung wurde gelockert. Jeden Morgen von acht bis neun Uhr sollte in allen Klassen, vom vierten Schuljahr bis zur Sexta und von der Quarta bis zur Unterprima, der Unterricht durch Strickstunden ersetzt werden; die Wolle sollten wir uns in der Turnhalle holen.

Die Soldaten marschierten durch die Straßen, mit einer Blume am Gewehr, sie lachten, sangen, küßten die Frauen, Fahnen hingen aus den Fenstern: man feierte den Krieg gegen Frankreich. *Das Fest des Krieges.* Die Barbaren feierten die Kriegserklärung. Mit einer Blume am Gewehr.

Niemand hätte mich zwingen können, in den Krieg gegen Frankreich zu ziehen. Ich liebte Marguerite Breguand, und ich liebte Frankreich; ich liebte die sanfte und vertraute französische Sprache. Ich war die erste, die Trauer trug: Ich hatte Marguerite Breguand verloren, ich hatte die französische Sprache verloren, ich hatte ein Versprechen verloren, das nicht gehalten worden war, ein ehrliches, reines Versprechen, das meine Lehrer mir gegeben hatten – sie, die uns gesagt hatten: »Versprochen ist versprochen.«

Man hatte uns eine friedliche Kindheit gelobt, Schule, Ferien und Picknicks, die großen Ferien mit Hängematte, Strand, Eimer, Schaufel und einem Seestern, den man mit nach Hause nehmen konnte. Man hatte uns Pläne versprochen. Pläne zum Schmieden, Ausführen, Verwirklichen, Träume zum Träumen und Wahrmachen. Eine sichere Zukunft – und es lag an uns, sie zu nutzen. Und jetzt? Keine Pläne mehr, keine sichere Zukunft mehr und keinerlei für den Krieg taugliches Wissen. Da wir keinen Verband machen konnten, strickten wir. Wir saßen in dem vom Tageslicht spärlich erhellten Klassenraum und strickten, um die Soldaten, die in der Fremde Schützengräben aushoben, zu wärmen. Man ließ uns stricken, damit wir uns nützlich fühlten, um die vom Krieg verursachte gähnende Leere zu füllen. Die Wolle war »feldgrau«, rauh und verhedderte sich ständig. Feldgrau. Für mich waren die Felder nicht grau, aber da, wo gekämpft wurde, waren sie es vielleicht.

Die Schule versank also von neuem in grauer Eintönigkeit, wurde wieder zu dem, was sie vor dem Gastspiel von Mlle. Breguand gewesen war: einem Gefängnis. Aber ich vergaß sie nicht. Jedes Mal, wenn ich zur Strafe dafür, daß ich Französisch – die Sprache unserer Feinde – gesprochen hatte, zehn Pfennig in die Klassenkasse zahlen mußte, geschah dies in ihrem Namen.

Meine leidenschaftliche Liebe zu Frankreich überwand den ersten Schock: Sie ging in den Untergrund und widerstand allen Verboten. Ich erzählte niemandem davon. Ich fühlte mich nicht schuldig. Hocherhobenen Hauptes trug ich mein Geheimnis in der Tiefe meines Herzens.

Die ersten Mitglieder meiner Familie, die fielen, waren entfernte Vettern und Onkel. Ihr Tod hinterließ keine Leere in dem kleinen Kreis unseres Hauses. Meine Mutter zeigte keinerlei Schmerz. Ihre größte Sorge galt immer der Gesundheit ihrer Kinder. Mein Vater war im Manöver, als der Krieg ausbrach; er ging an die Front, ohne noch einmal nach Hause zu kommen und sich von uns zu verabschieden. Mir schien, als verbrächte er seine ganze Zeit damit, uns zu schreiben, seine Briefe schienen ihn vom Kämpfen abzuhalten. Er erzählte niemals vom Krieg, sondern von den Landschaften, den Dörfern, den Wäldern, durch die er zog, von den Jahreszeiten, die er kommen und gehen sah.

Die großen Ferien rückten näher und mit ihnen die Berge und der Geruch der Kiefern bei Sonnenuntergang. Manche Lehrer waren am Ort geblieben und organisierten Sommerkurse, in die ich geschickt wurde. Ich liebte den Unterricht im Freien, das Gefühl der Freiheit, die fröhlichen und sonnengebräunten Lehrer. Niemand sprach vom Krieg. Doch ganz in der Nähe gab es ein Gefangenenlager, zu dem wir nicht hingehen durften.

Eines Tages saß ich mit meinen Hausaufgaben beschäftigt auf der Veranda. Die letzten Sonnenstrahlen warfen ihr gelbliches Licht auf mein Papier. Plötzlich merkte ich, daß ich gerade das Datum des 14. Juli in mein Heft schrieb. Die Bastille! Frankreichs Ruhmestag! Der Feiertag der Feiertage. »Allons enfants de la patrie.« Als die Dämmerung angebrochen war, hatte ich im Garten so viele weiße Rosen gesammelt, wie ich in meinen Armen nur tragen konnte. Ich lief zum Waldrand. Die Dornen stachen durch mein Sommerkleid, ich weinte vor Schmerz und Angst, aber ich war fest entschlossen, mein Abenteuer zu bestehen, komme, was da wolle.

Ich blieb direkt vor dem Stacheldraht stehen.

Hinter dem Zaun einige Gestalten. Zu spät, um kehrtzumachen. Sie hatten mich gesehen. Ich war klein, aber ich trug ein weißes Kleid und einen Strauß Rosen derselben Farbe. Die Männer hatten schwarze Bärte, schwarze Augen; sie rührten sich nicht. Im Dorf läuteten Glocken. Frieden, die Stunde des Abendessens – und wieder die Furcht, entdeckt zu werden, zu versagen, ihnen meine Botschaft nicht übermitteln zu können. Lange blieb ich still stehen. Die Glocken waren verstummt.

»Los«, dachte ich, »los, du bist doch eine Soldatentochter.«

Ich zog eine Rose aus meinem Strauß und hielt sie ihnen hin. Auf der anderen Seite konnte ich keine Bewegung erkennen. Sie standen starr und steif wie Zinnsoldaten. Dann ging ich noch etwas näher heran und sagte mit meiner Kinderstimme in meinem besten Französisch: »Heute ist der 14. Juli, ich habe gedacht, die Rosen würden Ihnen Freude machen.« Ich schob eine Rose durch ein Loch im Stacheldrahtzaun; eine Hand bewegte sich, ergriff sie, dann wagten auch andere Hände sich vor. Atemlos reichte ich rasch alle meine Rosen hinüber, wie etwas Ruhmreiches und Verbotenes. Kein Wort wurde gesprochen.

Ich lief, und mein Herz klopfte zum Zerspringen, als ich heimlich durch die Kellertüre ins Haus schlüpfte. Der Tag des Sturms auf die Bastille ging ruhig zu Ende; niemand hatte meine Abwesenheit bemerkt.

Am nächsten Morgen sprach ein Lehrer bei meiner Mutter vor. Ich war gesehen worden. Die Lehrer waren bereit, mir zu verzeihen, diese »Kinderei« zu vergessen; aber die Mütter der Klassenkameradinnen hatten meine Verweisung von der Sommerschule verlangt.

Meine Mutter blieb ganz ruhig. Kein Zorn, keine Nervosität. Ich schämte mich ihretwegen und brach in Tränen aus. Ich bekam nicht den so vertrauten Satz zu hören: »Eine Soldatentochter weint nicht.« Als ich die Augen hob, stand sie da, unbeweglich, sah mich an und weinte.

Nun, da ich den Rest des Sommers mir selbst überlassen war, dachte ich viel über die Gerechtigkeit nach; verworrene Gedanken, Fragen ohne Antworten schwirrten mir durch den Kopf. Der Krieg war ungerecht. Das Gute und das Böse, diese schlecht definierten Begriffe, haben nur in der Welt der Kinder eine klar umrissene Bedeutung. Hier gleichen sie einem Urgesetz: unwandelbar, immer erklärbar, unerbittlich und mächtig; außerhalb der Welt der Kindheit dagegen scheinen das Gute und das Böse unbeständig, trügerisch und frei erfunden zu sein.

Ich lag im Gras und dachte an Gott und an Mlle. Breguand.

Beide waren irgendwo, weit weg von mir. Gott würde nach dem Krieg wiederkommen, davon war ich ebenso überzeugt wie von Seiner Abwesenheit. Doch im Falle von Mlle. Breguand war ich mir nicht so sicher: zunächst, weil sie eine junge Frau war; und dann, weil ich sie weniger gut kannte als ich Gott kannte. Ich konnte ziemlich leicht voraussehen, was Gott tun würde. Das Bild von Mlle. Breguand aber war undeutlich und doch faszinierend, voller Überraschungen, es tauchte plötzlich auf, lichtumflutet, und verschwand ebenso schnell wieder. Warum hätte sie nach dem Krieg zurückkommen sollen? Der Frieden würde Franzosen und Deutsche vielleicht nicht versöhnen, und außerdem wäre ich dann möglicherweise zu alt, um noch zur Schule zu gehen. Gott dagegen mußte zurückkommen, denn Er ist für uns verantwortlich und rechnet im Gegensatz zu uns nicht in Jahren. Er würde wieder zu uns kommen und diejenigen belohnen, die in dem von Ihm zugelassenen Krieg gelitten hatten. Doch keiner dieser Gründe sprach für die Rückkehr von Mlle. Breguand.

Im Grunde, dachte ich, war es gut, daß Gott und Mlle. Breguand ein wenig Abstand hielten, während die Menschen sich gegenseitig umbrachten und menschliche wie göttliche Gesetze verspotteten. Der Sommer ging zu Ende, und traurig stieg ich in den Zug, der uns wieder in die Stadt brachte.

Auf dem weitläufigen Schulhof sang ich »Deutschland, Deutschland über alles« inmitten meiner Freundinnen. Aber ich hielt meinen Mund hermetisch geschlossen, wenn der Satz »Gott strafe England« von den Wänden hallte. Und wieder Siegesfeiern, wieder schulfreie Tage im Austausch gegen Goldstücke, die wir unseren Müttern und Großmüttern entlocken sollten. Schulfreie Tage bei Todesfällen in der Familie. Abermals Mädchen, die in der Schule fehlten, wieder Mädchen in Schwarz. Lebensmittelkarten, Verwundetenlisten, Vermißtenlisten, Totenlisten. Familienzusammenkünfte mit verschlüsselten Worten, durch geschlossene Türen erlauschte Sätze: »Die Kinder dürfen nichts merken. Vorsicht, sprecht leise, es sind Kinder im Haus.«

Trauer der Erwachsenen. In der Kirche Gottesdienste für die Vermißten. Kalte Böen und Sommerwinde heben die Trauerschleier an, in denen die Tränen wie Silberperlen hängen. Die Hoffnung, niemals Krieg erleben zu müssen, wenn man erwachsen ist.

Unsere Mütter. Wie tragen sie diese Schicksalsprüfung? Wie bringen sie noch den Mut auf, zu kochen, zu nähen, ihren Kindern bei den Hausaufgaben zu helfen, auf sie aufzupassen, die Melodien anzuhören, die sie wieder und wieder auf dem Klavier spielen, sonntags mit ihnen spazieren zu gehen? Alle diese Frauen ohne ihre Männer! Sie drücken uns an sich, wir schließen sie in unsere Kinderarme, und die Männer, nach denen sie sich sehnen, werden bald Leichname sein. Wie traurig . . .! Wenn wir wenigstens weinen könnten. Aber wir können es nicht. Wir haben unsere eigenen Kindersorgen: unsere täglichen Enttäuschungen, unsere Welt, in der die Dinge schief gehen, ohne den geringsten Grund zerbrechen, unseren Bemühungen widerstehen, verzweifelten Bemühungen, unsere Dummheiten zu verwischen, unsere Gedächtnislücken zu vertuschen, Unwissenheit, Vergeßlichkeit und Unaufmerksamkeit zu verbergen, unsere Sünden zu tilgen – auf dem Papier und in unseren Köpfen –, eine Lüge mit immer mehr und immer neuen Lügen zu verschleiern! Und dann diese schreckliche und unüberwindliche Angst, gegen die nur die Krankheit hilft, die Krankheit, das Fieber, die Ärzte und das Bett, immer derselbe Tanz – das Bett, ein Hafen, ein Bollwerk, eine Festung, es widersteht den Anstürmen der Lehrer und Direktoren, die die Eltern auf ihre Seite ziehen – und seidenweiche Engelsarme, die uns wie Babys wiegen, im Warmen, in Sicherheit, geschützt.

Kinder sind im voraus zum Schweigen und zur Einsamkeit verurteilt. Sie dürfen nicht sagen, daß ihre eigenen Ängste sie in die Nähe derer rücken, die jeden Tag an der Front leiden, Hinterhalte und Verletzungen fürchten. Wenn die Erwachsenen uns zuhörten, würden sie dann aufhören, sich zu zerfleischen? Aber wir sind nur die passiven Zeugen der Umwälzungen der Geschichte, wir gehen wie gewohnt unseren Beschäftigungen nach, morgens, mittags und abends, als ob Gott mit uns wäre und blühende Apfelbäume die ganze Erde bedeckten. Warum uns in die Schule schicken, wenn wir den Krieg doch verlieren? Aber nein! Wir werden ihn nicht verlieren, den Krieg, und man muß zur Schule gehen. Gott ist mit uns, wißt ihr das nicht? Gott, weißt Du, daß Du mit uns bist? Uns, den Deutschen? Auf welche Weise wählst Du ein Lager? Unterstützt Du die Besten? Die besten Schüler? Stehst Du nur auf einer Seite? Dann kannst Du nicht Gott sein, oder? Denn Du läßt die Gerechten wie die Ungerechten zu Dir kommen. Wer sind wir? Sind wir die Gerechten? Wir sind Sieger. Bedeutet das, daß wir die Gerechten sind? Stell keine Fragen. Mach deine Hausaufgaben. Erledige deine tägliche Arbeit. Und vergiß nicht die Musik zum Schluß.

Meine Mutter brachte mir einen Walzer von Chopin bei, den ich zur Belohnung spielen durfte, wenn ich fleißig Bach und Händel geübt hatte. Manchmal tauschten wir unsere Plätze, und dann spielte sie, wobei ihre Nägel die Tasten mit einem kleinen, zarten Klicken berührten. Ich kannte diesen Laut seit frühester Kindheit. Er gehörte zu einem Haus voller Blumen, dem Parfum meiner Mutter, ihrem Abendkleid, ihrer schönen Frisur, dem durch die offene Bibliothekstür kommenden Geruch der Zigarette meines Vaters, der dort über den dicken Teppich hin und her lief und meiner Mutter beim Klavierspiel zuhörte. Alles war bereit für die Gäste.

Die Nägel hatten aufgehört, die Tasten anzuschlagen. Ich nahm meinen Platz auf der Klavierbank wieder ein und sah, wie meine Mutter das Zimmer verließ. Es hatte an der Tür geschellt. Ich hörte, daß meine Mutter lief. Es konnte nicht der Briefträger sein, aber sie lief; sie lief, weil sie wartete, den ganzen Tag lang wartete sie auf Briefe von der Front, auf etwas anderes. An der Art, wie sie den Kopf hob, spürte man, daß die Hälfte ihres Wesens in Angst und Sorge war und die andere sich darauf beschränkte, die täglichen Pflichten zu erfüllen. »Mein Schicksal ist das von

Millionen Frauen«, sagte sie. Für sie war das weder gut noch schlecht. Mit tief gesenktem Kopf las sie einen Brief von der Familie und teilte mir dann einen Todesfall mit, als ob sie seit langem damit gerechnet hätte.

Sie war immer schwarz gekleidet. Über meinen linken Ärmel wurde eine schwarze Binde gezogen zum Zeichen der ständigen Trauer um alle Toten der Familie. Meistens trug ich dunkelblaue Kleider und Mäntel. Auch grau war eine Farbe der Trauer, aber dazu konnte man erst nach mehreren Jahren in Schwarz übergehen. Weiße Bündchen und Kragen stellten die einzige Auflockerung dieser Aufmachung dar. In die festen Zöpfe, die mir auf die Schultern fielen, hatte ich schwarze Bänder geflochten. Vor dem Krieg durfte ich meine Haare offen, nur von einem Stirnband gehalten tragen – etwas, das jetzt nur noch an Sonntagen und in den Ferien erlaubt war. Während des Krieges gab es keine Feiertage: ich träumte von Waffenstillstand und Frieden, ich träumte auch von dem warmen, ungebändigten und duftenden Schwall meiner Haare, der mir ins Gesicht und in den Nacken fiel.

Gegen Ende des Krieges, als ich gegen die Pocken geimpft wurde, zierte eine rote Binde meinen Arm. Schwarz und rot: die deutsche Fahne. Ich malte mir mein eigenes schwarzrotes Land aus. Harmonie, Mundharmonikas, Schifferklaviere, Geigen. Keine Lehrer, keine Soldaten. Dämmerung statt dunkler Nächte. Ebenen und Flüsse, Häuser mit Strohdächern, Kinder in großen Federbetten, eine Kuh für jeden, goldene Weizenfelder in der Sonne, gelbe, süß duftende Lupinen, feuchte und dunkle Erde, grüner Klee und Sauerampfer, Honigduft verströmende Lavendelkissen. Hängematten für Sommernachmittage, unbekümmert verfliegende Zeit. Die Hängematte schaukelt, der Handrücken streift das Gras, mal in der einen, mal in der anderen Richtung. Vor und zurück, ohne Unterlaß.

Niemand ruft einen. Man ißt, wann man will. Keine Donnerstimmen, kein Kampf, kein Krieg. Stumm gelobte ich meiner Fahne Treue, als der Augenblick gekommen war, die rote Binde abzunehmen. Doch die schwarze Binde blieb auf meinem Ärmel.

Am späten Nachmittag sahen wir die Listen der als vermißt Gemeldeten durch. Meine Mutter ging immer langsamer, je näher wir dem Rathaus kamen. Ich wagte nicht, sie zu fragen, warum, und paßte meinen Schritt dem ihren an. Niemals ließ sie meine Hand los, wenn sie dann stehenblieb und nur ihr Kopf sich noch bewegte, von oben nach unten beim Durchgehen der Namen. Ich beobachtete sie und versuchte zu erraten, wann sie zwei Schritte zur Seite treten und mit hocherhobenem Kopf die nächste Liste in Angriff nehmen würde. Viele Frauen und junge Mädchen waren da. Aber es herrschte kein Gedränge wie gewöhnlich vor den Geschäften, in den endlosen Schlangen an den Türen der Bäckereien. Wer die Listen der Toten und Verletzten entzifferte, war höflich, zuvorkommend dem Nachbarn gegenüber.

Warum, dachte ich, diese Haltung nicht auch in Friedenszeiten beibehalten? Uns benehmen, als befänden wir uns immer noch im Krieg? Ich teilte meiner Mutter diese Gedanken nicht mit, denn ich war sicher, daß sie ebenso dachte, das Problem als unlösbar erachtet und beschlossen hatte, ein so nützliches Leben wie nur möglich zu führen. Aber nicht der Krieg lehrte meine Mutter die grundlegenden Werte des Lebens. Sie kannte sie seit jeher. Als sie mir das Lesen beibrachte, benutzte sie keine Tafel; sie erklärte mir die Aussprache, die Silben und die Zeichensetzung anhand eines in prächtigen farbigen Buchstaben geschriebenen Gedichtes von Freiligrath, das unter Glas in unserem Wohnzimmer hing!

O lieb, solang du lieben kannst!
O lieb, solang du lieben magst!
Die Stunde kommt, die Stunde kommt,
Wo du an Gräbern stehst und klagst!

Ihre tiefsten Überzeugungen beruhten nicht auf Erfahrung, sondern auf ihrem Gespür. Sie war sich ihrer so sicher, als ob sie selbst sie geschaffen hätte. Wenn sie, um ihren Worten Nachdruck zu verleihen, Philosophen und Dichter anführte, konnte man meinen, sie erlaube diesen freundlicherweise, ihre persönlichen Ansichten zu teilen. Im übrigen war sie viel zu jung, um selbst Erfahrung in all den Bereichen zu haben, die sie so gut zu kennen schien. Sie hatte eine wohlbehütete Kindheit gehabt und durch ihre frühe Heirat die gute Gesellschaft der Stadt schockiert. Mit siebzehn Jahren war sie Mutter geworden.

Und da stand sie nun vor den Vermißtenlisten, suchte einen Namen, den sie nicht finden wollte und hielt ein Mädchen an der Hand, während die Dunkelheit hereinbrach und die Laternen angingen. Noch zwei Listen, Hoffnung, verlaß mich nicht, »sein« Name wird nicht dabei sein, ich will es nicht ... Nun die letzten ... Ihr Finger folgt den schwarzen Buchstaben unter der von unzähligen Fingern verschmierten Scheibe. Der Druck ihrer Hand läßt nach, sie senkt den Kopf, ihre Augen sind feucht, glänzen aber vor Erleichterung und Freude, die nur ich sehen kann. »Wir gehen nach Hause, Paul, wir wollen die Konserven aufmachen, die ich für einen ganz besonderen Tag, so wie heute, beiseite gestellt habe, und wir wollen einen ruhigen Abend verbringen. Wenn du willst, mache ich auch deine Hausaufgaben.« Den Namen »Paul«, – so nannte sie mich, wenn sie glücklich war – und das Wort »Konserven« sprach sie französisch aus, um die harten deutschen Laute zu vermeiden. Es war so leicht, sie zu lieben.

Ich brauchte keine Beteuerung, keinen Beweis, um ihrer Liebe gewiß zu sein. Ich erinnere mich nicht, wann ich zum ersten Mal spürte, daß sie mich liebte. Sicher noch vor meiner Geburt. Ich war ihre Tochter, das genügte mir. Sie küßte mich nun nicht mehr, nahm mich nicht mehr in ihre Arme, wie sie es tat, als ich noch ganz klein war. Je größer ich nämlich wurde, desto zurückhaltender äußerte sich ihre Zärtlichkeit, desto weniger küßte sie mich. Sie gab mir einen Kuß auf die Stirn oder auf die Wangen, immer ganz leicht, manchmal wies sie mich wegen irgendeiner läßlichen Sünde zurecht und ging dann. Ihre Gefühle für mich waren sicher die gleichen wie diejenigen, die ich ihr entgegenbrachte; sie wollte nicht wissen, ob ich sie liebte oder nicht, sie war sich dessen einfach gewiß. Sie legte nur Wert darauf, daß ich mich bei ihr in Sicherheit fühlte.

Es war ihre Aufgabe, mir Unsicherheit und Angst, die der Krieg mit sich brachte, zu nehmen. Jeden Tag ließ sie mich dutzendmal wiederholen: »Wenn ich bei meiner Mutter bin, kann mir nichts passieren.« Mit ihr ging ich furchtlos durch die dunkle Stadt; und, meine Hand fest in der ihren, hätte ich ohne weiteres den feindlichen Linien, der Pest, den Giftgasen oder der Löwengrube ins Gesicht gesehen. Nichts konnte ihre Pläne, ihre Hoffnung erschüttern, sie blieb immer sie selbst. Sie war vertrauenswürdig. Bei ihr war alles klar. Mag sein, daß sie nicht liebte. Mag sein, daß sie nur vertrauenswürdig war. Einerlei. Sie war da, stark, mutig, voller Mitgefühl. Bewußt stellte sie ihre eigenen Gefühle und Wünsche in den Hintergrund. Nie war sie krank, nie unnahbar. Wenn sie sich in ihr Zimmer zurückzog und niemand ihr folgen durfte, gab sie an, wie lange sie allein bleiben wollte. Und um keinen Preis hätte sie diese Zeit überschritten. Ihre äußere Erscheinung stand ihren inneren Eigenschaften in nichts nach. Sie war von außergewöhnlicher Schönheit.

Eine ihrer Lieblingsbeschäftigungen war, das Erinnerungsvermögen zu trainieren, wie sie es nannte. Bat ich sie: »Darf ich meine Freundin anrufen und fragen, was wir für morgen aufhaben?« durfte ich das Telefon nicht anrühren. Im Winter wurde ich eingepackt wie ein Eskimo, bei Regenwetter von Kopf bis Fuß in Gummizeug gehüllt und dann zu Fuß losgeschickt, um mir die wertvollen Informationen zu besorgen. Doch ich wußte auch, daß sie es im Grunde verabscheute, so zu handeln. Sie zwang sich dazu, um mein kindliches Gedächtnis zu üben und der Vergeßlichkeit für immer den Garaus zu machen. Sie hatte Erfolg, Gott segne sie!

Ich empfand für meine Mutter, solange sie lebte, einen tiefen Respekt. Sie besaß eine Art natürlichen Adel. Ihr Benehmen, ihre Autorität, ihre Geisteshaltung waren die einer Aristokratin. Wenn man sie betrachtete, war es leicht, sie zu achten, sich den strengen Regeln des Alltags, den noch drastischeren meiner Kriegsjugend zu fügen. Diese Regeln waren so unanfechtbar, daß sie vertraut und freundlich schienen. Dauerhaft, unwandelbar, unwiderlegbar, eher schützend als bedrohlich unterlagen sie keiner Stimmung, keiner Laune. Da meine Mutter sie hat aufstellen und mit ihnen für eine entsprechende Disziplin hat sorgen können, muß sie all die wunderbaren Geheimnisse der kindlichen Gefühlswelt begriffen haben. Sie selbst glich einem guten General. Sie befolgte die Regeln, die sie erließ, sie ging mit gutem Beispiel voran, sie lieferte den Beweis, daß es möglich war. Kein Stolz auf das Gelingen, kein Schulterklopfen, nur demütige Unterwerfung unter die Pflicht, das Ziel.

Zuerst und vor allem die Pflicht, die täglichen Zwänge.

Und die Liebe zur Pflicht, der man sich unterwirft. Die Liebe zur Arbeit, die man verrichtet, die Liebe zu absoluter Vertrauenswürdigkeit, die Liebe zur Gewohnheit, die sich im täglichen Kampf gegen den Reiz des Neuen durchsetzen muß. Meine Mutter verstand es, eine vertraute Tätigkeit gerade aufgrund der Vertrautheit so spannend zu gestalten, daß sie ebenso aufregend wurde wie ein ganz neues Abenteuer. »Wiederfinden« ließ ihre Augen aufleuchten, beflügelte ihre Bewegungen, ihre Stimme erhob sich, unbeherrscht und wild: »Da! Genau wie ich es dir gesagt habe, siehst du! Oh, sieh nur, sieh nur! Ich habe es ja gewußt!« Da stand sie dann, strahlend vor Freude, vor Vergnügen, weil sie gewußt hatte, was nützlich ist und was nicht. Ich fühlte mich wie in der Kirche und dachte: »Wer bin ich denn mit meinen armseligen Gedanken, meinen kleinen Sorgen, wo sie doch da ist, hier, vor mir, mir mit solch gutem Beispiel vorangeht, in diesem Haus, in dem unserer beider Leben Seite an Seite Wurzeln schlägt?«

»Wiederfinden«, die »Liebe zum Bekannten«..., was konnte das alles meiner Mutter bedeuten ohne jene andere Forderung, von der sie vollkommen beherrscht wurde, die sie mich aber nicht lehrte, die sie nicht pries: die Treue? Sie hielt mir keine Moralpredigten darüber, und um die Tiefe ihrer Gefühle zu verstehen, brauchte ich mir nur ihre beinahe kindliche Bestürzung vor Augen zu halten, wenn sie entdeckte, daß man sie hintergangen hatte. In Sachen Treue erwies meine Mutter sich als eine Fanatikerin – »Fanatikerin«, ja, denn es ging hier nicht um Freundlichkeit oder Anteilnahme –, als eine unerbittliche Kreuzfahrerin unter dem Banner der Treue.

Als leidenschaftliche »Staatsanwältin« äußerte sie scharfe, entschiedene und unwiderrufliche Urteile. Sie war nachsichtig und nahm sich die Zeit, Verstöße gegen eine Regel, die sie für überschätzt hielt, zu überdenken, aber sie wechselte den Ton, sozusagen mit fliegenden Fahnen, wenn man sich von seiner Aufregung mitreißen ließ. Dann duldete sie nicht, daß man von Schuld oder mildernden Umständen sprach. »Wenn man erregt ist«, sagte sie, »verliert man so leicht den Kopf, gehen die Gefühle mit einem durch!«

Die Zügel meiner Gefühle fest in der Hand zu halten, war mir zur zweiten Natur geworden, noch bevor meine Mutter beschloß, daß meine Röcke länger gemacht werden müßten, um meine Knie zu bedecken.

Ich wußte auch, daß eine ihrer obersten, grundlegenden, leicht einzusehenden, aber schwer in die Tat umzusetzenden Verhaltensregeln lautete: »Ertrage das Unvermeidliche mit Würde.«

Die Würde schloß Jammern und Klagen aus; folglich lautete die Zwillingsregel: »Die Tränen, die man um etwas Unvermeidliches weint, müssen heimliche Tränen bleiben.« »Logisches Denkvermögen« war eine andere frühe Errungenschaft, die das Lernen erleichtern, einem noch nicht ausgebildeten Gehirn Erinnerungs- und Gedächtnisstütze sein sollte, es war aber auch das Licht, das den Weg zur Klärung der Probleme beleuchtete. Logik, als ich lernte, dich zu lieben, lächelte meine Mutter. Sie lächelte mir zu, mir, die ich in einem Krieg aufwuchs, den sie nicht hatte verhindern können.

Das war die Treue meiner Mutter: Treue in der Anerkennung, Treue in der Hoffnung, Treue in der Überzeugung, daß ihr Leib stark genug gewesen war, um dem neuen Wesen Kräfte mitzugeben, die während der ganzen Kriegszeit vorhalten würden. »Sie sind perfekt, deine Zähne«, sagte sie, wenn ich diese putzte. »Sie werden halten. Das verdankst du deiner Abstammung«, fügte sie hinzu, wie um sich selbst zu beruhigen. Sie glaubte eisern an die Herkunft, oder vielmehr an den »Stall«, wie sie sagte. Und sie strich mir weiter meine mageren Rationen an Milch, Käse und Fleisch, um sie ihrer eigenen Mutter zu geben.

Meine wunderbare und zarte Großmutter erhielt den Löwenanteil aller Familienrationen. Sie war nicht nur die schönste aller Frauen, sondern auch die eleganteste, charmanteste und vollkommenste Person, die es gab. Ihre Haare waren von einem dunklen Rot und ihre Augen von schillerndem Veilchenblau. Sie war groß und schlank, strahlend und fröhlich. Sie hatte mit siebzehn geheiratet und wurde immer für so alt oder jung gehalten, wie sie selbst gerne erscheinen wollte. Sie trug kostbare Kleider; selbst ihre Handschuhe waren maßgefertigt. Sie war auf natürliche Weise elegant und kümmerte sich nicht um die Mode. Sie liebte Pferde, ritt jeden Morgen in aller Frühe aus, kam manchmal noch vor der Schule an unserem Haus vorbei und küßte mich dann durch einen Schleier, in dem sich die frische Morgenluft mit ihrem Parfum vermischte. Meine Mutter erhob niemals Einwände gegen ihre Entscheidungen, auch auf die Gefahr hin, daß mein strenges Tagesprogramm umgestoßen werden mußte. Meine Großmutter überschüttete mich mit Liebe, Zärtlichkeit und Güte. Sie weckte in mir das Verlangen nach schönen Dingen, nach Gemälden, nach Dosen von Fabergé, Pferden, Wagen, nach den warmen zartrosa Perlen, die sich von der weißen Haut ihres Halses abhoben, und den Rubinen, die an ihren Händen funkelten.

Sie ließ mich ihre Schuhe auf meinem kleinen Finger balancieren und sagte: »So leicht müssen sie sein.« Vor dem Krieg hatte ich immer ungeduldig den französischen Schuhmacher erwartet, der jede Saison kam, Bestellungen für neue Schuhe aufnahm und andere ablieferte, aber ich durfte ihn nie sehen. »Die Schule ist wichtiger«, sagte sie, »und außerdem sind Schuhe eine ernsthafte Angelegenheit.« Meine Großmutter war zugleich ganz wirklich und geheimnisvoll, ein Traumbild, vollkommen, begehrenswert, fern und faszinierend. Aber ihre Liebe, die war *da*, gegenwärtig. In ihrer Sorge um die Menschen, die sie liebte, war sie ebenso leidenschaftlich wie in ihrer Liebe.

Bevor ich an der Haustür meiner Großmutter läutete, kniff meine Mutter mich in die blassen Wangen, und ich stieß einen kleinen Schmerzensschrei aus. Meine Großmutter kam mit wehenden Röcken die breite Treppe heruntergelaufen. Sie wiederholte unermüdlich meinen Namen, hockte sich zu mir nieder und wiegte sich strahlend mit mir nach vorne und nach hinten. Wir sprachen immer nur über schöne Dinge, niemals über die Briefe, die von der Front kamen, niemals über Krieg oder Trauer. Meine Mutter plante unsere Besuche sorgfältig, damit meine Großmutter nicht merkte, daß meine Wangen immer blasser wurden. Sie wollte ihrer Mutter jeglichen Kummer, jegliche Unannehmlichkeit ersparen. Auf dem Heimweg war sie immer schweigsam und in Gedanken versunken. Manchmal legte sie ihre Hand auf meine Wange, drückte meinen Kopf an sich und paßte sich meinem Schritt an.

An dem Tag, an dem das Telegramm kam und meine Mutter zur Front fuhr, zogen zwei ältere Kusinen und eine Tante zu uns. Ich kümmerte mich um den Haushalt, wie man es mich geheißen hatte und war eine zuvorkommende Gastgeberin, ohne meine üblichen Pflichten zu vernachlässigen.

Meine Mutter erhielt vom Oberkommando ein Laissezpasser, so daß sie zur russischen Front gelangen und »ihrem Mann wieder Kraft geben« konnte, wie es in dem Telegramm hieß. Mein Vater war schwer verwundet und nicht transportfähig. Als meine Mutter zurückkam, war er seinen Verletzungen erlegen. Zu ihrem schwarzen Kleid kamen nun Witwenhaube und Schleier, die ihr Gesicht verbargen.

Als es Winter geworden war, fuhr sie wieder fort, um den Leichnam ihres Mannes zu überführen. Sie identifizierte ihn und geleitete die sterbliche Hülle bis in die Stadt, in der ihre Schwiegermutter lebte. Für sie war die mütterliche

Liebe immer wichtiger als die eheliche Liebe: es war also normal, daß die Mutter ihres Mannes ihren Sohn dort beerdigte, wo er das Licht der Welt erblickt hatte.

Zu dieser Zeit waren die meisten Männer aus unserer großen Familie im Kampf gefallen. Frauen in tiefer Trauer kamen oft in unserem Haus zusammen. Meine Mutter sorgte entschlossen und liebevoll für ihr leibliches und seelisches Wohl. Sie glaubte an die Wirkung einer gesunden und reichhaltigen Ernährung und ging von Zimmer zu Zimmer mit Schalen voller Bouillon und Tassen mit Kräutertee. Sie tat die Fleischrationen zusammen und bereitete daraus eine Brühe, die manchmal sogar ein Ei enthielt. Der Kräutertee war fade, er sollte die Nerven beruhigen und einschläfernd wirken. Beim Frühjahrsputz hatte meine Mutter Arbeit für jede. Meine Tanten, Großtanten und Kusinen hoben sich schwarz von den weißen Wänden ab, standen auf Leitern, schrubbten, putzten und hingen die Vorhänge wieder auf, durch die die Aprilsonne schien. Das Abendessen verlief an diesen Tagen nicht so schweigsam wie sonst. Es wurde geschwatzt und manchmal sogar gelacht.

Obwohl der Tagesablauf derselbe geblieben war, hatten Rhythmus und Atmosphäre sich geändert. Meine Mutter bewegte sich jetzt etwas gemächlicher; auch das Klingeln an der Tür konnte ihren Schritt nicht beschleunigen. Sie ging langsam, träge; sie hielt den Kopf wie müde Menschen es tun. Sie hörte nicht mehr zu, wartete nicht mehr wie früher. Sie benahm sich so, als schliefe gerade jemand im Nebenzimmer.

Manchmal wachte ich mitten in der Nacht auf und entdeckte, daß meine Mutter vollkommen angezogen auf meinem Bett lag und schlief. Ich war glücklich, sie neben mir zu sehen. Aber ich wußte nicht recht, warum mich das so froh machte. Ich hatte sie sagen hören: »Wenn ich nur schlafen könnte.« Und meine Tante hatte geantwortet: »Der Krieg hat uns den Schlaf geraubt.«

Dieser Krieg wollte überhaupt nicht mehr enden. Der Frieden war ein lange vergessener Traum, und wir hatten aufgehört, Pläne für eine so ferne Hoffnung zu schmieden. Unsere Siege wurden seltener. Deswegen zog der Krieg sich so hin. Nur unser vollständiger Sieg würde ihm ein Ende setzen. Beten wir für den Sieg, beten wir für den Frieden, beten wir für die Toten, die vergessenen Toten. Sie waren schon so lange Zeit fort; wir hatten sie nicht einmal mehr wiedergesehen, bevor sie von uns gegangen waren. Wenn man uns nichts gesagt hätte, würde niemand um sie weinen. Die Wahrheit aussprechen ist einfacher, als Frauenherzen trösten. Natürlich war alles, was ich mir ausdachte, um den Schmerz zu lindern, nicht durchführbar, und ich begann, an manchen Dingen zu zweifeln, die ich früher ehrfürchtig und unbesehen akzeptiert hatte.

Doch ich hatte kaum Zeit, über diese verwirrenden Entdeckungen nachzudenken. Alles drehte sich um die Schule, sie nahm mich völlig in Anspruch und erforderte meinen ganzen Einsatz. Ich war erschöpft und wurde immer blasser. Nach dem Mittagessen mußte ich schlafen: einmal im Bett, genoß ich diese Mittagsruhe, aber sie brachte Unordnung in meine Tätigkeiten, die geschickt auf den Nachmittag verteilt waren, jenen kurzen Zeitraum, der um ein Uhr begann und um sieben endete, wenn ich schlafen ging: das war während meiner ganzen Schulzeit so. Der Schlaf vor Mitternacht: ein Wundermittel in den Augen meiner Mutter. Sie hielt ebenso treu daran fest wie an der Treue selbst. Dieses Prinzip und der Nimbus, mit dem sie es umgab, hatten, glaube ich, nichts damit zu tun, daß ich wie alle Kinder meines Alters unterernährt war. Während ihrer ganzen Jugend und bis zu ihrer Hochzeit hatte sie dieselbe Disziplin gekannt: schlag sieben Uhr wurde sie ins Bett geschickt. Sie erzählte das voller Stolz – sie war also doch stolz auf etwas, das sie selbst betraf? – und maß dem sichtlich sehr große Bedeutung bei.

Ich mußte früh aufstehen, um meine Hausaufgaben fertig zu machen. Lange schlafen war verlorene Zeit. Monatelang war ich vor dem Morgengrauen auf, zitternd vor Kälte und Müdigkeit im Licht einer Petroleumlampe; wir mußten Strom, Brennstoff sparen, unser Vaterland retten. Obwohl blaß und dünn, fühlte ich mich kräftig und gesund. Morgens, mittags und abends aßen wir Rüben ... Rübenmarmelade, Rübenkuchen, Rübensuppe, Wurzeln und Kraut der Rüben wurden auf tausenderlei Art und Weise zubereitet ...

Niemand beklagte sich über diese faden Mahlzeiten, die Kinder noch weniger als die Erwachsenen. Mittags und abends gab es Kartoffeln, und auch nachmittags, wenn ich Hunger hatte. Kartoffeln, wahre Freunde der Kindheit. Da lagen sie, weiß, zart, und mehlig, leicht zu essen und zu verdauen, sie bereiteten keine Magenschmerzen, sie waren noch warm, wenn alles andere auf dem Teller schon lange kalt geworden war und den Zorn der Mütter, Gouvernanten und Tanten erregte.

Wir hatten keine Milch, aber sie fehlte mir nicht, und ich kannte kein Mädchen, dem sie gefehlt hätte. Im Sommer tranken wir mit Saccharin gesüßte Brause, wenn wir Durst hatten. Morgens bekamen wir Kakao mit Wasser, und zu Hause gab es Wasser, wann immer wir wollten. Aber außer Haus war es unhöflich, um etwas zu trinken zu bitten.

Die körperliche Selbstbeherrschung war schwer zu erlernen, aber niemandem wäre es damals eingefallen zu murren; jeder half seinem Nachbarn und zog eine Lehre aus dieser Schicksalsprüfung. Die Erwachsenen unterwarfen sich ihr ruhig und gelassen und waren uns Kindern ein außergewöhnliches Vorbild. Wir eiferten ihnen nach, ohne eine Belohnung dafür zu erwarten: kein Lob, keine Ehre krönte unsere Erfolge. Nachlässigkeit war gleichbedeutend mit Sünde: Vernachlässigung des Körpers, Nachlässigkeit in den Gefühlen und Empfindungen, Vernachlässigung des Mitgefühls. In allem, was den Körper betraf, hieß sie Dummheit; in bezug auf die Gefühle war sie unschicklich. Und wenn wir weder aus Dummheit noch aus Unschicklichkeit sündigten, fiel in entschiedenem Ton das Urteil: »Das tut man nicht!«

Jedesmal, wenn meine Mutter eine Diskussion beenden wollte, behauptete sie: »Später wirst du mir dankbar sein.« Ich argumentierte dann stumm weiter, denn ich hatte ein Alter erreicht, in dem man denen, die die Regeln erlassen, einfach widersprechen muß. Natürlich zog ich nicht die Grundprinzipien in Zweifel, aber die unangenehmen Anordnungen und die täglichen Pflichten, die mir überflüssig oder überholt erschienen.

Der Krieg hatte viele Regeln und Gewohnheiten außer Kraft gesetzt. Das Land befand sich in einem Ausnahmezustand. Daß unsere Erziehung weiterging, als wären wir noch im Frieden, ließ uns an der Vernunft der Älteren zweifeln; ratlos schüttelten wir den Kopf, wir fühlten uns reif und weise, aber gleichzeitig auch ohnmächtig und unwissend.

Beispielsweise hatte die Bedeutung, die meine Mutter dem Schnüren meiner Schuhe beimaß, etwas wirklich Übertriebenes. Auch wenn ich sie bis oben hin ganz fest geschnürt hatte, zog meine Mutter mit energischem Finger jeden Haken nach bis zum Knoten, den sie dann noch einmal machte, um sicher zu sein, daß der Schnürsenkel auch wirklich stramm saß. »Wenn du groß bist, sollst du schlanke Knöchel haben; jetzt müssen sie gestützt werden, damit sie nicht in die Breite gehen.« Ich teilte ihr Interesse an meinen Knöcheln keineswegs. Ich mochte weder

Schnürstiefel tragen noch sie ansehen. Ich betrachtete meine Knöchel als Eigentum meiner Mutter und alles, was ich ihnen zuliebe tat, als eine Gunst, die ich ihr erwies. Schmale Knöchel und Handgelenke hatten etwas mit dem »Stall« zu tun, und das schien wichtig zu sein. Ich liebte diesen kindlichen Zug an meiner Mutter; das brachte sie mir ein bißchen näher, nun da sie ihr Lachen verloren hatte und so ruhig und fern zu sein schien. Zu meinem Bedauern hatte ich Ähnlichkeit mit meinem Vater. Für mich war das ein Unglück.

Kinder, die ihrem Vater gleichen, sind Glückskinder, versicherte meine Mutter. Mein Vater: hohe, imposante Statur, Ledergeruch, glänzende Stiefel, eine Reitpeitsche, Pferde. Meine Erinnerung war verschwommen, undeutlich, in Dunkel gehüllt von einer Macht, die eine klare Vorstellung von ihm nicht zuließ. Diese Macht war wohl der Tod.

Ohne den geringsten Widerstand akzeptierte ich diese verschwommene Gestalt meines Vaters, wann immer ich an ihn erinnert wurde. Die meisten meiner Klassenkameradinnen hatten keine Väter mehr, sie fehlten uns nicht, wir verstanden kaum, daß sie für immer fort waren.

Wir lebten in einer Frauenwelt; die wenigen Männer, mit denen wir zusammenkamen, waren alt oder krank, keine wirklichen Männer: die echten Männer waren an der Front, sie kämpften; sie kämpften, bis sie fielen, und nach dem Krieg vergingen viele Jahre, bevor es wieder Männer gab. Unser Leben unter Frauen war zu einer so angenehmen Gewohnheit geworden, daß die Aussicht, die Männer könnten zurückkommen, uns manchmal beunruhigte – Männer, die das Szepter wieder in die Hand nähmen, wieder Herren in ihrem Hause würden.

Die Frauen schienen nicht darunter zu leiden, in einer Welt ohne Männer zu leben, sie waren ruhig. Der Besuch des Vetters einer meiner Tanten, der vom Osten in den

Westen versetzt wurde, bewies, daß ich recht hatte: Fieberhaftigkeit machte sich im Hause breit, Füße liefen eilig treppauf treppab – die Stimmen bebten, klangen verändert, Ungeduld und Vorwürfe lagen in den Worten und Gesten; lange vor der Abendessenszeit klapperte das Geschirr, das Haus schien von einem Erdbeben erschüttert.

Der Vetter war fast heimlich eingetroffen. Er warf mir einen Blick zu, hob mich hoch, drückte mir einen langen Kuß auf die Wange und stellte mich dann wieder auf den Boden. Das Eiserne Kreuz an seiner Brust verhakte sich in meinem Kleid und zog einen Faden, der sich zwischen uns spannte, während der Soldat mich unverwandt ansah. Plötzlich und ohne daß er ihr Kommen bemerkt hatte, stand meine Mutter neben ihm. In dem Moment, als der Vetter sich umdrehte und sagte: »Ja, ist denn niemand hier, um einen müden Krieger zu begrüßen?« riß der Faden. Ich entdeckte einen ungewohnten Ausdruck auf dem Gesicht meiner Mutter. »Sie wird groß, Vetter Hans«, sagte sie. »Ja, ich sehe es«, antwortete er.

Dieser Dialog schien mir dumm. Meine Mutter, die aus heiterem Himmel verkündete, ich würde groß! Nicht Zorn verdunkelte ihre Stimme, sondern etwas, das ich noch nie vorher gehört hatte. Sie schob ihren Arm unter den von Vetter Hans und ging mit ihm davon. Sie sprach mit ihm, aber ich konnte keines ihrer Worte verstehen, die sich in dem langen, zum anderen Flügel des Hauses führenden Flur verloren.

Während sie im Garten Tee tranken, machte ich mich an meine Hausaufgaben und hörte das Lachen von Vetter Hans; seine Stimme dröhnte so laut – wenigstens schien es mir so –, daß ich mein Fenster schließen mußte. Bevor ich schlafen ging, machte ich vor allen Leuten im Zimmer einen Knicks, außer vor Vetter Hans: Plötzlich hatte ich das Gefühl, ich könnte mich nicht vor ihm verbeugen und begnügte mich damit, ihm die Hand zu reichen. Er ergriff sie, tätschelte meine Wange und wandte sich dann erneut der Unterhaltung mit meiner Mutter zu. Alle müssen erleichtert gewesen sein, als er wieder fortfuhr.

Die Aschenbecher quollen über von Zigarettenstummeln, und Asche war überall auf dem Boden verstreut. In der Waschküche weichten in einem Zuber zwei »feldgraue« Hemden in einem milchigen Wasser voller grüner Seifenflocken; die Rückenteile und ein Arm hatten sich mit Luft aufgebläht und ragten aus dem Wasser heraus. Ich stieß einen Finger in den Ärmel, aber er blähte sich sofort wieder auf. Ich begriff plötzlich, daß die Hemden von Vetter Hans gewaschen und ihm dann an die Front geschickt werden sollten. Dieser Gedanke erschien mir grotesk, idiotisch, lächerlich, so daß ich, immer zwei Stufen auf einmal nehmend, in den Speicher hinauflief, mich verzweifelt in meinem Lieblingsversteck, einem Weidenkoffer, zusammenrollte und in Tränen ausbrach wegen Vetter Hans, wegen der »feldgrauen« Hemden, wegen der Schützengräben und der Pakete, zurechtgemacht von Frauen, deren Köpfe von Hoffnung ganz umnebelt waren, wegen eines verzweifelten Leids – plötzlich, nach so vielen Träumereien war ich mit dem Krieg konfrontiert worden.

Die Kriege aus den Geschichtsbüchern, all die Kriege, mit denen ich mich befassen mußte, deren Daten, Motive und Ausgang ich auswendig gelernt hatte, haben mich nie sonderlich interessiert. Die Religionskriege habe ich nie verstanden. Töten aus religiösen Motiven überstieg mein Fassungsvermögen; jeden Gedanken an dieses Thema hielt ich fern, so wie man eine wütende Biene mit der Hand verscheucht.

Ich hatte diesen außergewöhnlichen Abend erleben müssen, um die Bedeutung des Krieges, den wir durchmachten, wirklich zu verstehen. Der Soldat in unserem Haus, die

Stimmung, die er mitbrachte und hinterließ, seine Schritte, die in den Fluren hallten, sein massiger Körper, die Gefahren, die er bestanden hatte und die, die ihn nach seiner Abreise erwarteten, der Kuß, den er mir gegeben hatte, seine »feldgrauen« Hemden, die Gewißheit, daß er nie wiederkommen würde, dies alles führte mir den Krieg zum ersten Mal klar vor Augen. Es schien, als hätte ich bis zu dieser Stunde in einer Art Nebel gelebt. Ich weinte weiter in meinem Weidenkoffer, und die Tränen tropften auf meine Knie.

»Ich weine über den Krieg«, antwortete ich meiner Mutter, als sie sich in der Dunkelheit über mich beugte, mich hochhob und in ihre Arme schloß. »Jetzt, wo die Amerikaner gegen uns kämpfen, wird der Krieg bald zu Ende sein«, sagte sie.

»Wenn sie kämpfen, müssen wir für sie beten.«

Sie stellte mich sanft wieder auf den Boden. »Tu das, wenn du willst.« Sie streckte ihre Hand aus. »Und wenn wir nun deine Tränen trocknen würden?« In der Dunkelheit konnte ich ihr Gesicht schlecht erkennen, aber ihre Stimme verriet mir, daß sie lächelte.

II

Der Briefträger brachte uns kleine Päckchen von der Front.

»Der Krieg nimmt eine schlechte Wendung für uns«, schrieb Vetter Hans. »Die Männer in den Schützengräben auf der anderen Seite haben offensichtlich Mitleid mit uns: nachts, wenn die Waffen ruhen, werfen sie Konservendosen herüber.« Dieses Corned beef hatte für uns einen himmlischen Geschmack, der sich für immer unserem Gedächtnis eingegraben hat. Auch die Tatsache an sich war beruhigend, ein Beweis, daß die Leute immer noch überlegten, immer noch selbst nachdachten, auch auf die Gefahr hin, der Politik ihres Landes, der Meinung der Masse zu widersprechen. Zu meiner heimlichen Liebe Frankreich kam ein weiterer Held: der amerikanische Soldat. Ich betete für alle amerikanischen Soldaten, die von so weit her gekommen waren, um den Krieg zu beenden.

Ich betete schon seit langem. Ich glaubte allerdings nicht, daß Gott mich hörte oder daß er mich hören wollte. Denn stärker als je zuvor war ich davon überzeugt, daß er sich überhaupt nicht für die Menschheit interessierte. Aber es machte mich unglücklich, niemandem meine Ängste und Sorgen, die die ganze Welt betrafen, anvertrauen zu können. Würde Gott mir jetzt, da Sein Zorn sich womöglich wieder gelegt hatte, vielleicht ein wenig Aufmerksamkeit schenken? Kein Zorn hält ewig an, dachte ich, ich werde also mein Glück versuchen, und da die Dinge, für die ich bete, wichtig sind, wird Gott nichts dagegen einzuwenden haben, falls Er mich hört. Morgens betete ich für die Amerikaner, und mittags dankte ich den Amerikanern, anstatt Gott zu danken, wissend, auch Gott wüßte, daß ich das Corned beef meinte, und daß, wenn Er sie nicht geheißen hatte, es uns zu schicken, sie diese Entscheidung ganz allein getroffen hatten, und dann mußte man ihnen auch dafür danken. Aber meine Sympathie beruhte nicht darauf, daß die Amerikaner den Franzosen zu Hilfe gekommen waren. Ich hätte ihnen dafür dankbar sein sollen, aber dieser Grund reichte nicht. Ich überlegte und kam zu dem Schluß, daß Italien dasselbe getan hatte, jedoch nur Verachtung verdiente. Denn Verrat war eine Sünde. Selbst wenn der Treuebruch meinem geliebten Frankreich half.

Eines meiner Lieblingsstücke auf der Geige war die *Serenade* von Giuseppe Torelli. Ich spielte sie vor und nach meinen Stunden; sie war mein Wiegenlied. Jedes Mal, wenn ich sie spielte, blieb meine Mutter an der offenen Tür stehen, manchmal kam sie auch herein, setzte sich ans Klavier und begleitete mich. Ich bestrafte also vor allem mich selbst, als ich beschloß, dieses Stück nicht mehr zu spielen, solange der Krieg dauerte. Als Ersatz diente mir die *Berceuse* von Gounod. Je lieblicher die Melodie war, desto besser gefiel sie mir. Da meine Geigenlehrerin liebliche Melodien verabscheute, brachte ich sie mir selbst bei, und da ich sie auch sonst nie hörte, spielte ich sie auf meine Weise und versah sie mit einer süßlichen Melancholie. Es hieß, ich hätte eine außergewöhnliche Begabung für die Geige. Das machte meine Mutter sehr glücklich, und sie gratulierte mir zu jedem noch so geringen Erfolg auf diesem Gebiet. Ich liebte den zarten, klagenden Klang der Saiten, aber die langweiligen Etüden, die einzigen Stücke, die ich spielen durfte, mochte ich nicht. Beim Klavier war das anders. Meine Klavierlehrerin schwärmte für Chopin, Brahms und die Melodien der großen – und weniger großen – romantischen Komponisten. Doch die größten unter ihnen reichten völlig, um die Unterrichtsstunden auszufüllen. In der restlichen Zeit spielte ich Tonleitern und Übungen, die unendlich viel leichter als auf der Geige waren. Auf der Klaviatur sind die Noten vorhanden, man braucht sie nicht zu bilden, es genügt, die Tasten anzuschlagen, ohne sich zu fragen, ob die Töne stimmen. Auf der Geige dagegen zweifelt man ständig an der Reinheit des Tons, auch wenn der Lehrer anerkennend mit dem Kopf nickt.

Hätte ich mit dem Klavier statt mit der Geige angefangen, wäre ich vielleicht eine gute Konzertpianistin geworden. Doch wenn ich Geige übte, wurden mir all die Schwierigkeiten bewußt, und ich machte mir kaum Illusionen. Im übrigen standen die gesellschaftlichen Vorurteile der damaligen Zeit einer Karriere als Berufsspielerin im Weg. Meine Lehrerin war da allerdings anderer Meinung; vielleicht wollte sie mich anspornen, auf jeden Fall sagte diese blasse, ranke, schlanke Frau mit den schönen Musikerhänden, aber einer übermäßig langen Nase (wenn sie Geige spielte, war ihr Kopf nur ein endloser, nach links über das Instrument geneigter Nasenfortsatz), mir ständig großen Ruhm auf dem Podium, in der Welt der Musik voraus. Einen Ruhm, den man nicht kaufen konnte, den man nur durch Arbeit, Arbeit, Arbeit erlangte. Sie wiederholte dieses Wort immer dreimal.

Sie sah mich an und sagte: »Weißt du, wenn man nicht schön ist, bettet das Leben einen nicht auf Rosen. Aber wenn man die Musik liebt, wenn man sich ihr mit Talent und Ausdauer widmet, wird das Leben schön, und das Aussehen zählt nicht mehr.«

Ich war sicher, daß sie bei diesen Worten nicht nur an sich selbst dachte, sondern auch an mich. Ich war nicht hübsch, das wußte ich, und ich mochte diese Frau, die den Mut hatte, so mit mir zu sprechen.

Sie hieß Bertha und sah auch so aus. Oder vielmehr wie ein Vogel mit Namen Bertha. Sie hätte auch ein Fuchs namens Bertha sein können. Ihre rotbraunen Haare waren das Schönste an ihr. Obwohl sie mir jahrelang Geigenunterricht gab (später hatte ich männliche Lehrer), habe ich nie erfahren, ob sie wie jedermann während des Krieges Brüder, Freunde oder Vettern verloren hatte. Sie sprach nie über sich selbst. Im Winter wärmte sie sich, sobald sie hereingekommen war, die Hände, rieb sie, hauchte sie an und legte sie um die Tasse Tee, die ich in das Musikzimmer brachte.

Im Sommer brachte sie uns Blumen, die sie in Kästen auf ihrem Balkon zog, oder eine Tomate, auf die sie besonders stolz war. Zu Weihnachten schenkte sie uns ein rosafarbenes, blaßblaues oder grünes Glas, hübsch in buntes Papier eingewickelt. Sie hielt es mir hin und sagte: »Hier, leg das unter den Tannenbaum für deine Mutter, mal sehen, ob sie rät, von wem dieses Geschenk ist.« Jedes Jahr gönnte sie sich diese kleine Freude. Ihr Familienname war Glass, und sie fragte sich immer, ob meine Mutter den Zusammenhang erkennen würde. Ich habe mich nie getraut, sie zu fragen, ob sie all ihren Schülerinnen dieses Rätsel aufgab.

Sie war die erste, die meiner Mutter vorschlug, ich solle Geigerin werden.

Meine Klavierlehrerin war eine rundliche, schon vom Äußeren her Vertrauen einflößende Frau. Sie lachte und gluckste über jede Kleinigkeit. Wenn wir vierhändig Walzer spielten, warf sie vor Vergnügen den Kopf zurück. Sie war hübsch, sprach aber nie darüber, was Schönheit für eine Frau bedeutete. Sie hatte Töchter, von denen keine verheiratet war, und nur Kusinen, keine Vettern. Von allen Frauen, die ich kannte, war sie die einzige, die keinen Mann im Krieg hatte. Ich war überzeugt, daß das die Erklärung für ihre Lebenslust und ihre Heiterkeit war. Meine Mutter sagte: »Nein, so ist sie geboren, und sie ist so geblieben, weil sie keinen Mann im Krieg hat.« Meiner Mutter schenkte sie Taftschals, die sie selbst nähte und mit Weidenkätzchen und den ersten Takten von Chopins Walzern bemalte. Der Stoff war steif, die Farbe blätterte von einem Weihnachten zum nächsten ab, so daß viele Noten der Melodie verschwanden.

Meine Mutter hatte großen Respekt vor meinen Lehrern; sie kritisierte keine ihrer Entscheidungen, ihrer Methoden, ihrer Gewohnheiten, keines ihrer Geschenke. Sie rollte die Schals in Seidenpapier ein, stellte die farbigen Gläser in die erste Reihe im Buffet und war ständig bereit, diese Geschenke zu zeigen und ihre große Bedeutung und Nützlichkeit zu preisen.

Meine Turnlehrerin kam nie ins Haus, machte keine Geschenke, lud aber unsere Familien an jedem Feiertag ein. Sie steckte meinen Kopf in einen Lederkragen mit Kinnstütze, zog mich bis an die Decke der Turnhalle hinauf und ließ mich dann – für mein Empfinden eine Ewigkeit lang – dort oben hängen. Wenn ich wieder unten war, mußte ich mich auf einen Tisch legen und wurde mit einer Art Schaumseife massiert. Alle Schülerinnen wurden derselben Behandlung unterzogen; sie sollte unsere Hälse und Wirbelsäulen stärken beziehungsweise die durch unsere schlechte Haltung verursachten Sehnen- und Gelenkschäden beheben.

Meine Lehrerin hatte ihr schwarzes Haar im Nacken zu einer dicken Schnecke gebunden, trug ein schwarzes Jersey-Kostüm mit Faltenrock und zählte mit schriller Stimme: eins-zwei-drei, eins-zwei-drei, eins-zwei-drei. Sie behandelte uns alle gleich: wir waren für sie nur eine Reihe von Körpern, die wie Würste in einer Räucherkammer an der Decke aufgehängt wurden.

Die Haltung war ein sehr wichtiger Punkt der Körperertüchtigung. Davon waren wir alle überzeugt, haßten es jedoch, so an der Decke zu hängen. Aber auf dem Nachhauseweg fühlten wir uns in Hochform und vergaßen die vergangenen Qualen recht schnell.

Um mit meinen Lehrerinnen zu Ende zu kommen: da gab es noch eine kleine schüchterne Frau, die mir zweimal in der Woche stricken und häkeln beibrachte. Wenn sie wieder ging, war ihre aus roter Wolle gehäkelte Tasche immer gut gefüllt. Wo meine Mutter die Sachen hervorzauberte, war mir ein Rätsel. Sie mußte ein Versteck für solche Dinge haben. Die kleine schüchterne Frau hieß Martha. Wenn sie ohne ihre Geschenke fortging, rief meine Mutter sie zurück: »Martha, Martha, du entschwandest« – Worte einer Arie aus der Oper *Martha* von Flotow. Das war die einzige Gelegenheit, bei der meine Lehrerin lächelte. Wenn sie die Stufen bis zur Eingangstür wieder heraufstieg, konnte man ihre spitzen Zähne sehen, die ganz abgenutzt schienen.

Schließlich kaufte meine Mutter mir eine Laute, und eine neue Lehrerin kam zu den übrigen hinzu. Aber sie war ganz anders als ihre Kolleginnen, viel jünger, mit strohblondem Haar und roten Wangen. Sie hatte ihre Zöpfe um den Kopf gelegt, trug bäuerliche Blusen und Röcke und kurze schwarze Wolljacken, die sie warm hielten. Sie sprach mit starkem bayerischen Akzent. Sie kümmerte sich um eine kranke Schwester, deren Mann – ein Arzt aus unserer Stadt – an der Front war.

Diese Lautenspielerin hieß Marianne und schien vom Krieg nichts zu merken. An ihrem Instrument hingen Dutzende von bunten Seidenbändern, die ebenso fröhlich waren wie die Musikantin. Sie sang Volksweisen und Lieder aus den Bergen. Ich liebte ihre klare und kräftige Stimme sehr. Begeistert sammelte ich Bänder für meine eigene Laute. Einige waren bemalt, andere bestickt mit Texten, Liedern und Gedichten. Man hätte meinen können ein Strauß Feldblumen, der sich, dem Rhythmus der Melodie folgend, in einer leichten Brise wiegt.

Ich sang kurze bayerische und österreichische Lieder, unterstützte meine atemlose, schwache Stimme mit mächtigen Akkorden. Ich widmete meiner Laute viel Zeit und träumte vor mich hin. »Träum ruhig«, sagte meine Mutter, »aber paß auf, daß du nicht dumm im Kopf wirst.«

Meine Laute war mit dunkelbraunem Lack überzogen, und ein schmaler schwarzer Streifen war um den ovalen Resonanzkasten herum eingelassen. Ich liebte dieses Instrument heiß und innig und drückte es jeden Abend vor dem Schlafengehen an mich. Ich fühlte mich ein wenig schuldig, daß ich nicht dieselbe Zärtlichkeit für meine Geige empfand; vielleicht rührte sie mich weniger, weil sie kleiner war.

Trotz des Krieges war ich während meiner Jugend immer guten Mutes. Meine Mutter schützte mich und trotzte allen Unwettern, die auf sie und ihre Prinzipien niedergingen – ganz allein überwand sie sämtliche Schwierigkeiten.

Der Krieg ging zu Ende. Ich wußte nicht viel über die Ereignisse und die Politik der damaligen Zeit. Wir gingen zur Schule, zu den Nachhilfestunden, in Konzerte, zum Literaturunterricht – alles sollte unserer Erziehung nützen.

Ich habe eine wunderbare Kindheit gehabt. Und viel Glück dazu. Trotz meiner Fehler, des Todes meines Vaters, trotz meiner vom Krieg geprägten Kinderjahre war meine frühe Jugend schön; ich lernte, auf manche »guten Dinge« zu verzichten und dennoch zu leben. Ergebnis: am Ende meiner Jugend »stand ich mit beiden Beinen fest auf der Erde«. Damals wußten die jungen Leute nichts von den historischen Umwälzungen; das war vielleicht einer der Gründe für meine glückliche Jungmädchenzeit. Unser Schutzschild hinderte uns allerdings nicht, voller Naivität dumme Meinungen über die Politik der Regierung zu äußern. Doch zu kritisieren ist immer leicht, viel schwieriger dagegen ist es, zu regieren. Das wurde uns damals beigebracht. Und auch: »Halt deinen Mund, wenn du nichts Interessantes zu sagen hast, beschränke dich nie darauf, das zu zerstören, was du nicht magst. Das Leben bettet einen nicht auf Rosen, es ist weder Honig- noch Zuckerschlecken, aber das Leben ist gut, wenn du darum kämpfst, daß es gut wird.«

Meine Mutter sah ich zum letzten Mal, als ich mit den Besatzungstruppen der US-Armee in Berlin war. Als ich Berlin verließ, brachte sie mich zu meinem Jeep, schlug die schmale Tür mit einem Knall zu und sagte: »Nun denke zur Abwechslung einmal an dich selbst.«

Jugend

Dank meiner Mutter war das Leben wirklich angenehm.

Eines Tages klang das Wort Internat an meine bangen Ohren ... Es war an einem Abend. Meine Mutter und einige Tanten, die bei uns zu Besuch waren, besprachen den Plan.

Dennoch schien sich in meinem Leben zunächst nichts zu ändern. Ich ging mit dem Violinkasten unter dem Arm zu Fuß zu meinem neuen Geigenlehrer, allerdings immer in Begleitung meiner Gouvernante.

Sie war Engländerin, und ich lernte mit einigem Widerstreben ihre Muttersprache, um den als schlecht erachteten Schulunterricht auszugleichen. Meine Gouvernante war eine brave Frau, aber ich mochte sie nicht besonders. Mich störte ihre Wachhundmiene, doch ich warf ihr keineswegs vor, daß sie ihre Pflicht tat. Sobald wir bei meinem Lehrer angelangt waren, setzte sie sich ins Wohnzimmer und schlürfte dort genüßlich die Tasse Tee, die die Frau des Meisters ihr anbot.

Ich übte nun unermüdlich Geige. Das schränkte meine übrigen Beschäftigungen enorm ein, nahm meine ganze freie Zeit in Anspruch. Denn da waren auch noch die Klavierstunden, die Turnstunden oder Spaziergänge, wenn ich nicht zu meinem Geigenlehrer ging.

Um sieben Uhr war ich im Bett. Die Tage waren kurz und gut ausgefüllt mit den Stunden im Gymnasium. Zum Glück wurde an manchen Abenden eine Ausnahme gemacht: die Konzert- und Theaterbesuche waren wie Sonnenstrahlen nach einem Regentag.

Ich sah die ganzen Klassiker, Shakespeare, die griechischen Tragödien, alles, was einem jungen Gemüt zuträglich war, und manchmal wurde ich auch in die Oper mitgenommen.

Anscheinend hatte sich das Leben wieder normalisiert – in meinen Augen ein sinnloser Ausdruck, denn ich wußte nicht, was das bedeutete, »normal«. Zu Hause ging jetzt alles ruhiger zu, meine Mutter trug immer noch Schwarz, doch ebenso wie meine Tanten hatte sie ihren Trauerschleier abgelegt. Die Witwen gewöhnten sich langsam an ihr Schicksal, die Klagen hatten aufgehört. Doch man konnte immer noch einen leisen, gefaßten Schmerz spüren. Leid ist eine persönliche Angelegenheit, das wußte ich bereits.

Ich hatte an zahlreichen protestantischen Beerdigungen teilgenommen und gelernt, nicht in der Öffentlichkeit zu weinen. Später hatte ich Gelegenheit, die Riten bei jüdischen Beisetzungen zu beobachten. Ich kam zu dem Schluß, daß die jüdischen Bräuche vielleicht besser sind als unsere. Die Juden können ihren Kummer zum Ausdruck bringen, weinen und klagen über den Leichnam, der bestattet wird. In unserer christlichen Welt lehrt man uns, unsere Gefühle zu verbergen. Erbin dieses altüberlieferten Prinzips, bin ich nun eine Frau, die ihre tiefsten Gefühle niemals offenbart, eine zurückhaltende und einsame Frau, gefangen im Allerheiligsten ihrer Glaubenssätze.

Das Internat, das bis dahin nur eine geflüsterte Drohung gewesen war, wurde Wirklichkeit, und ich ging nach Weimar, in die Stadt Goethes, meines Idols.

Während der letzten Schuljahre hatte ich begonnen, Goethe regelrecht zu vergöttern, und es ist kein Wunder, daß ich mein ganzes Leben lang sein Denken andächtig in Ehren gehalten habe. Seine Grundsätze haben mich, ebenso wie alle meine Mitschülerinnen, beim Erwachsenwerden geleitet; mich haben sie jedoch vermutlich noch stärker geprägt, denn da ich keinen Vater hatte, brauchte ich ein männliches Vorbild, auf das ich mich beziehen konnte. Und so schwärmte ich für alles, was Goethe betraf.

Als mir mitgeteilt wurde, ich käme in ein Internat in Weimar, war ich glücklich, obwohl der Gedanke, von zu Hause weggehen zu müssen, mich sehr traurig machte.

Wie immer gehorchte ich.

Das Internat war kalt, abweisend, die Straßen waren fremd, und die Luft roch anders als in meiner großen Heimatstadt; keine Mutter, niemand, den ich kannte, kein Allerheiligstes, wohin ich mich flüchten, kein Ort, wo ich heimlich weinen konnte, keine Wärme.

Wir schliefen zu sechst in einem Zimmer. Das war für mich härter als für die anderen Schülerinnen. Ich war an mein Privatleben gewöhnt. (Inzwischen weiß ich, daß es bei der Armee nicht anders ist.) Sicher steckt eine verborgene Absicht hinter dieser Art der Erziehung. Doch während man sie »genießt«, leidet man natürlich darunter. Man bläst Trübsal, liegt ganze Nächte lang wach und weint, weil man wieder zu seiner Mutter nach Hause zurückkehren möchte. Aber schließlich ist der Einfluß der Schule stärker. Man weint nicht mehr nach der »Mama«, lernt, ganz allein zurechtzukommen. Man lernt, seine Pflicht zu tun und seine Gefühle oder seinen Ärger außen vor zu lassen.

Man mußte sich einreihen, ging auf der Straße immer zwei und zwei nebeneinander, führte die übrigen Zöglinge an (ich frage mich, warum immer ich an der Spitze war), und begegnete freien Leuten, die Einkäufe machten oder an der Straßenecke einen Schwatz hielten, man fühlte sich verzweifelt, abgelehnt, ausgeschlossen. Wir lasen *Die Leiden des jungen Werther* und vergossen viele Tränen. Am liebsten hätten wir, wie es heute üblich ist, unsere Freude laut hinausgeschrien bei der Entdeckung, daß ein so berühmter Schriftsteller unsere jungen Seelen kannte. Alle jungen Menschen fühlen sich unverstanden. Das ist eine uralte Jugendkrankheit. Doch wenn man die Qualen der Einsamkeit durchleidet, dann helfen Poesie und Sentimentalität, Geigen, die auf dem Grunde unseres Herzens singen, Träume, die uns beseelen, ohne unsere Probleme lösen zu können. Das war es, was ich damals empfand. Während meines Aufenthaltes in Weimar habe ich eine wunderbare Liebe kennengelernt, die mein ganzes junges Dasein in Begeisterung, ja einen einzigen Rausch versetzte, die mein Leben auf ein göttliches Licht hin lenkte und mir alle schlechten und gemeinen Erfahrungen ersparte.

Es ist vielleicht schwer zu verstehen, aber Goethe war für mich zu einem Gott geworden. Ich las alle seine Bücher und folgte allen seinen Lehren. Nichts konnte mich erschüttern, mich verletzen. Seine Stadt wurde zu einem Hafen, seine Häuser wurden meine Häuser. Die Frauen, die er geliebt hatte, wurden Rivalinnen, auf die ich rasend eifersüchtig war.

Viele meiner »Biographen« machen Weimar zu meiner Geburtsstadt. Die Tatsachen sprechen gegen diese Behauptung. Aber es stimmt, daß diese Stadt meine Wahlheimat wurde.

Das war einfach, denn fast alle Einwohner von Weimar leben im Banne Goethes.

Sein Haus am Frauenplan, sein Gartenhaus, das Haus seiner großen Freundin Frau von Stein waren für uns lauter Wallfahrtsorte – wir gingen jeden Tag dorthin, um unsere Seelen zu läutern.

Diese Bewunderung für einen großen Dichter und Denker war fruchtbar. Sie war ein Schutzschild gegen alle Versuchungen, die das Herz, den Körper und die Seele eines jungen Mädchens bedrohten. Zusammen mit meiner Erziehung bildete diese Leidenschaft einen geschlossenen Kreis und vermittelte mir feste moralische Werte, die ich mein ganzes Leben lang bewahrte.

Und dann war da auch noch Immanuel Kant! Seine Gesetze waren meine Gesetze, ich kannte sie auswendig.

»Handle so, daß die Maxime deines Willens jederzeit zugleich als Prinzip einer allgemeinen Gesetzgebung gelten könnte.«

»Das gerade Widerspiel des Prinzips der Sittlichkeit ist: wenn das der eigenen Glückseligkeit zum Bestimmungsgrunde des Willens gemacht wird.«

». . . die Freiheit, von der das moralische Gesetz, welches selbst keiner rechtfertigenden Gründe bedarf, nicht bloß die Möglichkeit, sondern die Wirklichkeit an Wesen beweiset, die dies Gesetz als für sie verbindend erkennen.«

Logik ist kein weibliches Merkmal. Gott sei Dank wurde ich mit dem kategorischen Imperativ und den Lehren von Immanuel Kant erzogen und während meiner gesamten Jugend dazu angehalten, wie ein Mann zu denken – nicht wie eine Frau. Zu jedem Zeitpunkt war Logik gefordert. Wenn meine Schlußfolgerungen unlogisch waren, wurde ich von der Unterhaltung ausgeschlossen. Bis zum heutigen Tag habe ich mich dieser strengen Regel nicht entziehen können und ihre Einhaltung auch immer von meiner Umgebung verlangt.

Diese Erziehung half mir durch mein ganzes, oft mehr als bewegtes Leben und dient mir heute ebenso wie früher. Sie war das beste »Kapital« für meinen Beruf, aber auch im Privatleben wurden Entscheidungen von meiner Fähigkeit zum logischen Denken bestimmt. Diese Fähigkeit ist einzig und allein Kants Verdienst, denn in meiner Jugend gab es keinen Mann, der sie mir hätte beibringen können.

Logik führt zu umfassender geistiger Gesundheit.

Die Schülerinnen, die wie ich Musik studierten, durften an drei Abenden in der Woche in die Oper gehen. Wir waren überwältigt von den Wundern, dem Zauber, den Lichtern, dem *trompe-l'oeil* im Zuschauerraum, fasziniert vom sanften Klang der Geigen, der Musik.

Diese Zeit meiner Jugend war großartig, aber jung zu sein erschien uns damals als der natürlichste Zustand der Welt, wir wußten nicht, daß dieses Glück nur kurz währen würde. Trotzdem betrachtete ich es als meine Pflicht, jeden einzelnen Augenblick zu genießen.

Meine Mutter kam mich alle drei Wochen besuchen, um mein Zimmer, das selbstverständlich vollkommen in Ordnung war, »aufzuräumen« und mir die Haare zu waschen. Da es keine Duschen gab, benutzte sie Krüge, um die Seife aus den Haaren zu spülen, bis das Wasser ganz klar war.

Daß eine Mutter so weit fährt, nur um die Haare ihrer Tochter zu waschen, mag vielleicht ungewöhnlich erscheinen. Aber meine Mutter war sehr stolz auf meine Haare, und es lag ihr daran, daß sie schön blieben. In diesem Punkt hatte sie kein Vertrauen zu mir. Meine Haare sind immer prachtvoll geblieben, und ich bin sicher, daß ich das der Hilfe meiner Mutter verdanke. Sie trocknete sie mit einem Handtuch, dann ließ sie mich auf einen Stuhl im Besuchszimmer sitzen. Mein Gesicht war gerötet von all dem Frottieren, das zu dieser Behandlung gehörte, meine Haare waren noch ganz durcheinander und feucht, und Tränen rannen mir über das Gesicht, während ich mich von ihr verabschiedete. Ich war nicht die einzige, die dieser Prozedur unterzogen wurde. Wir alle wuschen uns in Erwartung dieses Tages. Aber das war nichts im Vergleich zu dem mütterlichen »Schrubben«.

Auch wenn mein Zuhause mir fehlte, war ich doch dank der Musik sehr glücklich. Die anderen Stunden langweilten, bedrückten mich. Ich war schlecht in Mathematik und bin es immer noch. Aber ich war gut in Geschichte und in Sprachen. Insgesamt habe ich eine gute Erinnerung an diese Jahre.

Dann kam der Schicksalstag: der Tag, an dem meine Internatszeit zu Ende war. Es mußte entschieden werden, ob ich meine Studien in Weimar fortsetzen sollte oder nicht. Meine Mutter kam, und da meine Geigen- und Klavierlehrer meine »Heldentaten« priesen, kam ich in ein Weimarer »Pensionat«. Hier sollte ich wohnen, so daß ich weiter Musikunterricht nehmen konnte. Nun führte ich ein noch angenehmeres Leben als vorher. Ich konnte so lange spielen wie ich wollte oder mußte. Ich war freier, konnte meine Zeit selbst einteilen.

Natürlich ging ich oft in Konzerte, in die Oper und ins Theater, besuchte fleißig meine Lieblingsorte, die Bibliotheken, und schrieb regelmäßig meiner Mutter, die mir immer pünktlich antwortete.

Aber bald brach eine Katastrophe über mich herein.

Meine Mutter tauchte überraschend in Weimar auf, nahm mich aus dem Pensionat und mit nach Berlin, nach Hause. Fürchtete sie meine neue Freiheit? Auf jeden Fall schien sie beunruhigt. Sie antwortete mir nur ausweichend auf meine bangen Fragen.

Sie ließ mir jedoch die Zeit, mich von meinen Freundinnen und Lehrern zu verabschieden. Traurig suchte ich ein letztes Mal Goethes Gartenhaus auf. Aber ich war gewohnt zu gehorchen. Ich erhob keinen Einspruch. Auf der Rückfahrt war ich sehr schweigsam. In Berlin bekam ich einen neuen Geigenlehrer, Professor Flesch von der Musikakademie, der mich erst akzeptierte, nachdem ich ihm oft und ausgiebig vorgespielt hatte.

Alles war jetzt anders für mich. Bach, Bach, Bach, immer wieder Bach. Acht Stunden am Tag üben. Meine Mutter und ich verloren darüber beinahe den Verstand.

Ich gab als erste auf. Die Ärzte untersuchten mich und erklärten, der Schmerz, den ich im linken Ringfinger verspürte, sei auf eine Sehnenentzündung zurückzuführen; meine ganze Hand wurde in Gips gelegt. Die Solo-Sonaten von Bach waren für meine Verletzung verantwortlich. Dieser Schicksalsschlag warf mich völlig zu Boden. Ich würde nun nie eine in der Musikwelt gefeierte Geigen-»Solistin« werden. Die Enttäuschung meiner Mutter war noch größer als meine. Die alte Geige, die sie mir gekauft hatte, lag nun in ein Seidentuch eingewickelt in ihrem schwarzen Kasten. Für meine Mutter war ein weiterer Traum zerbrochen. Zum ersten Mal seit langer Zeit hatte ich nichts zu tun.

Ich bekam erneut Unterricht, aber diesmal zu Hause. Die Stunden schienen mir nicht mehr so ernsthaft wie im Pensionat. Ich las wieder Goethe, um meine Verbindung mit ihm aufrechtzuerhalten. Dann entdeckte ich eines Tages Rainer Maria Rilke – ich sage »entdeckte«, weil in der Schule kein Lehrer je von ihm gesprochen hatte. Von da an hatte ich einen neuen Gott.

Ich fand seine Lyrik so schön, daß ich lange Gedichte auswendig lernte und sie für mein Leben gern laut vortragen wollte.

Meine Mutter tröstete sich allmählich über ihre Enttäuschung hinweg, sie hoffte noch, daß meine Hand heilen würde. Sie fand es gut, daß ich las, weil man ihrer Meinung nach immer »etwas tun« sollte. Unermüdlich wiederholte sie: »Tu etwas«, wenn sie mich beim Träumen ertappte. Noch heute höre ich ihre Stimme, und fortwährend »tue ich etwas«.

Schließlich wurde der Gips abgenommen. Die geschwollene Hand lag reglos auf meinem Schoß. Ich betrachtete sie verblüfft. Wieder wurde mit Ärzten telefoniert, aber ihr Urteil fiel nicht sehr ermutigend aus: die Hand wird für immer anfällig bleiben. Zu dieser Zeit fehlte mein Vater mir sehr, und ich bin sicher, daß meine Mutter gerne einen Mann an ihrer Seite gehabt hätte, einen Mann, der uns geholfen hätte, eine Entscheidung zu treffen.

So erstaunlich das auch scheinen mag, an die Stelle meines Vaters trat ich – und zwar gegen den Willen meiner Mutter.

Ich beschloß, Theaterschauspielerin zu werden, denn das Theater war der einzige Ort, wo man schöne Texte und schöne Verse vortragen konnte wie die von Rilke, die mir das Herz brachen und doch zugleich auch wieder Mut machten.

Ich legte die Geige also endgültig beiseite und versuchte, mir Zutritt zur Theaterwelt zu verschaffen. Nur ein Versuch, erklärte ich meiner Mutter.

Damals hatte Max Reinhardt in Berlin eine Schauspielschule. Dort ging ich hin, um mit meiner gewohnten Naivität »vorzusprechen«.

Ich hatte die Rolle des Mädchens in Hofmannsthals Stück *Der Tor und der Tod* gewählt, denn man hatte mir gesagt, Rilke sei kein »Theaterautor«.

Furchtbar viele Männer prüften uns von ihren Sesseln aus, Stunden um Stunden, wie mir schien. Dann sollten wir einen Auszug aus *Faust* spielen: Gretchens Gebet.

Als ich an der Reihe war, hieß man mich niederknien. Die Vorstellung, mich in diesem Raum auf die Knie niederzulassen, war mir peinlich, und ich zögerte. Ich zögerte gerade lange genug, daß einer der Lehrer mir ein Kissen vor die Füße werfen konnte. Ich verstand nicht, sah ihn an und fragte: »Warum werfen Sie mir das Kissen her?« »Damit Sie sich darauf knien«, antwortete er. Das brachte mich noch mehr durcheinander, denn in meinen Augen war es lächerlich, für diese Szene ein Kissen zu benutzen. Dennoch trug ich meine Verse vor, woraufhin mir gesagt wurde, ich solle am nächsten Morgen wiederkommen.

Am nächsten Morgen waren dort so viele Mädchen, daß ich mir vorkam wie in der Volksschule. Eine von ihnen hieß Grete Mosheim, und wir wechselten einige schüchterne Worte. Später wurde Grete Mosheim eine berühmte Schauspielerin, aber an jenem Tag, in jener Schule, versuchte sie wie wir alle, die Lehrer auf sich aufmerksam zu machen.

Auf jeden Fall war die Tatsache, daß wir am Unterricht der Max-Reinhardt-Schule teilnehmen durften, bereits ein ermutigendes Zeichen für die Zukunft.

Der Stundenplan der Schule füllte unseren Tag nahezu aus, und darüber hinaus gab es Übungen, die man zu Hause machen mußte. Wir hatten uns »einen gefährlichen Beruf« ausgesucht, warnte man uns. Aber wir waren entschlossen, die Herausforderung anzunehmen. Gefährlich oder nicht, ich war von diesem Beruf begeistert. Wir bereuten unsere Arbeit nie, wir bereuten nie die vielen Stunden, in denen wir versuchten, die Anweisungen unserer Lehrer zu verstehen. Wir lernten. Es ist schon sehr wichtig, sich ein Ziel zu setzen, so fern und nebelhaft es auch sein mag.

Jeden Tag, wenn ich nach Hause kam, erzählte ich meiner Mutter, was wir glaubten erreicht zu haben oder was wir versucht hatten zu erreichen, und meine Mutter hörte mir geduldig zu.

Wie alle jungen Mädchen damals wußte ich wenig über die Ereignisse, die sich außerhalb des engen Rahmens meiner kleinen Welt zutrugen. Das mag heute seltsam erscheinen, aber wir interessierten uns überhaupt nicht für Politik und politische Ereignisse. Unser Verhalten war also dem Verhalten der meisten Jugendlichen von heute diametral entgegengesetzt.

Meine Generation und vor allem die jungen Mädchen

fühlten sich nur von den Dingen des täglichen Lebens betroffen, dem Haushalt, den persönlichen Leistungen, Hochzeiten, Kindern. Auch als wir älter wurden und die Inflation über das Land hereinbrach, änderte sich unser Verhalten nicht. Ich wußte, daß die Preise unglaublichen Schwankungen unterworfen waren, aber wie alle jungen Mädchen und Frauen meiner Generation beschränkte ich mich darauf, das festzustellen und mir weiter darüber keine Gedanken zu machen. In jugendlicher Leichtfertigkeit dachten wir, all diese Umwälzungen seien vorübergehender Natur und würden bald wieder verschwinden. Unsere eigenen Probleme erschienen uns ungleich wichtiger, und wir verspürten nicht das geringste Verlangen, uns nach den Gründen für die Unsicherheit zu fragen, die vom Deutschland der zwanziger Jahre Besitz ergriffen hatte. Viel später, als ich wirklich erwachsen war und mich über diese Zeit informierte, merkte ich, daß diese Ereignisse mich in keiner Weise geprägt hatten. Heute frage ich mich, ob das nicht gut so war.

Max Reinhardt leitete vier Theater in Berlin. Die Räume seiner Schule lagen im obersten Stockwerk eines dieser Theater. Wir begegneten unserem Direktor nie, aber sein Ruf versetzte alle Schüler in Angst und Schrecken. Er selbst unterrichtete nicht mehr und wählte nur noch die Lehrer aus, die mit uns arbeiten sollten.

Ich verstehe, warum Max Reinhardt später, als ich berühmt war, gerne sagte, er habe mich »entdeckt«, aber das stimmt – leider! – nicht. Ich hatte kein besonderes Talent und wußte das auch. Alle wußten es. Grete Mosheim und ich – ebenso wie alle unsere Mitschülerinnen – begnügten uns damit, artig die Stunden zu besuchen und bald hier, bald dort alle möglichen kleinen Rollen zu spielen. Grete Mosheim war die erste, die sich hervortat und uns alle weit, weit hinter sich ließ.

Rudolf Sieber, Assistent von Joe May, der in Berlin *Die Tragödie der Liebe* drehte, hatte die für die damalige Zeit ungewöhnliche Idee, die Rollen der Zuschauer, Passanten etc. nicht von Berufsschauspielern, sondern von Unbekannten spielen zu lassen. Er nahm Kontakt zur Max-Reinhardt-Schule auf und fragte an, ob die Schüler bereit wären »das Gesicht der Masse« darzustellen. Das wurde begeistert aufgenommen, und so stellten Grete Mosheim und ich uns eines schönen Tages im Studio vor.

Rudolf Sieber erklärte uns, er suche »Halbweltdamen« von Format. Er beschloß, meine Freundin Grete Mosheim wirke »zu ernst« für die Rolle, ich jedoch sollte mich gleich am nächsten Tag zur Arbeit einfinden – so schätzte er mich also ein.

Ich war stolz darauf, daß er mich als ein »Gesicht in der Masse« ausgewählt hatte, stolz darauf, daß ich es geschafft hatte, stolz darauf, nicht zu jung ausgesehen zu haben, zu unschuldig, zu ... alles, was ich in Wirklichkeit war.

Grete Mosheim erhielt später die Hauptrolle in dem Stück *Alt Heidelberg*, einem schrecklich sentimentalen Melodram, in dem wir alle eine Rolle zu ergattern hofften. Aber im Gegensatz zu mir war sie der Typ »feine Dame«. Mit mehreren Mitschülerinnen begleitete ich sie zu ihrer ersten Probe, vergoß heiße Tränen und wünschte ihr viel Glück.

Sie fehlte uns, und wir gingen unbeirrt weiter unseren Weg, der uns mal hierhin, mal dahin führte. Ich spielte beispielsweise die Rolle eines Dienstmädchens im ersten Akt eines Stückes, fuhr dann mit der Untergrundbahn oder mit dem Bus zu einem anderen Theater, wo ich im zweiten Akt eines anderen Stückes eine Matrone war, und beschloß dann den Abend als Dirne im dritten Akt eines dritten Stückes. Jeder Abend war anders als der vorherige, wir fuhren alle ständig von einem Ort zum anderen und taten, was man von uns verlangte. Natürlich bekamen wir kein Geld dafür. Die Statistenrollen waren Teil unserer Ausbildung.

Die meisten Theater waren im Vergleich zu den heutigen ziemlich klein, aber als ich zum Schumann-Theater geschickt wurde, wo Max Reinhardt *Der Widerspenstigen Zähmung* inszenierte, war ich erstaunt über die Größe des Raumes, der früher ein Zirkus gewesen war. Ich sollte für die Rolle der Witwe im fünften Akt vorsprechen. Ich brauchte nur drei Sätze zu sagen, aber das war mehr, als man mir bisher je zugestanden hatte. Der männliche Hauptdarsteller sagte, man könne mich in der ersten Reihe nicht verstehen. Ich wartete auf den endgültigen Urteilsspruch. Elisabeth Bergner spielte die Widerspenstige. Sie war von Geburt Österreicherin, hatte später in der Schweiz gelebt und sich schließlich in Berlin niedergelassen. Sie hatte Nachsicht mit den Anfängerinnen und konnte den Regisseur davon überzeugen, uns in die Besetzung aufzunehmen. Natürlich gab es in diesem riesigen Saal keine Beschallung, und wir versuchten alle, »über die Rampe zu kommen«, wie man es uns in der Schule beigebracht hatte: »Haltet euch die Nase zu, bringt eure Stimme in den Kopf und sagt ning, nang, neun, neun, neun.«

Dr. Joseph arbeitete unermüdlich mit uns, ununterbrochen. An einem Strick, den er über seine Schulter gelegt hatte, versuchte er, uns durch den Probenraum zu ziehen, während wir uns dagegen sträubten und stockend »ning, nang, neun, neun« sagten. Seine Methode hatte Erfolg; wir wurden alle Schauspielerinnen. Meine drei Sätze in *Der Widerspenstigen Zähmung* waren:

»Nein, glaubt mir nur, ich scheue mich vor niemand.«

»Wer schwindlig ist, der denkt, die Welt geht rund.«

»Gott, laß mich Ursach nie zum Kummer haben, bis ich so albern mich betragen werde!«

Im Originaltext von Shakespeare hat die Rolle der Witwe noch mehr Sätze, aber sie wurden aus ich weiß nicht welchem Grund gestrichen. Während der Proben machte ich mich mit den Theaterregeln vertraut, und wenn ich an der Reihe war, sprach ich meine drei Sätze. Max Reinhardt sah ich so gut wie nie. Wir alle hofften, einen, wenn auch nur kurzen Blick von ihm zu erhaschen, aber wie immer machte er sich rar.

Ich deklamierte weiter meine Sätze mit soviel »Resonanz« wie möglich und sagte dann Elisabeth Bergner guten Abend und gute Nacht, ohne zu ahnen, daß sie eines Tages meine Freundin werden würde.

Ich hatte auch eine Schauspielerin namens Anni Mewes kennengelernt, die mich mehrmals in der Woche anrief. Sie sagte: »Könntest du für mich in einem Stück einspringen? Ich habe nur einen einzigen Satz. Mein Kleid wird dir hervorragend passen. Sag aber niemandem etwas davon. Geh einfach hin und trete nach diesem oder jenem Dialog auf. Nimm einen Stift und schreib auf.«

Ich tat anderen sehr gerne einen Gefallen. So kam ich in viele sonderbare Theater, sprach viele sonderbare Sätze, aber nicht viele Dialoge. Die Rollen waren völlig unbedeutend, doch irgendjemand mußte sie spielen.

Während ich Anni Mewes' Nebenrolle spielte, tanzte und amüsierte sie sich gewiß in irgendeinem »Lokal«. Die Rollen waren so klein, daß uns nie jemand auf die Schliche kam. Manchmal allerdings lagen die Dinge nicht so einfach, und Anni mußte mir bestimmte Details genauer erklären. Zum Beispiel bei dem Stück *Der große Bariton* mit Albert Bassermann.

Ich mußte mich in ihrer Garderobe, die sie mit anderen Schauspielern teilte, zurechtmachen, dann auf die Bühne gehen und einen einzigen Satz sagen: »Sie sind wunderbar.« Anni Mewes hatte mir erklärt, es sei ungeheuer wichtig, daß ich ihre Handschuhe trüge und den letzten Knopf offen ließe. Nachdem mein Partner mich umarmt hätte, müsse ich ihm die Hand reichen, damit er die Innenseite meines Armes küssen könne. Gewissenhaft befolgte ich ihre Anweisungen.

Die einzig nennenswerte Rolle spielte ich in George Bernard Shaws Stück *Eltern und Kinder*. Ich mußte mehrere Sätze sagen, und den ersten Lacher in meiner sogenannten Theaterlaufbahn erzielte ich mit den Worten: »Aber Papa.«

Ich erinnere mich auch an einen komischen Zwischenfall aus dieser Zeit. Das betreffende Stück wurde von Max Reinhardt in den Kammerspielen mit Elisabeth Bergner in der Hauptrolle inszeniert.

Sie schritt über eine imposante, gebogene Treppe auf die Bühne hinunter. Unten stand ein Tisch, an dem vier Personen saßen und Bridge spielten. Ich war eine von ihnen und alles, was ich sagen mußte, war: »Ich passe.«

Ich trug ein blaßgraues und, wie damals üblich, maßgeschneidertes Kleid. Als ich es anprobierte, entdeckte ich zu meiner größten Verwunderung, daß es schon mit Perlen und Diamanten besetzt war, allerdings nur auf dem Rükken. Ich fragte nach dem Grund und bekam zur Antwort, daß ich mich in der Szene nicht ein einziges Mal umdrehen würde und es somit überflüssig sei, das Vorderteil des Kleides zu verzieren.

Ich verstand und schwieg.

Ich erzähle diese Anekdote, um zu zeigen, wie unbedeutend meine Rollen waren. Doch da ich mit dem Rücken zum Publikum saß, konnte ich den herrlichen Auftritt von Elisabeth Bergner oben auf der Treppe sehr gut sehen.

Ihr erstes Wort war »Verdammt!«; ich war so fasziniert, sie dieses Wort aussprechen zu hören, daß ich oft mein »Ich passe« vergaß, aber das fiel niemandem auf. Die anderen Schauspieler machten weiter, als sei nichts gewesen, niemand hatte etwas gemerkt. Ich war eine kleine Statistin, wie man heute sagt. Wenn ich also die Kapitel lese, die meine »Biographen« dieser Zeit widmen, und in denen sie behaupten, ich sei eine »berühmte Schauspielerin« gewesen, kann ich nur lachen. Ich war vollkommen unbekannt, eine Debütantin, eine unter Hunderten von Amateurschauspielerinnen, eine kleine Schülerin der Max-Reinhardt-Schule.

Aber ich war mit meinem Schicksal nicht unzufrieden. Ich war sehr glücklich, mit großen Schauspielern und großen Schauspielerinnen in Berührung zu kommen. Ich tat, was von mir verlangt wurde, wie auch später immer in meinem Leben und bei meiner Arbeit.

Ich trat weiter in zahlreichen Stücken auf, meistens in stummen Rollen, aber herrlich geschminkt. Gewöhnlich verbrachte ich mehr Zeit damit, mich herzurichten als zu spielen. Die Hauptdarsteller sprachen nie mit uns, und wir fürchteten sie sehr. Aber wir betrieben keinen »Starkult«. Nur weil wir ihr Spiel bewunderten, beobachteten wir sie so aufmerksam. Lernen, lernen, lernen, das war unsere Devise.

In der *Büchse der Pandora* von Wedekind war ich eine der »schweigenden Beobachterinnen«. Ob man es glaubt oder nicht, ich wußte nichts von dem Stück, denn ich trat nur im dritten Akt auf. Noch heute weiß ich nicht, worum es darin geht.

Ich bemühte mich, älter zu wirken, auszusehen wie eine Frau. Zu Hause probte ich in einem Kleid meiner Mutter, ich ging und wiegte mich in den Hüften wie eine Lebedame, und jeden Tag arbeitete ich mit Rudolf Sieber, in den ich bis über beide Ohren verliebt war – und es lange bleiben sollte.

Ich nahm weiter Gesangstunden, besuchte die Max-Reinhardt-Schule, lernte eine Menge klassische Rollen, die ich niemals spielen würde, das wußte ich. Ich studierte alle Rollen unschuldiger junger Mädchen ein, das ganze moderne Repertoire, ohne jedoch zu überzeugen. Nach dem Vorsprechen zogen die Prüfer ein Gesicht: die gefühlvollen Monologe paßten nicht zu meinem Ton. Ich mußte mir also einen anderen Stil aneignen, mühsam in die Haut einer anderen Frau schlüpfen. Ich mochte sie nicht, diese Frau. Aber ich lernte brav alle ihre abscheulichen Sätze.

Wieder gab es Prüfungen: Ich war bereit, das Publikum mit meiner Darstellung der »femme fatale« zu erobern.

Und wieder fiel ich durch. Meine Lehrer erklärten, ich sei zu jung für diesen Typ. Wieder eine Enttäuschung; meinem Arbeitseifer tat sie jedoch keinen Abbruch.

Wenn ich zu Hause blieb, um zu arbeiten oder zu lesen, war meine Mutter erleichtert. Es war ihr ziemlich gleich, womit ich mich beschäftigte, solange meine Nase in einem Buch steckte.

Sie mochte »das Theater« nicht, ebensowenig wie »den Film«. Aber sie machte gute Miene zum bösen Spiel, wahrscheinlich in der Hoffnung, ich würde jemandem begegnen, der mich ein für allemal davon abbrächte.

Doch ich war hartnäckig.

Rudolf Sieber hatte mir vorgeschlagen, ein Monokel zu tragen, um aufreizender zu wirken. Damals war ein Monokel der Gipfel des »Makabren«.

Meine Mutter gab mir das Monokel meines Vaters, das sie seit Jahren aufbewahrte.

In einem ihrer Kleider, das Monokel meines Vaters in ein Auge geklemmt, die Haare zu Hunderten von Locken und Strähnen frisiert, geschminkt von irgendeinem lustlosen Maskenbildner, der sich nicht im geringsten für uns arme Anfängerinnen interessierte, trat ich auf die Bühne und meinem zukünftigen Ehemann entgegen. Ich war blind wie eine Fledermaus, aber das Monokel hielt. Rudolf Sieber mußte innerlich sicher furchtbar lachen, als er mich in dieser Verkleidung erblickte, aber er ließ sich nichts anmerken.

Es gelang ihm sogar, mir eine kleine Rolle in einem Film zu verschaffen – wieder hatte ich nur einen Satz. Ich liebte Rudolf Sieber, aber nicht, weil er mir half, sondern weil er schön war, blond, groß, klug – alles, was ein junges Mädchen sich wünscht. Das Problem war nur, daß er sich kaum für junge Mädchen interessierte.

Er hatte damals – jedenfalls dem Gerücht nach – eine stürmische Liebesaffäre mit der Tochter eines Regisseurs, einer sehr schönen Filmschauspielerin.

Ich litt also. Zu meinem Glück mußten die Szenen im Spielkasino mehrmals wiederholt werden, und da ich zur Menschenmenge gehörte, wurde ich oft ins Studio bestellt. Ich sah ihn, aber er sprach nie mit mir.

Es war undenkbar, dieses Thema zu Hause anzuschneiden. Meine Mutter hatte sich in sich selbst zurückgezogen, sie gab keinerlei Kommentar ab, sprach nie über meine Abenteuer in der »Welt des Films«, ein Ausdruck, der ihr Ohr beleidigte. Für sie waren Film und Zirkus ein und dasselbe. Und der Zirkus war genau das Gegenteil des Lebens, das sie sich für mich vorstellte, sie meinte, dieses Milieu sei für ein junges Mädchen meines Alters verhängnisvoll.

Sie war so besorgt, daß sie schreckliche Alpträume bekam. Sie fürchtete, ich könnte mich zu einem sündigen Leben verleiten lassen, mich für immer ins Verderben stürzen.

Ihr war nicht bewußt, daß ich gegen all diese Gefahren gefeit war. Sie hatte mich vor ihnen bewahren können, glaubte aber nicht, daß es ihr so gut gelungen wäre.

Um auf meine lächerliche Aufmachung zurückzukommen: Ich wurde zum Spieltisch geführt, dann sagten Rudolf

Sieber und seine Assistenten mir, was ich tun, wohin ich gehen sollte. Manchmal kam er auf mich zugelaufen, um mir einen Rat zu geben. Hoffnungslos verliebt, wartete ich voller Angst auf diese kurzen Begegnungen.

Als ich nach drei Drehtagen unter seiner Regie wieder nach Hause zurückkehrte, teilte ich meiner Mutter mit: »Ich habe den Mann kennengelernt, den ich heiraten will.« Meine Mutter fiel nicht in Ohnmacht, verlor nicht ihre Beherrschung, sondern sagte nur: »Wenn du das wirklich willst, werden wir sehen, was wir tun können.« Aber sie erlaubte mir nie, Rudolf Sieber außerhalb des Studios zu treffen, trotz all seiner Anrufe, seiner Einladungen zum Abendessen ins Restaurant oder zum Spazierengehen.

Doch er gab nicht auf. Er kam, um mit meiner Mutter zu sprechen (nachdem er sich angemeldet hatte, natürlich), aber nach dieser Begegnung war sie auch nicht glücklicher als vorher, als ich nur von ihm erzählt hatte.

Er konnte nicht wissen, daß ich im Familienkreis nicht dasselbe Mädchen wie im Studio war, das Mädchen mit dem Monokel im Auge, das die verworfenste aller Dirnen spielte. Trotzdem hat er wohl verstanden, daß das nur eine Rolle war. Sonst hätte er mich nicht so umworben. Er ahnte, daß ich bluffte. Er war nett, er war sanft, er gab mir das Gefühl, ich könnte ihm vertrauen, und dieses Gefühl blieb während der ganzen Jahre unserer Ehe bestehen. Unser Vertrauen war gegenseitig, vollkommen.

Wir waren jung, und ein solches Vertrauen war damals außerordentlich selten. Selten in jener dekadenten Welt des Deutschlands der zwanziger Jahre. Rudolf war mein ein und alles.

Wir heirateten nach einer Verlobungszeit von einem Jahr, während der wir niemals allein waren. Immer war eine Anstandsperson bei uns, immer ein »Spion«, der ein wachsames Auge auf uns hatte. Rudolf Sieber muß eine Engelsgeduld besessen haben, um alle diese Einschränkungen ertragen zu können. Er beklagte sich nie.

Am Tag unserer Hochzeit setzte meine Mutter mir den Myrtenkranz auf; die Familienmitglieder, in Uniform oder Zivilkleidung, drängten sich in der Kirche. Und ich, wie immer sentimental und romantisch, ich weinte, als ich Rudolf ansah, der so ruhig schien.

Er liebte mich von ganzem Herzen, ohne jedoch meinen Hang zur Sentimentalität zu teilen. Er verabscheute Gefühlsduselei, er gab dem Gefühl den Vorrang und zerbrach sich den Kopf darüber, wie er mir den Unterschied zwischen beiden beibringen könnte. Und es gelang ihm, wie alle Unternehmungen, die ihm am Herzen lagen.

Auch als wir verheiratet waren, hatte er kein einfaches Leben. Wir wahrten die Traditionen, aber er fühlte sich von meiner Familie immer noch nicht ganz akzeptiert.

Ich war nicht intelligent, nicht klug genug, um ihm über den Abgrund zu helfen, der ihn von den Meinen trennte. Ich träumte weiter, nahm die Dinge weiter von der guten Seite, meinte, wenn ich ihn liebte, müßten alle anderen es schließlich auch tun.

Zum Glück wurde ich, wie ich es mir gewünscht hatte, bald schwanger, was Rudolf meiner Familie näherbrachte.

Er war häufig auf Reisen wegen der Filme, um die er sich kümmerte. Ich war allein. Jedes Mal, wenn er fortfuhr, war er so rücksichtsvoll, mich zu meiner Mutter zu bringen, so daß diese für mich sorgen konnte; seine junge Frau mit dem dicken Bauch sollte sich lieber im Wohnzimmer ihrer Mutter ausruhen, als in seinem eigenen.

Das störte mich nicht. Ich trug so viele Wunder in mir – ein neues Leben entwickelte sich in mir, ein anderes Herz schlug neben meinem, alles, was mir geschah, schien wunderbar, wie aus einem Roman, der nichts Irdisches mehr hatte und der nur für mich, die Auserwählte, bestimmt war.

Ich hatte wirklich das Gefühl, die einzige zu sein, die je ein Kind unter ihrem Herzen getragen hatte.

Wenn mein Mann von einer Reise zurückkehrte, umarmte er mich und küßte meinen Bauch, in dem das Kind, meine Tochter, heranwuchs. Wir suchten einen Vornamen, einen Vornamen für »sie«, und wir fanden einen, der das Ziel meiner ganzen Hoffnungen und meiner ganzen Träume werden sollte: Maria.

Sie wurde geboren. Ich schrie und litt wie alle Frauen damals gelitten haben. Ich schrie und litt, und ich brachte ein kleines Mädchen zur Welt.

Nichts wirklich Außergewöhnliches eigentlich. Ich stillte sie neun Monate lang. Die Mütter, die ihre Kinder nicht stillen, wissen nicht, was ihnen entgeht: inneres Glück, natürlich, aber auch Gesundheit für das Neugeborene. Kinder, die die Brust bekommen haben, weinen und schreien nicht soviel wie Flaschenkinder. Zwischen zwei Stillzeiten ist das Haus friedlich, die Milch läßt die Brüste der Mutter schwellen, die das Kind tröstet und für Ruhe sorgt. Alles ist still und friedlich, die ganze Aufmerksamkeit konzentriert sich auf die Mutter und das Kind . . .

So war es jedenfalls bei unserem Kind, Maria. Sie war unser höchstes Glück, abgesehen von unserem Eheglück.

Ein Heim ohne Kind ist kein Heim. Davon war ich überzeugt, noch bevor ich ein Kind hatte. Es gehört zu den rätselhaften Kenntnissen, die eine junge unerfahrene und unwissende Seele besitzt. Plötzlich schlägt die ganze Welt eine andere Richtung ein, und alles dreht sich nur noch um dies: um ein Kind in einer Wiege.

Diese Wiege wird zum Mittelpunkt der Welt.

Traurig war ich zum ersten Mal an dem Tag, an dem ich aufhören mußte zu stillen. Obwohl ich viele Liter Tee und Bier trank und alle Ratschläge gewissenhaft befolgte, konnte ich sie nur neun Monate nähren.

Nach und nach nahm ich meine Arbeit wieder auf – Maria war ein unkompliziertes Kind, das durchschlief, nicht mitten in der Nacht nach ihrem Fläschchen verlangte –, aber dic Filme, in denen ich mitspielte, waren nichts Besonderes.

Als ich dieses Buch in Angriff nahm, habe ich mich bewußt dazu entschlossen, hier nur die wesentlichen Ereignisse meines Lebens und meiner Karriere zu berichten. Meine sogenannten »Biographen« veröffentlichen gerne eine lange Liste von Filmen, die in dieser Zeit mit mir gedreht worden sind und in denen ich angeblich die Hauptrolle gespielt habe. Das stimmt nicht. Als Josef von Sternberg mich für den *Blauen Engel* auswählte, engagierte er eine Unbekannte. Erst 1930, in Hollywood und nach *Marokko*, wurde ich wirklich ein Star. Im übrigen halte ich solche Einzelheiten für oberflächlich und überflüssig, was immer auch diejenigen – wahrscheinlich begeisterte Anhänger einer bestimmten, typisch amerikanischen Methode – dazu sagen mögen, die meinen, bei der Karriere eines Schauspielers ginge es darum, an welcher Stelle auf dem Filmplakat sein Name steht, über oder unter dem Titel.

Ich fand es nie erstrebenswert, über dem Titel zu stehen, fand, daß es viel zu viel Verantwortung mit sich bringt ... Für die eigene innere Ruhe ist es besser, darunter zu stehen. Aber beim *Blauen Engel* ging es für mich nicht um dergleichen Probleme: der Name Marlene Dietrich taucht erst bei den »Mitwirkenden« auf.

Ich kannte das schon vom Theater her. Mein Name in den Programmen war winzig. Man hätte eine Lupe gebraucht, um ihn zu entziffern. Max Reinhardt würdigte mich, wie ich bereits erzählt habe, keines Blickes ... und zu Recht, denn er hatte wohl Wichtigeres zu tun, als das verborgene Talent von jungen Schauspielerinnen meines

Schlages zu »entdecken«. Meine Auftritte auf den Berliner Bühnen hatten also keine große Bedeutung für mich, außer bei einer Gelegenheit ...

Es war mir gesagt worden, ich solle mich bei einem gewissen Forster-Larrinaga vorstellen, in der »Komödie«, einem bezaubernden kleinen Theater am Kurfürstendamm, das ebenfalls Max Reinhardt unterstand.

Dort fand das Vorsprechen für die nächste Inszenierung statt, eine Art Musical ganz neuen Stils (auch »literarische Revue« genannt). Ich war gefragt worden, ob ich singen könnte, und hatte mit schüchterner Stimme geantwortet: »Ja, ein bißchen.«

Als ich in das Theater kam, war alles hell erleuchtet. Das war ungewöhnlich zum Vorsprechen; normalerweise beleuchtete eine einzige elektrische Birne die verschreckten Gesichter der Bewerberinnen.

Doch ich müßte lügen, wenn ich behaupten wollte, ich sei verschreckt gewesen. Ich hatte nur Angst vor dem Singen. Hinter den Kulissen wurden mir Noten in die Hand gedrückt. Meine Musikausbildung rettete mich. Die Worte waren einfach, leicht zu behalten und witzig. Die Revue *Es liegt in der Luft* spielte in einem Warenhaus und war von Marcellus Schiffer und Mischa Spoliansky geschrieben, alle beide damals in Berlin sehr bekannt. Schließlich war ich an der Reihe. Mein Lied (eine junge Frau hat sich in dem Warenhaus verlaufen und ist von dem Gedanken besessen, alle »herabgesetzten Reste« zu kaufen; ganz gleich, ob sie sie gebrauchen kann oder nicht; halt ein »Schnäppchen«!) sollte die Vorstellung eröffnen. Das hieß – was mich aber nicht wirklich überraschte –, daß meine Rolle unbedeutend war.

Es war das erste Mal, daß in der »Komödie« eine solche Revue gegeben werden sollte, und die fünf Musiker sowie ein schlanker junger Mann am Klavier hatten sich in einer kleinen Nische des Zuschauerraumes, in Höhe der vorderen Parkettreihen eingerichtet.

Der Pianist gab mir den Ton. Ein dünnes Kinderstimmchen kam zwischen meinen Lippen hervor – die Tonlage war viel zu hoch für mich –, eine zitternde Fistelstimme, die nichts mit Gesang zu tun hatte.

»Halt! Die nächste!« rief der Regisseur.

Da stand Mischa Spoliansky auf und sagte: »Sie soll es noch einmal versuchen, aber diesmal eine Oktave tiefer.«

Die nächste zog sich wieder in den Hintergrund zurück, während ich stehen blieb, wie angewurzelt, völlig verschreckt. Und wenn ich nun den Komponisten enttäuschen würde? Wir fingen eine Tonlage tiefer wieder an. Vergebens. Mischa Spoliansky wechselte mehrere Male die Tonart, bis plötzlich und zu meiner großen Überraschung harmonische Klänge das Theater erfüllten.

Spoliansky schrieb sich die Tonart auf, die Musiker und der Komponist begannen miteinander zu flüstern, die anderen Bewerberinnen gingen zum Ausgang. Ich hatte die Rolle.

Ich ging zu den Orchestersesseln, um dem Komponisten zu danken, steuerte dann auf den Regisseur zu, hielt aber plötzlich inne, als ich sah, wie alle Köpfe sich zum Haupteingang des Theaters wandten. Margo Lion, der Star der Aufführung, kam den Mittelgang herunter auf den Regisseur zu. An ihrer Seite ihr Mann Marcellus Schiffer, der Autor der Revue.

Irgend jemand hatte ihr wohl etwas über mich gesagt, denn sie blickte zu mir herüber. Mir schien, sie sagte kein Wort. Eine seltsame Frau, deren Schönheit nicht dem damaligen Ideal entsprach. Sie war dünn wie eine Bohnenstange, hatte nicht jene von den Deutschen so geschätzten üppigen Formen. Sie war Französin und sprach tadellos Deutsch. Sie hatte eine »satirische und ultramoderne« Art zu singen, um einen berühmten Kritiker zu zitieren. Ein Stil, den sie beibehielt. Während der Proben war sie unerbittlich und beobachtete immer aus dem Augenwinkel heraus Marcellus Schiffer. Aber sie beherrschte ihren Beruf bis in jede Einzelheit, sie war eine vollendete Künstlerin. Nachdem wir eine Woche geprobt hatten, ließ sie mich in ihre Garderobe rufen und musterte mich mit ihrem blaßblauen Blick. Um sie herum drängten sich der Autor, der Komponist, der Regisseur, der Regieassistent. Was wollte sie von mir? Ganz einfach: wir würden im Duett ein neues Lied singen, *Meine beste Freundin.* Ich glaubte, meinen Ohren nicht recht zu trauen!

Als ich mich wieder gefaßt hatte, wurde mir erklärt, es handele sich um eine Parodie auf die Dolly Sisters; beide gleich angezogen, sollten wir singend (sie hoch, ich tief, aus einleuchtendem Grund) eine hinter der anderen mit großen Schritten hin und her laufen, und unsere Nummer dann in der Mitte der Bühne zu Ende bringen.

Schleunigst machten wir uns an unser Lied. Die Schneiderwerkstätten nähten neue Kleider für uns, und ich freute mich sehr, daß meiner bescheidenen Bitte, in Schwarz auftreten zu dürfen, nachgegeben wurde. Schwarz waren auch unsere Hüte. Alles paßte bestens zusammen.

Als unsere Kleider fertig waren, heftete ich dicke Veilchensträuße an unsere Schultern, um unsere Aufmachung, die ich doch ein wenig zu düster fand, etwas freundlicher zu gestalten. Ich wußte nicht, daß seit dem Stück *Die Gefangene* von Edouard Bourdet diese Blumen im Berliner Theatermilieu eine ganz bestimmte Bedeutung hatten. Mir gefielen sie einfach.

Als ich am Tag nach der Premiere den Artikel las, der als den Clou der Aufführung jenes »androgyne Lied« beschrieb, dessen etwas sonderbarer Charakter noch betont wurde von den Veilchen an den Schultern der beiden Schauspielerinnen (»Margo Lion, der Star, und ihre Kollegin, eine mittelmäßig begabte Anfängerin«, verzeichnete der Journalist), war ich verblüfft. Aber ich wagte nicht, Margo Lion um eine Erklärung zu bitten. Sie hätte vielleicht über meine Dummheit und meine Unschuld gelacht...

»Androgyn!« Ich verstand nicht. Hatte der Kritiker nicht gesehen, daß beim letzten Refrain Oscar Karlweis dabei war? Und was war mit der Nummer, in der wir alle drei eng umschlungen tanzten?

Die Aufführung war ihrer Zeit und allem, was ich bis dahin kannte, weit voraus. So, wenn der Regisseur Vorhänge statt Kulissen verwendete, die Beleuchtung auf die Schauspieler konzentrierte und dadurch nur auf die Phantasie der Zuschauer setzte.

Während der Vorstellungen (und ich fehlte bei keiner) freundete ich mich mit niemandem aus der Truppe an. Margo Lion faszinierte und erschreckte mich zugleich. Um nichts in der Welt hätte ich den großen Augenblick verpaßt, wenn sie im Hochzeitskleid *Die blaue Stunde* sang und von ihrer ganzen Sehnsucht in der Zeit vor der Hochzeit erzählte.

Da ich bei der Aufführung mitwirkte, durfte ich mich hinter den Kulissen aufhalten. Und mehr wollte ich auch gar nicht. Ich habe nie Kontakt mit den Hauptdarstellern, mit den anderen Schauspielern oder Mitarbeitern gesucht. Meine Erziehung verbot mir diese Art von Beziehung. Eine kleine Unbekannte wie ich sollte es wagen, einen Künstler anzusprechen, dessen Name auf den Plakaten prangte? Undenkbar! Aber das Leben hält uns manchmal Überraschungen bereit. Wer hätte gedacht, daß ich einige Jahre später, während der Naziherrschaft, eine gute Freundin von Mischa Spoliansky und seiner Familie werden würde, die ich in England wiedertraf? Daß ich dazu beitragen würde, Oskar Karlweis den Nazis zu entreißen, ihn durch

Spanien in die Vereinigten Staaten zu bringen, wo er seine Karriere wieder aufnahm und, viel zu jung, starb?

Nach dem Tod ihres Mannes kehrte Margo Lion nach Frankreich, in ihre Heimat, zurück und wurde im Film und später im Fernsehen berühmt. Auch mit ihr schloß ich eine tiefe und aufrichtige Freundschaft. Nichts bringt die Menschen einander näher als bestimmte tragische Ereignisse.

Es liegt in der Luft hatte einen großen Erfolg, wurde aber dann plötzlich sang- und klanglos abgesetzt. Kein Fest, keine Abschiedssoirée, wie es heute üblich ist. Eines schönen Abends fiel der Vorhang, und wir verließen ganz einfach das Theater. Ich mußte wieder zu meinen »kleinen« Rollen zurückkehren.

Meine Leistungen in *Es liegt in der Luft* trugen mir von den strengen Lehrern der Max-Reinhardt-Schule keine besondere Anerkennung ein. Ich nahm meinen Wettlauf gegen die Uhr wieder auf, meine Fahrten mit Straßenbahn und Bus, man konnte mich wieder in unzähligen Stücken sehen, in denen ich nach wie vor nur wenige Sätze sagte.

Doch eines Tages wandte sich das Glück. Ich war gerade für das Werk *Zwei Krawatten* von Georg Kaiser engagiert worden; Hans Albers spielte die Hauptrolle, für die Musik zeichnete Mischa Spoliansky verantwortlich ... Zwei Namen, die einen Erfolg versprachen. Ich stellte eine Amerikanerin dar und brauchte nur einen Satz zu sagen: »Darf ich Sie alle bitten, heute abend mit mir zu speisen?« In diesem Stück sah Josef von Sternberg mich, als ich zum x-tenmal meinen Satz wiederholte.

Sofort schielte der »Leonardo da Vinci der Kamera« mit seinem scharfen Adlerauge auf das Programm, suchte meinen Namen, stand auf und verließ den Saal.

Es stimmt nicht, daß er, sobald die Vorstellung zu Ende war, hinter die Kulissen geeilt wäre, um mich kennenzulernen. Falsch ist auch, daß er mich ohne weiteres für die weibliche Hauptrolle im *Blauen Engel* engagiert hätte. Nein, aber es stimmt, daß er von nun an nur noch einen Gedanken im Kopf hatte: mich vom Theater wegzubringen und aus mir eine Filmschauspielerin zu machen, mich zu »pygmalionisieren«.

Ein Schritt folgte auf den nächsten, trotz der Befürchtungen meines Mannes, der mich erst zu Probeaufnahmen ins Studio gehen ließ, als er überzeugt war, daß von Sternbergs Vorschlag ernst gemeint war. Meine Begegnung mit letzterem hat meine »Biographen« natürlich zu vielen falschen Annahmen verleitet. Am Tag nach der Vorstellung von *Zwei Krawatten* hatte von Sternberg ein Treffen mit den Direktoren der Ufa arrangiert. Der Empfang war eisig. »Man« mochte mich nicht, man glaubte nicht an mich. Von Sternberg packte der Zorn. Wenn das so war, würde er in die Vereinigten Staaten zurückkehren!

Aber, wie man weiß, setzte er sich schließlich durch.

Meine erste Begegnung mit von Sternberg beeindruckte mich nicht. Wenn man jung und dumm ist (was oft zusammenkommt), hat man kein Gespür für außergewöhnliche Menschen. Ich machte ihn darauf aufmerksam, daß ich nicht fotogen war (davon hatten mich meine wenigen Filmrollen überzeugt) und schlug ihm vor, sich eine andere Schauspielerin zu suchen.

Trotzdem machte er eine Probeaufnahme mit mir, am selben Tag wie mit der Schauspielerin, die die besten Aussichten hatte, die Rolle zu bekommen: Lucie Mannheim. Sie war bekannt und legte großen Wert auf die Rolle, die überhaupt nicht zu ihr paßte. Aber sie hatte einen ziemlich breiten Hintern. Und außer ihrem schauspielerischen Talent besaß sie somit auch die Gabe, die Gunst von Emil Jannings zu gewinnen.

Dieser hatte nämlich ein Faible für dicke Hinterteile. Trotz meines Babyspecks habe ich nie einen vorteilhaften

Hintern gehabt. Ich war überall gut gepolstert, außer an dieser Stelle meiner Anatomie. Dennoch schien mir mein Hinterteil hübsch rund zu sein. Doch wohl nicht genug für Emil Jannings.

Um seinen guten Willen zu zeigen, ließ von Sternberg Jannings' Schützling eine Probeaufnahme drehen und rückte ihren hervorragendsten Teil ins Bild. Schließlich war ich an der Reihe.

Ich war nicht unglücklich, denn es war mir gleichgültig, ob ich die Rolle bekam oder nicht. Doch als ich mich in ein viel zu enges Paillettenkleid zwängen mußte, als mir die Haare mit einer Brennschere aufgedreht wurden und Dampfwolken zur Zimmerdecke stiegen, da fühlte ich mich zutiefst wehrlos und verzweifelt. Zum Glück fing ich mich wieder, wurde schließlich aufgerufen und ging ins Atelier.

Da war er, der Unbekannte, der Mann, den ich am häufigsten hinter der Kamera sehen würde, der unersetzliche, unvergeßliche Josef von Sternberg. Ein Pianist saß an einem Klavier. Ich wurde aufgefordert, auf das Klavier zu steigen, einen meiner Strümpfe bis zum Knöchel herunterzurollen und ein Lied zu singen, dessen Noten ich eigentlich hätte bei mir haben sollen. Ich hatte aber keine mitgebracht. Ich würde die Rolle ja doch nicht kriegen, wozu also ein Lied mit mir herumtragen? Warum war ich dann gekommen? Es gab nur die Antwort: weil man es von mir erwartet hatte.

Von Sternberg hatte Geduld. »Wenn Sie kein Lied bei sich haben, singen Sie, was Sie wollen«, sagte er zu mir.

»Ich mag amerikanische Lieder«, antwortete ich verlegen.

»Dann singen Sie ein amerikanisches Lied.«

Ein wenig erleichtert begann ich, dem Pianisten zu erklären, was für ein Lied ich singen wollte. Natürlich kannte er es nicht.

Von Sternberg unterbrach mich in einem Ton, der keinen Widerspruch duldete: »Das ist genau die Szene, die ich will. Das ist großartig. Ich werde sie sofort filmen. Machen Sie noch einmal genau dasselbe, was Sie gerade mit dem Pianisten getan haben: erklären Sie ihm, was er spielen soll, und singen Sie ihm Ihr Lied vor.«

Zu meinem größten Bedauern habe ich diese Probeaufnahmen nie gesehen.

In den folgenden Wochen hörte ich nichts mehr von dem Projekt. Aber ich machte mir keine Gedanken. Meine Tochter tat ihre ersten Schritte, mein Mann war endlich von einer langen Reise zurück. Alles lief bestens zu Hause.

Nach einiger Zeit klingelte das Telefon. Es war von Sternberg. Er wollte mit meinem Mann sprechen. Dieser Anruf bedeutete den Beginn einer Freundschaft, die erst mit dem Tode des Regisseurs endete. Mein Mann hörte aufmerksam zu. Er wollte die Interessen seiner Frau gut vertreten und war entschlossen, wie ein Agent Schritt für Schritt die Klauseln des Vertrages, den die Ufa mir anbot, auszuhandeln. Doch alles, was er schließlich nach endlosen Bemühungen erreichte, war eine Pauschale von fünftausend Dollar. Emil Jannings' Honorar betrug zweihunderttausend Dollar. Eine Summe, die keines Kommentars bedarf. Aber Jannings war ein bekannter Star; und ich, ich war nur eine Unbekannte. Unbekannt und unerfahren. Kurz, kein Grund zur Freude.

Die »hohen Tiere« von der Ufa teilten – ein weiterer schmerzlicher Umstand für mich – keineswegs das Vertrauen, das von Sternberg in mich setzte. Als er meine Probeaufnahmen vorführte, waren alle einhellig der Meinung, Lucie Mannheim sei die bessere. Da sprach Sternberg die inzwischen legendären Worte: »Sie haben mir soeben bestätigt, daß ich recht habe. Marlene Dietrich ist für diese Rolle wie geschaffen.« Wieder drohte er damit, endgültig in die Vereinigten Staaten abzureisen, den Film fallen zu lassen, wenn nicht ich ausgewählt würde. Die Leute von der Produktionsgesellschaft waren völlig verblüfft.

Nach von Sternbergs Telefonanruf traf mein Mann die Direktoren der Ufa und unterschrieb den Vertrag, mit dem ich mich für die (wie er wußte) lächerliche Summe von fünftausend Dollar verpflichtete, beide Versionen, die englische und die deutsche, des *Blauen Engels* zu drehen. Mein Mann riet mir, irgend etwas Verrücktes mit diesem Geld anzufangen, und ich kaufte mir meinen ersten Nerz.

Die anderen Schauspieler des *Blauen Engels* waren nicht gerade umgänglich. Doch das war nichts im Vergleich zu Emil Jannings, der die ganze Schöpfung, sich selbst eingeschlossen, haßte. Wir mußten manchmal zwei Stunden in unseren Garderoben warten, bis Jannings endlich »bereit war zu arbeiten«, und während dieser zwei Stunden entfaltete von Sternberg seine ganze unerschöpfliche Phantasie, um diesen psychopathischen Schauspieler ins Atelier zu locken... er schlug ihn sogar mit einer Peitsche, wenn Jannings ihn darum bat. War die Atmosphäre dann entspannt, wurden wir schließlich auf den Set gerufen. Jannings haßte mich aus tiefstem Herzen und hatte die Stirn zu erklären, daß ich es niemals zu irgend etwas bringen würde, wenn ich weiter darauf bestünde, die Ratschläge dieses »Spinners von Sternberg« zu befolgen, daß ich niemals eine große Schauspielerin werden würde. Worauf ich als wohlerzogenes junges Mädchen in meinem besten Deutsch antwortete: »Scheren Sie sich fort.« Das bedeutete auch: »Ich werde weiter mit Herrn von Sternberg arbeiten, seinen Anweisungen Folge leisten, so wie es von mir verlangt wird, und zwar bis zum letzten Drehtag. Sie haben kein Recht, in diesem Ton zu sprechen. Es wäre mir zuwider, Sie zu verraten, aber gerade Sie werden mich kaum dazu bringen, meine Meinung zu ändern. Ich bin eine kleine Anfängerin und Sie sind berühmt, aber ich weiß, daß ich besser bin als Sie, nicht beruflich natürlich, aber menschlich.« Zitatende.

Sobald klar war, daß ich in dem Film mitspielen würde, machte ich mich unter Josef von Sternbergs Anleitung ans Werk, und die Legende unserer Zusammenarbeit begann. Man weiß nie, ob der Film, den man dreht, einmal ein »Klassiker« wird, denn das entscheidet erst die Nachwelt. Man kann nicht von vornherein wissen, welche Bedeutung dieser oder jener Film schließlich erlangt. Auf jeden Fall war das damals so. Heute investieren die Stars ihr eigenes Vermögen in einen Film und spekulieren auf die Gewinne, die ihre Taschen noch mehr füllen sollen.

Der blaue Engel war der erste große Tonfilm nach dem Ersten Weltkrieg und wies alle Unvollkommenheiten der damaligen Zeit auf; sein Erfolg liegt einzig und allein an der Tatsache, daß von Sternberg Regie geführt hat.

Es gab zahllose technische Schwierigkeiten. Zum Beispiel war es nicht möglich, den Ton zu schneiden, was die Dreharbeiten beträchtlich verlängerte und dazu führte, daß in Anbetracht der späteren Montage vier Kameras gleichzeitig jede Szene filmen mußten.

Ich fand das alles sehr aufregend; den großen Meister bei der Arbeit zu beobachten, war ein grenzenloses Vergnügen.

Ich war immer bereit, wenn ich aufgerufen wurde. Ich hielt mich ein wenig abseits, um nicht zu stören, um den anderen Schauspielern nicht im Wege zu stehen, aber ich achtete auf das kleinste Zeichen von Herrn von Sternberg, das mich auf den Set befahl.

Außer Jannings waren bei der Besetzung noch viele andere berühmte Namen vertreten. Alle waren sehr nett zu mir. Arme Marlene, werden sie gedacht haben, wenn sie wüßte, was sie nach diesen Dreharbeiten erwartet . . .

Ich ahnte nichts von diesen unfreundlichen Gedanken.

Ich war immer noch das brave Mädchen, das den Anweisungen seines Herrn und Meisters gehorchte. Er ließ mich nie im Stich. Ich war für ihn da – und er war für mich da, jedenfalls glaubte ich das.

Und ich irrte mich nicht. Er drehte die zwei Versionen des Films – die deutsche und die englische – gleichzeitig.

Da damals noch nicht synchronisiert werden konnte, stellte von Sternberg mich seiner Frau, einer Amerikanerin, vor und sagte, sie würde für mich sprechen, wenn ich Schwierigkeiten mit dem Englischen hätte. Ich müßte dann nur die Lippen bewegen.

Sein Vorschlag schockierte mich, denn er zog in Betracht, daß mir etwas nicht gelingen könnte. Und ich haßte Niederlagen. Es war also an mir, mich zu bewähren.

Wir begannen mit den Dreharbeiten: Jede Szene wurde erst in deutsch und gleich anschließend in englisch aufgenommen. Ich war so gut wie zu meinen besten Zeiten an der Max-Reinhardt-Schule – vielleicht sogar besser – dank des Englischen, das ich zu Hause gelernt hatte.

Aber Josef von Sternberg wollte nur Amerikanisch. Panik an Bord. Amerikanisch, das konnte ich nicht. Sternberg übernahm es selbst, diese Lücke zu schließen, und brauchte seine Frau nicht in Anspruch zu nehmen. Ich glaube, niemand konnte an meiner Aussprache etwas aussetzen. Nur meine Rolle zählte.

Im Gegensatz zu dem, was an der Max-Reinhardt-Schule von mir verlangt worden war, wollte von Sternberg nicht, daß ich mit tiefer Stimme sprach, er wollte sie hoch, näselnd. Damit sollten die Ungereimtheiten des Berlinerischen betont werden, das dem Londoner Cockney sehr ähnlich ist.

Von Sternberg, der Zauberer, vollbrachte dieses Wunder, und er schickte seine Frau nach Hause. Er hatte, denke ich, keine Schwierigkeiten damit, da das Paar gerade geschieden worden war. Von Sternberg gab nie irgend etwas aus seinem Privatleben preis. Erst sehr viel später, als ich nach Hollywood kam, erfuhr ich, daß seine Ex-Frau ihm die Trennung nicht verzieh und daß er ihre Verbitterung verstand.

Von Sternberg hatte eine äußerst genaue Vorstellung von der Lola im *Blauen Engel.* Er wußte alles über ihre Stimme, ihren Gang, ihre Bewegungen, ihr Benehmen. Er nahm Einfluß auf die Wahl meiner Kleider, ermunterte mich, weitere zu entwerfen, was ich mit großer Begeisterung tat. Ich staffierte meine Kostüme mit Zylindern und Arbeitermützen aus, ersetzte den Schmuck durch Bänder, Quasten und Borten, alles, was meiner Meinung nach für ein Animiermädchen aus einer billigen Hafenkneipe erschwinglich war.

Eines Tages sagte von Sternberg zu mir: »Du sollst von vorn an ein Bild von Félicien Rops und von hinten an einen Toulouse-Lautrec erinnern.« Das war eine Vorstellung, an die ich mich halten konnte. Ich habe mich immer sehr gerne führen lassen. Nichts ist angenehmer, als zu wissen, was von einem erwartet wird, im Leben, bei der Arbeit und in der Liebe.

»Ich habe die Dietrich nicht entdeckt«, bemerkte von Sternberg oft. »Ich bin ein Lehrer, und diesem Lehrer ist eine schöne Frau aufgefallen, er hat ihr Äußeres gestaltet, ihre Reize betont, ihre Mängel kaschiert, er hat sie geformt und zu einer aphrodisischen Erscheinung kristallisiert.«

Es gibt nichts Schlimmeres als eine unklare Führung der Schauspieler, als einen Regisseur, der sich vollkommen auf seine Schauspieler verläßt. Als ich den *Blauen Engel* drehte, war es nicht üblich, daß eine junge Schauspielerin ihre Kostüme entwarf oder kreierte. Man hatte nicht genug Vertrauen zu ihr. Aber unter von Sternbergs scharfem Blick machte ich meine Sache recht gut. Die Kostüme, die ich im

Blauen Engel trage, sind zum Symbol für meine Person und für das Jahrzehnt geworden, das diesen Film beeinflußte. Als er herauskam, war das Setting bereits ein wenig »altmodisch«, denn obwohl der Film 1929 und 1930 gedreht worden war, spielt die Handlung Anfang der zwanziger Jahre oder früher. Daß wir die Kostüme schneidern konnten, half uns, die Atmosphäre wieder heraufzubeschwören. Je weiter man in die Vergangenheit zurückgeht, desto leichter ist das.

Das Wort Mode hatte eine negative Bedeutung in von Sternbergs Vokabular. Er hatte die Ausstattung der Kneipe mit Namen »Der blaue Engel« entworfen, er hatte in Zusammenarbeit mit mehreren deutschen Schriftstellern das Drehbuch nach dem Roman von Heinrich Mann geschrieben, und er hatte das letzte Wort in allen Dingen ... Besetzung, Beleuchtung, Requisiten ... Seine umfassende Bildung faszinierte mich. Er wußte auf alles eine Antwort. Kein Argument konnte ihn aus der Fassung bringen.

Diese Erfahrung weckte bei mir ein immer größeres Interesse für alles, was sich vor und hinter der Kamera abspielte. »Die Welt hinter der Kamera« wurde für mich eine regelrechte Quelle der Inspiration. Von Sternberg hielt mich an der langen Leine und gab mir, wie allen seinen Mitarbeitern, großzügig nicht nur sein Wissen, sondern auch die Geheimnisse seiner Kunst weiter.

Er war der größte Kameramann, den die Welt je gesehen hat. Ich übertreibe? Aber nicht doch! Verglichen mit den heutigen Filmen kosteten seine soviel wie eine Packung Erdnüsse (man möge mir den Ausdruck verzeihen). Selbst für eine Produktion ersten Ranges standen ihm niedrige Budgets zur Verfügung, und die Drehzeit war kurz bemessen. Eines seiner größten Talente bestand darin, alles prächtig, kostbar, strahlend erscheinen zu lassen, während er in Wirklichkeit mit Schnur und Bindfaden arbeitete. Er sprudelte nur so vor Ideen, und Einsprüche der Produzenten, die jeden weniger genialen Regisseur erschreckt hätten, ließen ihn völlig kalt. Er fand immer ein Mittel, dieselbe Wirkung mit geringeren Kosten zu erzielen, und er vergeudete seine Zeit nie mit Streitigkeiten mit den jeweiligen Dienstherren.

Er war auch ein hervorragender Cutter und konnte mehrere Nächte hintereinander an einem Schneidetisch arbeiten. Er brachte mir bei, wie man schneidet und zwei Takes zusammenklebt. Da ich ganz und gar von ihm geprägt war, ahnte ich nicht, daß manche Regisseure zur Ausführung dieser Arbeit unfähig waren und auf Cutter zurückgreifen mußten. Von Sternberg ließ mich, die eifrige Schülerin, an seiner Erfahrung teilhaben und gewährte mir einen flüchtigen Blick auf die finsteren Hirngespinste, die ihm im Kopf herumgingen und zu denen nun auch ich gehörte.

Aber diese enge Zusammenarbeit begann erst sehr viel später in Hollywood. In Berlin, während des *Blauen Engels,* hatte ich nicht einmal das Recht, die Muster zu sehen, ein Privileg der Stars! Doch das war mir egal. Voller Freude hörte ich zu, wenn von Sternberg am nächsten Morgen die Arbeit des Vortags kommentierte.

Denn ich war nicht ehrgeizig; das bin ich übrigens nie gewesen, und vielleicht hat gerade das mich all die Jahre in Hollywood überstehen lassen. Das war die geringste meiner Sorgen. Ich tat, was ich tun sollte, gehorchte und fühlte mich wohl in meiner Haut. Meine deutsche Erziehung half mir, mit dem plötzlichen Ruhm fertig zu werden. Ich tat weiter meine Pflicht, ohne eine noch so geringe Vergünstigung zu erbitten. Das ist auch eine der Schranken, die ich mir selbst auferlegt habe. Ich habe niemals – und ich hoffe, ich werde es auch niemals tun – irgend jemanden um einen noch so kleinen Gefallen gebeten. Als braves Mädchen, das ich immer versucht habe zu sein, habe ich alleine gelebt, von meinen Verdiensten, ich bin durch das Unglück und die Hölle gegangen und strahlend wieder daraus hervorgekommen.

»Strahlen, Ausstrahlung ...« Das bringt mich wie von selbst wieder auf von Sternberg. Von Sternberg war der Schöpfer, der Herrscher über das Licht, der unvergleichliche Techniker, der Oberbefehlshaber des Films und im Atelier eines riesigen Studios das Bollwerk gegen alle Störenfriede, von den Journalisten bis hin zu den Laufburschen, der allmächtige Gott, zu dem man aufschaute und dem man gehorchte.

Er wußte es und ließ es gelten.

Wenn man seine Arbeit perfekt beherrscht, so zieht man daraus eine vollkommen berechtigte Eitelkeit. »Die Leute sollten einen in Ruhe lassen«, sagte er oft in Hollywood. Er war der *director* (Regisseur) im wahrsten Sinne des Wortes. Er dirigierte alles und jeden, die Beleuchter, die Techniker, die Maskenbildner, die er haßte, die Statisten, die er liebte, und uns, die wir ihm zu Diensten standen.

Mein »gesunder Menschenverstand«, wie er es nannte, überraschte ihn. Er hielt mich für schön (was bei weitem nicht der Fall war) und folglich für dumm. Außerhalb der Arbeit schenkte er mir keine besondere Aufmerksamkeit. Er war liebenswürdig, verständnisvoll, und da er genau wußte, wie leicht ich in irgendwelche Fallen tappen konnte, riet er mir so gut es ging – was bei einem so jungen Menschen wie mir sicher keine Kleinigkeit war.

Ich glaubte, der *Blaue Engel* würde ein Mißerfolg. Denn ich fand den Film sehr gewöhnlich und vulgär, zwei meiner Meinung nach ganz verschiedene Begriffe, die sich hier aber vollkommen ergänzten.

Auf dem Set stierten, jedenfalls bildete ich mir das ein, vier gleichzeitig laufende Kameras auf meinen Schritt (ich sage das nur mit dem allergrößten Abscheu). Und doch war das sehr wohl der Fall! Jedesmal, wenn ich an der Reihe war, mußte ich ein Bein heben, das linke oder das rechte, und die Kameras waren ununterbrochen auf mich gerichtet.

Abends gingen wir alle nach Hause, kümmerten uns um unsere Kinder, führten unser eigenes Leben, und am nächsten Tag nahmen wir die Arbeit wieder auf. Wir waren im Atelier und drehten den *Blauen Engel*, doch das war uns völlig gleichgültig. Im Endeffekt erwies sich diese Haltung als ausgezeichnet. Wenn man seine Arbeit zu ernst nimmt, wird man kritisch, was die meisten Regisseure (und zu diesen gehörte von Sternberg) nicht sehr schätzen. Von Sternberg begnügte sich damit, mich als »Sprungbrett« zu benutzen, als lebendes Wörterbuch, als Expertin (glaubte er) des Berliner Jargons, den er, von Geburt Österreicher, schlecht kannte.

Wie konnte ein junges Mädchen aus »gutem Hause« mit einem so unschicklichen Idiom wie dem Berliner Jargon vertraut sein? Ich interessierte mich sehr für diese farbige, bildhafte Sprache, die von den kleinen Leuten in den Arbeitervierteln Berlins gesprochen wurde. Ich liebte auch ihren besonderen Humor. Humor ist ja keine typisch deutsche Eigenschaft. Von unserem Naturell her neigen wir eher zur Ernsthaftigkeit. Doch die Berliner sind eine Ausnahme, ihr Humor ist einmalig; es ist kein schwarzer Humor, obwohl er diesem leicht ähnelt. Schlichtweg »Galgenhumor«, eine Bezeichnung, die Ernest Hemingway sich zu eigen machte.

Eigentlich verbot meine Herkunft mir diesen berühmten »Galgenhumor«, doch ich habe ihn mir angeeignet, habe gelernt, mich ironisch zu betrachten, einen gewissen Abstand zu mir selbst und den alltäglichen Sorgen einzunehmen.

Von Sternberg, der fast sein ganzes Leben in Amerika verbracht hatte, war ganz versessen auf »diesen typischen Berliner Sinn für Humor«. Zwischen den Aufnahmen hörte er stundenlang zu, wie ich die Ausdrücke und Redewendungen, die er in seinem Film haben wollte, gebrauchte.

Als ein logisch veranlagter Mensch, filmte von Sternberg zu meinem größten Vergnügen die englische Version des *Blauen Engels* nach den Gesetzen der Logik. Er verwandelte mich in eine amerikanische Schlampe und verlangte, daß die anderen Schauspieler Englisch mit mir sprachen. Keiner von ihnen konnte Englisch. Er brachte ihnen ihre Sätze bei, wobei er ebenso darauf bestand, daß sie ihren deutschen Akzent beibehielten, wie darauf, daß mein Akzent »amerikanisch« war.

Die englische Version läuft immer noch in der ganzen Welt; obwohl nicht ganz so gut wie die deutsche Fassung, erwies sie sich dennoch als überzeugend, weil sie authentisch war und nicht verfälscht. Heute sprechen die Schauspieler, auch die Stars, im Film Sprachen, die sie nicht kennen. Daran wird das Publikum gewöhnt, oder besser »*so* kann man sich«, meiner Meinung nach, »bloßstellen«.

Das Publikum nimmt alles für bare Münze. Oscars werden sogar an Schauspieler verliehen, die immer synchronisiert worden sind und in dem Film, für den sie mit dem Titel »bester Darsteller des Jahres« ausgezeichnet werden, kein einziges Wort selbst sprechen. Das ist alles sehr komisch. Aber nur die Leute aus der Branche wissen das.

Das Publikum kennt die »Filmküche« nicht von innen. Es sitzt im Dunkeln und läßt sich die größten Bären aufbinden. Um so besser für die großen Macher, die diese Art von Produkt auf den Markt werfen. Sie werden reich. Und ich, ich bin immer die einsame Zuschauerin, die weiß, daß alle, ja *alle* italienischen Filme synchronisiert sind, *sogar auf italienisch,* und daß die Schauspieler schon längst anderswo andere Filme drehen, wenn ihre Stimmen in den Tonstudios synchronisiert werden. Ist das spielen? Meiner Meinung nach nein. Aber meine Meinung zählt natürlich nicht.

Im Gegensatz zu anderen Filmstars war ich wie gesagt an der technischen Seite des Filmemachens sehr interessiert.

Seit meinem *Blauen-Engel*-Erlebnis unter der Leitung von Josef von Sternberg faszinierte mich die magische Wirkung von Kameras und Licht. Das Wunder von Kameraeinstellungen, von Blickwinkeln, die menschliche Gesichter und Körper groß, kräftig, klein, dick, dünn, kurzgeraten oder hochgewachsen erscheinen lassen, beschäftigte seither meine Phantasie.

Während der Dreharbeiten zu meinen ersten beiden Filmen in Hollywood war ich zu sehr damit beschäftigt, die Sprache richtig zu lernen und nahm mir keine Zeit für andere Dinge – aber nach diesen langen Monaten war ich immer im Schneideraum, wenn dort am Ende des Arbeitstages das Material geschnitten wurde.

Von Sternberg sagte über mich:

»Sie behauptet immer wieder, ich hätte ihr alles beigebracht, was sie kann.«

»Sie zu erschöpfen, war unmöglich.«

»Sie strapazierte andere mit ihrem Enthusiasmus, den nur wenige teilten.«

»Sie war bis zu einem Grad offen und geradeheraus, den manche als taktlos bezeichnen würden. Ihre Persönlichkeit war von extremer Kultiviertheit und einer fast kindlichen Einfachheit. Nie zuvor bin ich einer so schönen Frau begegnet, die so falsch eingeschätzt und unterbewertet wurde, die Frau, die die Welt verzaubern sollte.«

Da wir alle um sechs Uhr morgens aufstehen mußten, gingen die anderen Damen zu Bett, sobald die Arbeit beendet war. In jenen Tagen gab es keine Arbeitszeitbeschränkungen. Wir arbeiteten sehr häufig bis drei oder vier Uhr in der Frühe. Den Technikern wurden selbstverständlich Überstunden bezahlt. Ich blieb, so lange ich durfte, in den heiligen Hallen der Schneideräume, wohl wissend, daß der

»Meister« es liebte, Amateure und Profis gleichermaßen zu unterweisen.

Heute wissen Filmemacher alles über Blickwinkel und Kameraeinstellungen, aber die Fernsehkameras verzerren sehr oft die Konturen – sehr zur Verwunderung des laienhaften Betrachters, der sich verblüfft fragt, warum das Gesicht einer Schauspielerin an einem Tag breit und an einem anderen schmal wirkt.

Alle Geheimnisse der Kameraeinstellungen gelten im übrigen auch für Amateurfotografen. Halten Sie die Kamera hoch, etwas über Augenhöhe desjenigen, den Sie fotografieren wollen. Wenn Sie die Kamera niedriger halten, etwa in Bauchhöhe Ihres Objektes, dann wirkt das Gesicht rund und dick und hat kaum noch Ähnlichkeit mit dem, was Sie eigentlich aufnehmen wollten.

Zurück zur Beleuchtung im Studio. Das große Schreckgespenst ist das *back light,* das Gegenlicht. Wenn eine Schauspielerin mit einem Partner direkt neben ihr sprechen muß, wird ihr gesagt, sich nicht *ganz* umzudrehen, sonst bekäme sie durch das Gegenlicht eine Knollnase.

Auch Seitenlicht hat seine Tücken – aber es ist nicht allzu gefährlich. Am wichtigsten ist das *key light,* das Grundlicht, direkt hinter der Kamera. Je höher dieses Grundlicht postiert ist, desto länger und schmaler wirkt das Gesicht auf der Leinwand. Und wenn eine Schauspielerin mit hohen Wangenknochen gesegnet ist, zeichnet diese Beleuchtung attraktive, weiche Schatten auf beide Wangen.

Da es im Augenblick keine so großen Filmschönheiten gibt wie in vergangenen Zeiten, bedeutet dieses Wissen nicht allzuviel. Die Schauspieler und Schauspielerinnen mögen gut sein, aber schön sind sie nicht.

Die einzige Ausnahme ist Robert Redford, und der kennt seine Kamera, abgesehen davon, daß er ein brillanter und vielseitiger Produzent ist. Vor ihm ziehe ich den Hut.

Wenn man ein wirklicher Profi werden will, muß man sich anstrengen. Aber die Mühe lohnt sich. Man lernt sein Handwerk. Man lernt das Schneiden, ein wesentliches Moment bei der Fertigstellung eines Films. Die heutigen Regisseure setzen auf Nummer Sicher und drehen jede Szene aus allen Blickwinkeln. Wenn die Reihe an den Cutter kommt, hat er alle Teile zur Hand, die nötig sind, um eine Sequenz zu gestalten. Früher gingen die großen Filmemacher niemals so vor. Sie wußten, was sie wollten, riefen im richtigen Augenblick »Aus!« und sparten so Zeit und Geld. Sie drehten nicht unnötigerweise stundenlang von links, von rechts, von vorne . . ., gaben dem Cutter nicht furchtbar lange »Muster« an die Hand, damit dieser dann einen Film daraus macht.

Josef von Sternberg machte mich mit dem »Aus!« vertraut, später arbeitete ich dann genauso auch mit Lubitsch und Borzage. Alle meine anderen Regisseure setzten auf Sicherheit. Um den vom Studio auferlegten Vorgaben gerecht zu werden, machten sie endlose Takes, von denen die meisten, wie sie sehr wohl wußten, im Papierkorb landeten. Die wirklich großen Schöpfer haben das nicht nötig.

Nehmen wir zum Beispiel ein Zimmer in der Totalen. Im Hintergrund öffnet sich eine Tür. Auftritt der Person. Man kann ihre Gesichtszüge nicht genau erkennen, da sie noch weit entfernt ist. Sie schließt die Tür, kommt auf die Kamera zu und sagt: »Entschuldigen Sie die Störung, aber . . .«

Ein erfahrener Regisseur wird hier aufhören, weil er weiß, daß er nun eine Nahaufnahme des sprechenden Schauspielers braucht. Dagegen wird ein Regisseur, der sich seiner nicht sehr sicher ist, die ganze, auf diesen ersten Satz folgende Szene, so wie sie im Drehplan steht, bis zu Ende filmen. Fazit: viel vergeudetes, für die Montage ungeeignetes Filmmaterial. Ich habe immer einen ausgesprochenen Abscheu vor der Verschwendung gehabt: ich konnte diese Methoden also nicht ausstehen, protestierte jedoch nicht.

Von Sternberg hatte viele Schüler aus aller Herren Länder, die seine Kunst studieren wollten. Sie gingen sogar so weit, den Abstand zwischen meiner Nase und dem Hauptscheinwerfer auszumessen, um dem Geheimnis seiner Magie auf die Spur zu kommen.

Ich würde auch gerne erklären, wozu der »Hauptscheinwerfer« verwendet wird. Er ist die Lichtquelle für die Großaufnahmen und kann ein Gesicht komponieren oder zerstören.

In meinem Fall wurde es *geschaffen.*

Es wurden die haarsträubendsten Geschichten erzählt: daß ich mir die Backenzähne hätte ziehen lassen, um meine hohlen Wangen zu betonen, daß junge Mädchen und Schauspielerinnen mit den Gesichtsmuskeln ihre Wangen einziehen konnten, um den geheimnisvollen Effekt zu erzielen, der auf der Leinwand zu sehen war. Keine dieser Geschichten ist wahr. Ebensowenig wie diejenige, die will, daß ich bei den Dreharbeiten zu *Marokko* mit Stöckelschuhen durch die Wüste gelaufen sei. Aber ich greife vor. Wir sind immer noch beim *Blauen Engel.* In diesem Film benutzte von Sternberg den Hauptscheinwerfer, um die Rundungen meines Gesichts noch stärker zu betonen. Keine hohlen Wangen im *Blauen Engel.*

Dazu wurde der Hauptscheinwerfer ganz niedrig und weit von mir entfernt aufgestellt. Das geheimnisvolle Gesicht mit den hohlen Wangen erreicht man dadurch, daß man den Hauptscheinwerfer in der Nähe des Gesichts und sehr hoch darüber installiert.

Das scheint ganz einfach, nicht wahr? Aber wenn die Schüler (oder andere Zunftgenossen) auf den Set stürmten, um die Entfernung und die Höhe des Scheinwerfers auszumessen, verrückte von Sternberg das Gestell und sagte: »Stecken Sie Ihre Zollstöcke wieder ein, ich kann Frau Dietrich auch mit jeder anderen bewährten Technik beleuchten.« Er machte für sein Leben gern solche spitzen Bemerkungen. Niemand konnte seine künstlerische Begabung »messen«, weder in Zoll noch in Zentimetern.

Bei meinem Lieblingsfilm *Die spanische Tänzerin* (der schreckliche englische Titel *The Devil is a Woman* wurde ihm von der Produktionsgesellschaft verpaßt) schickte von Sternberg das Team frühzeitig zum Essen. Als wir zurückkamen, hatte er den ganzen Wald, durch den ich mit dem Wagen fahren sollte, weiß eingestäubt. Nichts ist schlimmer als grün, wenn man in Schwarzweiß dreht. Aber da die Szene im Wald spielte, waren die im Atelier 13 aufgestellten Bäume natürlich grün, jedenfalls am Anfang. Auf der Leinwand sahen sie aus, als wären sie direkt aus einem Märchen und ich, weiß gekleidet im Wagen sitzend, ich glich einer Fee. Und was meinen Sie, wie von Sternberg den Mann kleidete, den ich in dem weißen Wald traf? Er ließ ihn einen schwarzen Anzug anziehen und setzte einen schwarzen Sombrero auf sein schwarzes Haar. *Schwarz und weiß.* Farbfilme gab es damals nicht, aber auch heute noch bleibt Schwarzweiß unerreicht. Zu bestimmten Filmen paßt es hervorragend. Die *Farbe* verschönert alles. Fotografieren Sie eine Mülltonne in Farbe, und sie wird sauber, ordentlich, glänzend aussehen.

Wenn von Sternberg in Farbe gedreht hätte, wäre das Ergebnis sicher das *non plus ultra* des guten Geschmacks, der klugen Effekte und der Schönheit gewesen. An den letzten Film, den er mit mir gemacht hat, *Die spanische Tänzerin,* erinnern sich viele als an einen in Farbe gedrehten Film. Das war natürlich nicht der Fall, aber die Bilder, die er schuf, sind so reich an Licht, Schatten und Halbtönen, daß man glaubt, er sei in Farbe.

Während die Dreharbeiten zum *Blauen Engel* noch in

vollem Gange waren, brachte von Sternberg einen Amerikaner mit ins Atelier. Es war Mister Schulberg, der Leiter der Paramount-Studios. Er bot mir einen Vertrag in Hollywood an, mit einer Laufzeit von sieben Jahren: »Ich möchte nicht fortgehen«, antwortete ich sehr höflich. »Ich möchte hier bei meiner Familie bleiben.« Er war ebenso höflich und verschwand dann wieder. Von Sternberg hatte ihn aus Amerika kommen lassen, um ihm einige Szenen des Films zu zeigen.

Aber da ich nicht nachgeben wollte und die Dreharbeiten zum *Blauen Engel* abgeschlossen waren, verabschiedeten wir uns alle voneinander. Von Sternberg kehrte nach Amerika zurück, lange bevor ich selbst dorthin fuhr und lange vor der Uraufführung des Films. Jeder ging seiner Wege, setzte so gut es ging seine Karriere fort und trauerte von Sternbergs Führung nach, seiner Autorität, seiner Dynamik, seiner Freundlichkeit und seinem Zauber, dessen göttliche und dämonische Macht er uns hatte spüren lassen, ohne uns je zu verletzen.

Als ich diese Seiten schrieb, hatte ich Gelegenheit, den *Blauen Engel* in der deutschen Originalversion im Fernsehen zu sehen. Ich war nicht darauf gefaßt gewesen, eine vorzügliche Schauspielerin in einer schwierigen, frechen, manchmal zärtlichen Rolle vorzufinden, eine natürliche, gelöste Schauspielerin, die eine komplexe Person zum Leben erweckt, eine Persönlichkeit, die nicht meine eigene war. Ich weiß nicht, wie von Sternberg dieses Wunder vollbracht hat. Genialität, nehme ich an! Lolas Gewöhnlichkeit paßt hervorragend zur Gewöhnlichkeit aller anderen Personen.

Ich gestehe, daß ich sehr beeindruckt war von der *Schauspielerin* Marlene Dietrich, die mit Erfolg ein Matrosenmädchen aus den zwanziger Jahren darstellt. Sogar der Akzent (das Plattdeutsche) stimmt.

Ich, das wohlerzogene, zurückhaltende, noch ganz unverdorbene Mädchen aus guter Familie, ich hatte, ohne es zu ahnen, eine einmalige Leistung vollbracht, die mir nie wieder gelingen sollte. Alle Frauenrollen, die ich später spielte, waren »feiner« als die Lola aus dem *Blauen Engel* und demnach einfacher darzustellen.

In dem Vertrag, den ich mit der Ufa geschlossen hatte, gab es eine Klausel, mit der auch mein Mann nicht ganz einverstanden war. Sie legte fest, daß soundsoviele Tage nach den Dreharbeiten zu diesem Film die besagten Studios eine Option auf meinen weiteren Werdegang hätten. Ich erinnere mich nicht mehr, wie lange diese Option galt, aber das war auch unwichtig, sie war einseitig. Die Studios hatten alle Rechte, der Schauspieler überhaupt keines.

Ich wurde nicht einmal benachrichtigt, als der Film schließlich fertig geschnitten und die letzten Arbeiten abgeschlossen waren. Das Studio nutzte seine Option bis zu dem im Vertrag festgesetzten Datum nicht.

Jeder war überzeugt, daß der *Blaue Engel* in keiner Weise der von Sternberg vorausgesagte Erfolg, sondern wahrscheinlich ein Fiasko, eine Katastrophe würde. Mein Mann und ich dachten, daß die Option, die die Ufa (für einen Apfel und ein Ei) erhalten hatte, wohl nur auf dem Papier stehenbleiben würde. Keiner der Verantwortlichen der Gesellschaft nahm übrigens meine künftige Filmkarriere ernst.

In dieser Zeit rief von Sternberg mich sehr oft aus Hollywood an und bat mich nachzukommen. Ich traute seinen Vorschlägen nicht. Ich hatte genug von all den phantastischen Versprechungen einer »großartigen zukünftigen Karriere« in Amerika. Aber eines schönen Tages sagte er wieder, ich solle die »Großkopferten« der deutschen Studios fallen lassen und sie »zum Teufel« schicken.

Eigentlich war es mir ziemlich gleich, ob ich ging oder

blieb. Nach langen Diskussionen beschlossen mein Mann und ich schließlich, daß ich allein in die Vereinigten Staaten fahren würde. Unsere Tochter sollte ich bei ihm in Berlin lassen und zuerst einmal sehen, welchen Eindruck jenes fremde Land namens Amerika auf mich machen würde, bevor wir es wagten, unsere kleine Maria und ihre Gouvernanten dorthin zu »verpflanzen«. Ich wurde auf Erkundungsfahrt geschickt.

Mit einer der Klauseln des Vertrages, den die Paramount Pictures mir zusandte, war ich nicht einverstanden: Ich sollte mich für sieben Jahre verpflichten. Ich weigerte mich kategorisch. Das zeigt, wieviel Wert ich auf meine Unabhängigkeit legte.

Ich erhielt darauf einen neuen Vertrag, der besagte, daß, wenn es mir in den Vereinigten Staaten nicht gefiele, ich nach meinem ersten Film zurückkehren, jedoch nicht mit einem anderen Studio abschließen könnte. Die Amerikaner wußten sicher nichts von dem ausgeprägten Ehrgefühl der Deutschen, denn so etwas Schändliches hätte ich nie getan.

Ich fuhr also nach Amerika, im Vertrauen darauf, daß ich, sobald ich wollte, nach Deutschland zurückkehren konnte. Ich kämpfte um dieses Recht, nicht wissend, daß eine gewaltige, unheilvolle Kraft mein Vaterland ins Verderben stürzen und alle meine Pläne zunichte machen würde.

Am Anfang lief alles gut. Mein Mann bestand darauf, daß ich Resi, meine Garderobiere vom *Blauen Engel,* mitnahm, und die Reise ging los.

Das riesige Schiff hatte mich verschreckt, und so blieb ich die meiste Zeit in meiner Kabine, langweilte mich, bereits von Heimweh geplagt, auf dem prächtigen Dampfer mit seinen blitzenden Geschäften und Restaurants zu Tode.

Dafür war ich nicht seekrank. Der hohe Wellengang (es

war April) machte allen anderen Passagieren einschließlich Resi zu schaffen.

Obendrein verlor sie am zweiten Tag der Überfahrt auch noch ihr Gebiß; es war ins Meer gefallen, und während der ganzen Reise bereitete ich ihr Mus und Suppen und tröstete sie in ihrem verletzten Stolz. Kein Argument konnte sie davon überzeugen, daß ein Spaziergang an Deck ihr gut täte und daß sie sich auch ohne Zähne in keiner Weise zu schämen brauchte, mitten im Unwetter, in ein Tuch eingemummt.

Aufgrund der starken Gegenwinde dauerte die Überfahrt sechs Tage. Wenn von Sternberg mich nicht auf der anderen Seite des Atlantik erwartet hätte, wäre ich verzweifelt. Aber da er der Hauptgrund für meine Reise nach Amerika war und ich blindes Vertrauen zu ihm hatte, hielt ich das schlechte Wetter aus. Dieses deutsche Schiff war die letzte Verbindung zu meiner Vergangenheit, und lange Zeit würde ich nun meine Muttersprache nicht mehr hören.

Ich wußte damals nicht, daß es mir so viel ausmachen würde, ständig eine Fremdsprache zu sprechen, obwohl ich das Englische in den folgenden Jahren vollkommen beherrschte.

Es war anstrengend, mich auf englisch zu unterhalten, und da von Sternberg nicht nur meine Grammatik, sondern auch meine Aussprache verbesserte, war ich manchmal unausstehlich, jedenfalls behauptete er das. Meistens weigerte er sich, deutsch mit mir zu sprechen. Aber ich hatte ja Resi, und am Telefon meinen Mann. Vom Schiff aus schickte ich ihm Telegramme, drei oder vier Mal am Tag, auf deutsch. Geld spielte für mich keine Rolle, sobald es um Gefühle ging. Im übrigen dachte ich, daß ich in Amerika viel verdienen würde. Unschuld, Unschuld, wirst du mich je verlassen?

Sie hat mich nie verlassen. Im Laufe meines Lebens

habe ich ganze Vermögen verschleudert. Sie schienen mir lächerlich, gingen unter zwischen all den Schecks, die ich jeden Tag unterschrieb. Ich kam den Bitten von Stiftungen und Wohltätigkeitsvereinen nach, ohne je zu wissen, worum es sich handelte. Das war mir egal. Es ist so leicht, seine Unterschrift unter einen Scheck zu setzen.

Auch von den Vereinigten Staaten aus führte ich endlos lange Telefongespräche und schickte den ganzen Tag Telegramme. Ich lernte, meine Botschaften auf englisch zu buchstabieren; noch heute frage ich mich, wer mir das beigebracht hat. Aber es war notwendig, denn die Postangestellten sprachen kein Deutsch.

Später telegrafierte ich auf englisch, was die Sache leichter machte. Aber es gelang mir nicht, mich am Telefon kürzer zu fassen. Morgens und abends unterhielt ich mich mit meiner Tochter. Ansonsten beschäftigte ich mich so gut ich konnte. Ich kochte, arbeitete im Garten meines kleinen Hauses, wartete darauf, ins Studio gerufen zu werden, versuchte, mich an die fremde Umgebung zu gewöhnen und an das Heimweh, das mich ständig plagte, vor allem morgens, wenn die Sonne schien, die Palmen unbeweglich standen und ich vor dem Haus nach dem Briefträger Ausschau hielt. Das Warten auf den Briefträger sollte mir im Laufe der fern von der Heimat verbrachten Jahre zur Gewohnheit werden, jedenfalls solange Deutschland meine Heimat blieb.

Als ich beschloß, auf meine deutsche Staatsangehörigkeit zu verzichten, öffnete Amerika mir seine Arme.

Vaterland und Muttersprache aufzugeben, ist, selbst wenn gewisse Umstände einen dazu zwingen, eine furchtbare, fast unerträgliche Schicksalsprüfung. Als Vermächtnis war mir nur das Deutsche, diese herrliche Sprache, geblieben. Sie zu vergessen, ist mir sehr nahegegangen, so lange bis ich in Amerika Fuß gefaßt hatte und mich im Englischen sicher genug fühlte. Natürlich beherrsche ich diese Sprache nicht so perfekt, wie ich gerne möchte, aber sie ist mir nun vertraut, und das ist das Wesentliche.

Von allen Sprachen, die ich kenne, ist das Englische die präziseste, was mir bei meiner Arbeit das Lernen leichter machte. Mit von Sternbergs Hilfe lernte ich täglich neue Worte, neue Ausdrücke: genug, um die üblichen Interviews geben und mich leidlich aus der Affäre ziehen zu können, zur größten Zufriedenheit ... nicht meiner selbst, sondern der Studios.

Obwohl ich noch jung war, waren diese langen »Konversationsübungen« in einer fremden Sprache für mich körperlich schwer zu ertragen. Ich verstand nicht, warum ich vor Müdigkeit beinahe umfiel, sobald die Sonne untergegangen war. Doch probte ich nur selten den Aufstand. Ich hatte zu große Achtung vor den Bemühungen anderer. Verglichen damit, wie es später zugehen sollte, strahlte das Studio damals Ruhe aus: vielleicht schöpften alle Atem für die Dreharbeiten zu meinem ersten amerikanischen Film, in der Hoffnung, daß er ein Erfolg würde. Die Postangestellten wurden damals noch keineswegs unter Lawinen von Verehrerpost begraben. Die Unbekannte namens Marlene Dietrich fiel niemandem zur Last, und umgekehrt war es ebenso. Meine einzigen Abstecher in die Außenwelt beschränkten sich auf Gänge zu einem Drugstore in der Nachbarschaft oder auf Kinobesuche mit Resi.

Der Blaue Engel war in Amerika noch nicht im Verleih; ich konnte also gehen, wohin ich wollte, ohne erkannt zu werden.

Die Direktoren der Paramount hatten den Film gekauft, hielten ihn jedoch absichtlich unter Verschluß, da sie ihn erst nach meinem ersten amerikanischen Film in die Kinos bringen wollten. Sie befürchteten, daß das »*Blaue-Engel-*Image«, das Image des »liederlichen Mädchens,« mir anhaftete, und sie wollten auf jeden Fall vermeiden, daß ich auf diese Weise auf einen Typ festgelegt wurde.

Meiner Meinung nach habe ich immer »liederliche Mädchen« gespielt, und sie waren, wie von Sternberg sagte, sicher interessanter als die »braven Rollen«.

Du Svengali – Ich Trilby

»Nun kam sie gewissermaßen in den Schmelztiegel, und ich formte sie, bis ihr tatsächliches Erscheinungsbild meinen Vorstellungen entsprach.«
Josef von Sternberg

Ich glaube, ich habe immer Glück gehabt.

Von Sternberg zog jeden, mit dem er zusammentraf, in seinen Bann. Ich war zu jung und zu dumm, um das zu verstehen. Aber ich bewunderte ihn und war als brave Elevin der Max-Reinhardt-Schule bemüht, meinem Regisseur so gut wie möglich zu folgen.

Diese Ergebenheit, dieses Anerkennen höchster Kompetenz und Autorität habe ich während meiner ganzen Filmkarriere nie aufgegeben.

Am Tag meiner Ankunft in New York trug ich ein graues Kostüm, meine bevorzugte Reisekleidung in Europa. Ein charmanter Abgesandter der Paramount, Mr. Blumenthal, erklärte, ich könnte das Schiff nicht in »diesen« Kleidern verlassen. Ich war völlig ratlos. Resi, meine Garderobiere, war noch immer krank; Blumenthal redete mir zu, in schwarzem Kleid und Nerzmantel, *falls* ich einen besäße, an Land zu gehen.

Die Sonne schien, und es war zehn Uhr morgens. Ich

konnte mich nicht entschließen, mich zu dieser Tageszeit so fein zu machen. Aber man bedeutete mir, ich hätte den Anweisungen Folge zu leisten.

Meine großen Überseekoffer befanden sich im Laderaum, so daß ich, mit den Schlüsseln in der Hand, dort hinuntersteigen mußte in der Hoffnung, auch Kleider zu finden, die den Amerikanern gefallen würden. Schließlich betrat ich um zehn Uhr morgens die Kaimauer von New York in schwarzem Kleid und Nerzmantel. Natürlich schämte ich mich dieser Aufmachung, aber sie schien der Landessitte zu entsprechen. Nach diesem Zwischenfall weigerte ich mich, die Vorschriften des Studios zu befolgen und zog mich an, wie es mir gefiel.

Meistens trug ich Hosen, denn da wir nicht weit vom Strand entfernt in den Hügeln wohnten, waren sie praktischer als Röcke und Strümpfe.

Alles schien mir einfach, aber ich täuschte mich gewaltig. Das begriff ich allerdings erst sehr viel später. Von Sternberg kämpfte für mich gegen die Werbeagenten der Paramount. Er nahm alles auf sich, ohne daß ich mich einmischen mußte, und ich dachte, daß es nun an ihm sei, mich zu führen, mich zu beraten und mir die sonderbaren Gebräuche Amerikas zu erklären. Er muß schlimme Augenblicke durchgemacht haben. Ich war eigensinnig und obendrein noch jung. Ich weiß inzwischen, daß er eine unendliche Geduld an den Tag legte.

Als ich für von Sternberg arbeitete, begriff ich nicht viel. Kaum hatte ich den Anruf des Maskenbildners erhalten, stürzte ich, gegen fünf oder halb sechs morgens, ins Atelier.

Dort tauchten neue Schwierigkeiten auf. Im allgemeinen wurden meine rotblonden Haare (wahrscheinlich wegen ihres rötlichen Schimmers) mit Unterbelichtung aufgenommen. Man riet mir also, sie bleichen zu lassen, damit sie natürlicher, alltäglicher aussahen.

Auf dem Film wirkten meine Haare zu dunkel. Da ich sie nicht bleichen lassen wollte und von Sternberg mich darin unterstützte, mußte das Studio nachgeben. Im normalen Leben war ich blond, auf der Leinwand wurde ich brünett. Das brachte die »Big Bosses« der Paramount völlig durcheinander. Wieder wurden Probeaufnahmen gemacht. Mein Haar wurde von oben, von der Seite und vor allem von hinten angestrahlt, so daß die Haarspitzen leuchteten und ein Halo-Effekt entstand.

Meine Haare brachten mich ständig zur Verzweiflung. Niemand mochte diese »Babyhaare«. Es war unmöglich, sie aufzudrehen, sie durchzukämmen, sie in eine Form zu bringen, passend zu dem Gesicht, von dem eine sagenhafte Wirkung ausgehen sollte. Von sechs Uhr morgens an waren wir mit Lockenwicklern zugange; die Trockenhauben reizten meine Kopfhaut – vergebens. Schließlich nahmen wir Lockenscheren zu Hilfe, damit ich mich überhaupt vor den Kameras sehen lassen konnte.

Mittags: keine Locken mehr. Die Scriptgirls wurden schier verrückt, meine Frisur war nie die gleiche wie am Tag zuvor. Wir traten also den Rückzug in meine Garderobe an und versuchten, die Situation zu retten. Alle machten sich darüber lustig, außer mir und meiner Friseuse, Nelly Manley. Die damals aufgenommenen Fotografien beweisen, daß wir unsere Sache aber recht gut gemacht haben.

Wenn keine Zeit war, die Haare zu trocknen, behalfen wir uns mit Spucke, einem ebenfalls sehr wirksamen Mittel. Bei den Dreharbeiten zum *Garten Allahs,* 1936 in der Wüste von Arizona, war das Problem meiner Frisur das reinste Drama. Diejenige vom Tag vorher wieder zustande zu bringen, war unmöglich. Der heiße Wind wirbelte meine sorgfältig gelegten Locken durcheinander. Ich habe diese Dreharbeiten gehaßt; meine Locken, das schwülstige Drehbuch, alles brachte mich auf. Doch wenn man sich verpflichtet hat, einen Film zu machen, muß man, auch wenn man diesen Film schlecht findet, den Kelch bis zur Neige trinken.

Das Gegenlicht kam sehr in Mode. Man braucht sich nur die damaligen Fotos anzusehen, um das zu erkennen. Doch das »back-lighting« hat auch seine Nachteile. Der Kameramann bestand immer darauf, daß man den Kopf nicht zur Seite drehte, denn das Licht hinter der Schauspielerin fiel dann auf ihre Nase, die sofort Ähnlichkeit mit der von W. C. Fields annahm.

So waren die meisten Szenen mit einem Partner, gelinde gesagt, sehr steif. Während wir miteinander sprachen, blickten wir starr geradeaus, anstatt uns in die Augen zu sehen. Auch bei den Liebesszenen. Wir sahen alle herrlich aus im Lichtkreis des rückwärtigen Scheinwerfers, blieben aber wie angewurzelt stehen. Wer war schuld? Die Schauspieler, natürlich! Von mir hieß es: sie bewegt sich nie. Eines Tages, als ich zaghaft versuchte, mich zu bewegen, um meinen Partner anzuschauen, stürzte der Kameramann auf mich zu und bat mich inständig, das nie wieder zu tun. Ich gehorchte.

Zu Beginn unserer Zusammenarbeit gehörte Josef von Sternberg nicht der Gewerkschaft der Kameraleute an. Er mußte sich also damit begnügen, Beleuchtung und Aufnahmewinkel mit viel diplomatischem Geschick »vorzuschlagen«.

Doch ich möchte noch einmal auf meine Ankunft in Amerika, jenem »unbekannten Land«, zurückkommen. Wie allen Deutschen war Amerika mir ein Rätsel. In Deutschland hatten wir von Indianern gehört, die Blutbäder unter der Bevölkerung anrichteten, aber das war auch fast alles.

Heute, und das sage ich ohne den geringsten Hintergedanken, liebe ich Amerika und die Amerikaner, einschließlich derer, die Fehler begangen haben und derer, an denen man »schlecht gehandelt« hat. Ich habe einige Gangster kennengelernt, die sehr freundlich zu mir waren, und entdeckt, daß ihr »Moralkodex« durchaus mit meinem übereinstimmte.

Ich kam nach Amerika zur Zeit der Prohibition.

Als das Schiff anlegte und ich in schwarzem Kleid und Nerzmantel in der Morgensonne stand, war ich zugleich begeistert und verängstigt. Doch die Paramount war da, um mich zu retten, und ich wurde ins Hotel Ambassador gebracht. Zwei Stunden später sollte ich fertig angezogen sein für die »Cocktailstunde« (ich wußte nicht, was dieser Ausdruck bedeutete) um vier Uhr nachmittags. Aber meine erste Aufgabe war, Resi, meiner Garderobiere, ein neues Gebiß zu verschaffen.

Ich sprach mit den Mitgliedern des Empfangskomitees darüber. Sobald sie merkten, daß es nicht um mich ging, weigerten sie sich, mir zu helfen. Doch als eigensinnige Deutsche fand ich in dieser unbekannten Stadt trotzdem einen Zahnarzt, setzte Resi dort ab und ging zu der von der Paramount organisierten Pressekonferenz. Ich machte mir sehr viel mehr Sorgen um Resis neues Gebiß als um meine Pressekonferenz. Wer hätte gedacht, daß die junge, von Josef von Sternberg als »die Entdeckung des Jahrhunderts« gepriesene Schauspielerin New York auf der Suche nach einem Zahnarzt für ihre Garderobiere durchstreifen würde? Das konnte nicht sein. Ich jedoch, immer meinen Prinzipien treu, scherte mich nicht darum, was die Leute sagen würden. Es gelang mir also, einen Zahnarzt ausfindig zu machen, und ich brachte Resi dann in unser Hotel zurück.

An jenem Abend sagte der Vizepräsident der Paramount, Walter Wanger, er käme mich mit seiner Frau abholen, um mir New York zu zeigen. Ich rief von Sternberg in Hollywood an und berichtete ihm vom Verlauf der Dinge; er riet mir, zu tun, was man von mir verlangte, ihn jedoch sofort anzurufen, wenn ich Schwierigkeiten hätte.

Walter Wanger erschien also im Hotel Ambassador. Er wartete an der Rezeption auf mich. »Meine Frau fühlt sich nicht wohl«, teilte er mir mit, »wir werden also Tête-à-Tête zu Abend essen.« Gutgläubig stellte ich keine weiteren Fragen und ging mit ihm in ein »Restaurant« – später erfuhr ich, daß diese Art von Etablissement »speak-easy« hieß –, in dem alle Gäste eine Hand unter dem Tisch hatten und nach einer Flasche Scotch oder Bourbon griffen.

Ich saß stocksteif in diesem dunklen Saal, in dem alle Leute tranken. Walter Wanger hatte einen Freund namens Chrisie (ich weiß nicht mehr ganz genau, wie man seinen Namen schreibt) getroffen. Im Laufe des Gesprächs sagte Walter Wanger: »In einem Ihrer Interviews haben Sie erklärt, Sie wollten gerne Richman hören, nun, hier ist er.« Tatsächlich trat Harry Richman auf die winzige Bühne und sang ein Lied, das ich seit langem liebte, *On the sunny Side of the Street.* Diesen Sänger, den ich bewunderte, leibhaftig vor mir zu sehen, rührte mich zu Tränen, und bevor ich wußte, wie mir geschah, hatte Walter Wanger mich auf die Tanzfläche gezogen.

Entsetzt über diese keinen Widerspruch duldende und abrupte Geste tat ich so, als wollte ich zum Tisch zurückkehren, um meine Handtasche zu holen. Sowie Walter Wanger mich losließ, packte ich meine Tasche und verschwand Hals über Kopf aus dem Speak-easy. Ich lief durch die Straßen dieser unbekannten Stadt, ohne zu wissen wohin. Schließlich fand ich ein Taxi und gab meine Adresse an, »Hotel Ambassador«.

Als ich im Hotel war (der Portier zahlte das Taxi), rief ich von Sternberg in Hollywood an und erzählte ihm von meinem Abenteuer. Einen Moment lang war er still, dann sagte er: »Ihr kommt morgen mit dem Zug zu mir. Bittet den Portier, euch Plätze zu reservieren. Sprecht mit niemandem, *niemandem,* verstanden? Ihr reist sofort aus New York ab.«

Ich weckte Resi, wir packten unsere Habseligkeiten wieder in unsere Koffer und schliefen nicht mehr, bis wir im »Twentieth Century« nach Chicago saßen. Dort mußten wir in einen Zug der »Santa-Fe«-Gesellschaft umsteigen. Zwei Tage lang schliefen Resi und ich, wachten auf, aßen die faden Mahlzeiten, die von höflichen Kellnern in unser Luxusabteil gebracht wurden, und schliefen wieder ein, während wir uns fragten, warum wir in dieses verflixte Land gekommen waren.

Von Sternberg hatte versprochen, uns in »New Mexico« zu treffen. Natürlich dachte ich dabei an Mexiko. Ich hatte noch nie etwas von New Mexiko gehört. Die Hitze war unerträglich. Wir breiteten Bettlaken über die Sitze des Abteils, machten Scherze, aber das Herz war uns schwer.

Jedesmal wenn der Zug hielt – und das war oft –, wollten wir aussteigen, um uns die Beine zu vertreten, aber die Hitze trieb uns wieder in unser Abteil zurück, es war, als würde ein glühendes Kissen auf unsere Gesichter gedrückt. Schließlich tauchte von Sternberg auf einem der Bahnhöfe an der Strecke auf. Er war ruhig; wir gingen mit ihm in sein Abteil, und er meinte, wir sollten uns entspannen. Jetzt war alles gut – wie immer mit ihm, er hatte »uns übernommen«. Der Zug fuhr endlos weiter; aber schließlich kamen wir in Pasadena an. Wir waren nicht mehr weit von Los Angeles.

Autos, Fahrer, Lastwagen waren da, um unser Gepäck aufzuladen. Und kein Journalist. Gott sei Dank. Ich fühlte mich gut, voller Zuversicht, bereit, alle meine Probleme auf von Sternberg abzuwälzen.

Resi, die sich an ihr neues Gebiß gewöhnt hatte, war unersättlich. Ich auch. Der Hunger quälte mich rund um die Uhr, was mir große Sorgen machte. Bis jetzt war mir nie der Gedanke gekommen, Diät zu halten. Doch auf dem Weg nach Hollywood und zu den herrlichen Sylphen, die dort herrschten, fühlte ich mich plötzlich viel zu dick. Ich war wirklich dick, hatte aber bisher nie darauf geachtet. Doch jetzt, wo ich nach Hollywood fuhr ...

Von Sternberg wollte meine Sorge nicht teilen. Er fand mich vollkommen, ich entsprach genau seiner Vorstellung. So war ich die einzige, die meinte, einem bestimmten »Schönheitsideal« genügen zu müssen. *Die Frau,* die von Sternberg auf der Leinwand zum Leben erwecken wollte, war keinesfalls mager und geschlechtslos, sondern wohlgenährt, voller Leben, mit Schenkeln, Brüsten und »sexappeal« – kurz: der Traum des kleinen Mannes.

Ich sah die Dinge nicht von dieser Warte. Unerträglich muß ich für ihn gewesen sein. Ich bestand darauf, in meinem ersten amerikanischen Film Schwarz zu tragen, um schlanker auszusehen. Schwarz ist nicht leicht zu fotografieren, aber von Sternberg legte eine unendliche Geduld an den Tag und sagte: »Gut, ich gehe das Risiko ein, dich in Schwarz zu fotografieren, wenn du unbedingt willst.« Zu dieser Zeit hatte ich mich noch nicht genügend mit Fotografie befaßt, um die Bedeutung dieses Versprechens und die Schwierigkeiten, die er überwinden mußte, ermessen zu können. Ich trug also Schwarz – mattes Schwarz, glänzendes Schwarz (das schwierigste überhaupt). Wenn ich zärtliche Worte sprechen mußte, stellte ich mich hinter breite Sessel, und er ertrug meine Dummheit, tagein, tagaus.

Bis jetzt habe ich nur den visuellen Aspekt der Dreharbeiten erwähnt. Ich würde nun gerne von einem zweiten, ebenso wichtigen Element sprechen: dem Ton.

Die Arbeit des Tonmeisters ist entscheidend. Während der Kameramann bis zum nächsten Tag auf die Ergebnisse seiner Arbeit warten muß, kann der Tonmeister, der alles direkt mithört, eine neue Aufnahme verlangen, sobald eine Einstellung abgedreht ist. Er braucht nur zu sagen: »Schlecht für mich«, und die Leistung auch der größten Schauspieler ist zunichte gemacht. In diesem Moment treten die Assistenten des Tonmeisters aus dem Dunkeln, um die Mikrofone anders zu plazieren. Oft wenden sie sich direkt an die Schauspieler, etwas, das von Sternberg immer verboten hat. »Erklären Sie mir, was los ist«, sagte er immer wieder, »und ich spreche mit den Schauspielern darüber – falls ich entscheide, daß es so gemacht wird.«

Trotz meiner Unerfahrenheit verstand ich seine Gründe: verlangt man von einem Schauspieler, lauter zu sprechen, so kann das sein Spiel verändern. Wenn der Tonmeister unzufrieden war, empfahl von Sternberg uns einfach, mehr Nachdruck in unsere Worte zu legen. Je fester die Stimme ist, desto besser kann das Mikrofon sie erfassen. Ein ganz einfacher technischer Trick. Was die ganze Sache so schwierig machte, war, daß die für den Ton Verantwortlichen die Bänder ohne Bild bekamen. Da sie die Lippen der Schauspieler nicht sahen, konnten sie sich nur auf das verlassen, was sie hörten. Viele Regisseure, die das nicht wußten, drehten dieselbe Einstellung dutzendmal, bis die Schauspieler erschöpft und unnatürlich waren, die Tonmeister dagegen zufrieden.

Das »Okay« des Tonmeisters ließ uns erleichtert aufatmen. Vor allem, als ich nicht mehr mit von Sternberg arbeitete.

Einmal, in *Golden Earrings,* mußte ich schreiend durch

einen Wald hinter dem Mann herlaufen, der mich verlassen hatte, immer lauter, je weiter ich mich von der Kamera entfernte. Als ich völlig außer Atem zum Regisseur zurückkam, sagte der Tonmeister, der neben ihm stand: »Warum haben Sie sich so angestrengt? Hinter *jedem Baum* ist ein Mikrofon.« »Aber wenn das so ist«, versuchte ich zu erklären, »dann hört sich meine Stimme ja an, als ob ich ganz nah wäre. Die Kamera bewegt sich nicht von der Stelle, die Gestalt wird immer kleiner, doch die Stimme bleibt so, als wäre ich immer noch in der Nähe der Kamera.«

Der Tonmeister antwortete, man werde diese technischen Probleme in der »Echo-Kammer« lösen, und meine Stimme werde sich nach und nach entfernen.

Ich konnte es gar nicht fassen. Wie! all die Arbeit hinterher für die Techniker, wo es doch so leicht war, diese Kleinigkeiten hier und jetzt zu erledigen? Ich hasse Streit, Geschrei beim Drehen. Ich hielt also den Mund, aber ...

Mit *Marokko* begann 1931 die Zusammenarbeit von Sternberg–Marlene Dietrich in den Vereinigten Staaten. Ich hatte furchtbare Schwierigkeiten, denn ich mußte zugleich korrekt englisch sprechen und geheimnisvoll wirken. Das Rätselhafte ist noch nie meine Stärke gewesen. Ich wußte, was von mir erwartet wurde, aber ich war nicht imstande, eine geheimnisvolle Aura zu schaffen. Der *Blaue Engel* war ganz anders gewesen, die Rolle einer ordinären und frechen, aufreizenden und ungestümen Schlampe, genau das Gegenteil der »geheimnisvollen Frau«, die von Sternberg mich in *Marokko* spielen lassen wollte.

Die erste Szene wurde in den Studios der Paramount in Hollywood gedreht. Ort der Handlung war ein Schiff, das gerade in Casablanca oder irgendeinem anderen exotischen Hafen anlegte. An die Reling gelehnt sah ich in die Ferne (Kamera links, bitte); als ich mich umdrehte und meinen einzigen Koffer ergriff, öffnete dieser sich so unglücklich, daß meine ganzen Sachen herausfielen. Da kam ein Gentleman (Adolphe Menjou) auf mich zu, er wollte mir helfen, meine Habseligkeiten wieder einzusammeln und sagte: »Kann ich Ihnen behilflich sein, Mademoiselle?« Damals verlieh das Wort »Mademoiselle« einer Frau, die sich über das Durcheinander eines Koffers beugte, sofort einen geheimnisvollen Zug.

Ich mußte antworten: »Danke, ich brauche keine Hilfe.«

Und doch hätte ich an jenem Tag Hilfe gut gebrauchen können. Im Gegensatz zu den meisten Deutschen sagte ich zwar nicht »SSSanks«, doch meine Aussprache des englischen »th« in *thanks* war keineswegs perfekt. Und Hunderte von Leuten hatten sich eingefunden, um den Neuankömmling Marlene Dietrich (zwei seltsame Worte) anzusehen.

Ich wußte genau, was ich falsch machte. So gut ich konnte, sprach ich mit einem, wie ich dachte, amerikanischen Akzent: »Thanks, I don't need any *helllp*«, indem ich meine Zunge gegen den Gaumen preßte, um einen gutturalen Laut hervorzubringen. Von Sternberg, sich ebenfalls der Bedeutung des Augenblicks bewußt, aber wie immer unendlich geduldig, ließ mich meine Antwort ich weiß nicht wie oft wiederholen, bis ich das Wort »help« korrekt aussprach. Heute erst verstehe ich, daß dieser erste Satz und diese erste Szene von größter Wichtigkeit für den Erfolg des Films und der unbekannten Deutschen namens Marlene Dietrich waren. (Als ich von Sternberg gebeten hatte, meinen Namen ändern zu dürfen, hatte er mir geantwortet: »Bald wird man ihn überall kennen.«)

Am Ende des Tages brach ich in Tränen aus. Nicht vor den Technikern, aber in meiner Garderobe, vor meiner Maskenbildnerin, Dot, den Garderobieren, den Friseusen ... Es war zuviel für mich. Ich wollte nach Deutschland zurück. Wenn das von nun an mein Leben sein sollte, dann interessierte mich das Ganze nicht. Ich hatte meinen Mann und meine Tochter in Berlin gelassen, ich würde sofort zu ihnen zurückkehren.

Von Sternberg blieb an meiner Garderobentür stehen, klopfte leise und trat ein.

Innerhalb von zwanzig Minuten hatte er mich wieder aufgemuntert.

»Löse nie deinen Vertrag, Regel *numero uno.* Gib niemals auf, Regel *numero due.* Mit anderen Worten: bleib.« Das hat er zu mir gesagt.

Wie mühsam muß es für ihn gewesen sein, sich um eine junge, empfindliche Frau zu kümmern, die nichts von seinen Zielen, seinen Wünschen verstand, geschweige denn von den Plänen für seine Trilby, seine Eliza Doolittle, seine Galatea – dem Traum, eine Frau nach seinem eigenen Ideal zu schaffen, wie ein Maler, der ein Bild auf seine Leinwand bannt. Wie hat er mich nur ertragen können? Unmöglich, diese Frage zu beantworten. Ich begriff nicht, was ihn beschäftigte, kannte seine Ziele nicht. Er hatte beschlossen, mich von einem Tag auf den anderen zu einem Star zu machen, aber das ließ mich gleichgültig. In Wirklichkeit »frisierte« er sich eine unbekannte Berlinerin zurecht. Natürlich, ich war jung, verletzlich, und ich war da, um das riesige amerikanische Publikum zu bezaubern, aber in meinen Augen war ich das, was ich niemals aufgehört habe zu sein: eine Deutsche, bemüht, ihre Pflicht zu erfüllen, nichts weiter.

Ich wollte nicht auf Abendgesellschaften gehen. Er war einverstanden. Für mich zählte nur mein Heim. Er war einverstanden. Ich wollte meine Tochter aus Deutschland holen. Er war einverstanden. Er machte sich sogar die Mühe, meinen Mann anzurufen (ich traute mich nicht) und ihn zu fragen, ob ich kommen und Maria mit in die Vereinigten Staaten nehmen könnte. Er richtete mich ein für allemal auf. Jedenfalls glaubten wir das damals alle beide.

Er war Beichtvater, Kritiker, Lehrmeister, derjenige, der sich auf alle meine Bedürfnisse einstellte, Berater, Geschäftsmann, Agent, Fürsprecher, er half mir, mit mir selbst und in meinem Haus in Frieden zu leben, er war mein absoluter Herr; ob es sich darum handelte, einen Rolls Royce zu kaufen, einen Chauffeur einzustellen oder mir beizubringen, daß das Unterzeichnen von Schecks eine ernsthafte Angelegenheit ist. Er lehrte mich Tausende von Dingen, neben der englischen Sprache und meinem Beruf als Schauspielerin. Gott weiß, was ich alles von ihm gelernt habe! Ich glaube nicht, daß ich ihm jemals dafür gedankt habe. Aber, soweit ich mich erinnere, mochte er keine Dankesbezeigungen.

Er lehrte mich auch das amerikanische Rechtssystem verstehen, das, vor allem in Kalifornien, so anders ist als das europäische, und das er hervorragend kannte, da er sich lange vor unserer Begegnung hatte scheiden lassen. Er sträubte sich sehr dagegen, seiner Ex-Frau, die er zum Schluß haßte, Unterhalt zu zahlen. Einmal hatte er sogar drei Tage im Gefängnis verbracht, weil er sich einfach weigerte, ihr das Geld zur festgesetzten Zeit zukommen zu lassen. Diese Erfahrung hatte ihm außerordentlich gefallen. Aber das ist alles, was er mir aus seinem Privatleben erzählt hat.

Er wollte nicht, daß ich über ihn spreche. Nun, da er tot ist, bin ich frei. Er hat mich geschaffen. Ein solches Wunder habe ich nur noch einmal erlebt, als Luchino Visconti mit Helmut Berger drehte. Das Auge hinter der Kamera, jenes Auge, das das Geschöpf liebt, dessen Bild auf dem Film festgehalten wird, ist Schöpfer der wunderbaren Wirkung, die von diesem Wesen ausgeht und die Lob und Begeisterung bei Zuschauern auf der ganzen Welt hervorruft.

All das ist genau berechnet und nicht zufällig. Es ist eine Mischung aus technischen und psychologischen Kenntnissen und aus reiner Liebe. Von Sternberg hatte schon vor mir Stars geschaffen: Phillis Haver, Evelyn Brent, George Bancroft, Georgia Hale, aber der »Leonardo da Vinci« der Kamera war mit seinem »Material«, wie er die Schauspieler und Schauspielerinnen nannte, nicht zufrieden.

Ich habe ihn zufriedengestellt. Ich war diszipliniert, pünktlich. Ich habe seine Anweisungen immer und überall befolgt, ich brachte meine Anregungen (die er oft aufgriff) im rechten Augenblick vor. Kurz, ich versuchte, nicht zu stören. Ich bin mit Disziplin großgeworden. Ich kannte nichts anderes in meinem Leben. Das mag für all jene seltsam klingen, die viel über berühmte Persönlichkeiten im Showbusiness lesen, und deshalb würde ich das gern erläutern.

Als ich in Hollywood ankam, war ich das, was man eine »verzogene Göre« nennt – soweit es meine Lebensart betraf. Der einzige Mensch, dem ich gestattete, mich zu bevormunden, zu unterweisen und zu kontrollieren, war Josef von Sternberg. Ansonsten blieb ich meinem wahren, unabhängigen Selbst treu.

Der Charakterzug, der ihn an mir interessierte, war die Tatsache, daß ich ein »disziplinierter« Mensch war. Nicht meine Schönheit oder Anziehungskraft faszinierte ihn, sondern die eigenartige, ihm bei Schauspielerinnen fast unbekannte Fähigkeit zur Disziplin zog ihn zu mir hin.

Ich war mir der Probleme, die Regisseur und Schauspieler betreffen, bewußt, interessiert an der Aufnahmetechnik und allem, was hinter der Kamera geschah. Mit anderen Worten, ich war zu vollkommen, um wahr zu sein. Er fürchtete den Tag, an dem ich vielleicht ein Star werden würde oder eine von ihrem eigenen Bild faszinierte Frau oder einfach eine der Schauspielerinnen, die zu Hunderten seinen Weg gekreuzt hatten.

Nie werde ich den wunderbaren Augenblick vergessen, als ich auf den Set stieg, einen dunklen und höhlenartigen Set, wo er im schwachen Licht einer einzigen Glühbirne stand. Einsam? Nicht wirklich. Eine seltsame Mischung, die ich noch kennenlernen sollte.

Er schickte meine Umgebung (Maskenbildnerin, Friseuse, Garderobiere) hinaus, erlaubte mir jedoch zu bleiben, während er die Szene ausleuchtete. Heute bedaure ich, daß ich die Anweisungen, die er dem Beleuchter gab, nicht aufgezeichnet habe. Die Stimme des Herrn, der Licht- und Schattenvisionen schuf und das karge, kahle Atelier in ein vibrierendes, in magisches Licht getauchtes Gemälde verwandelte.

Das Team verehrte ihn, weil die Techniker dasselbe wollten wie er und seine Art, »mit Hand anzulegen« bewunderten, zum Beispiel wenn der Kameramann meinte, die Szene, die von Sternberg wünsche, sei »unmöglich«. Dann übernahm von Sternberg selbst die Kamera und zeigte ihm, was er tun sollte. Wenn man bestimmen will, muß man in der Lage sein, die Anweisungen, die man gibt, auch selbst auszuführen.

Er entwarf alle meine Kostüme; Travis Benton, der Kostümschneider der Paramount, mochte ihn sehr wegen seines Könnens und seiner Einfälle. Sie beide haben mein Filmimage geschaffen; ich brauchte nur hineinzuschlüpfen und mich beweihräuchern zu lassen, verwöhnte Göre, die ich war.

Sie arbeiteten bei mehreren Filmen zusammen. Krönung dieser Zusammenarbeit waren die Kostüme in der *Spanischen Tänzerin,* für mich der schönste Film, der je gedreht wurde. Von Sternberg behielt sich stets das Recht vor, anzunehmen oder abzulehnen, was Travis und ich uns –

immer recht frei seinen Anweisungen folgend – ausgedacht hatten. Wir arbeiteten beim Mittagessen, zwischen den Aufnahmen und spät abends. Travis und ich konnten gut gegen die Müdigkeit ankämpfen. Vielleicht weil wir von Sternberg verehrten. Viele Leute behaupten, vom *Blauen Engel* an meine Kostüme gemacht zu haben. Das stimmt nicht. Nur Travis Benton setzte von Sternbergs Ideen um. Er blieb mir zur Seite bis zu seinem letzten Film. Heute lebt Travis nicht mehr, aber wie sehr wünschte ich, daß er noch unter uns, bei mir wäre und mir helfen würde, dieses Buch zu schreiben.

Den Kameraleuten dagegen habe ich nie vertraut. Sie sträubten sich ständig, von Sternberg das zu geben, was ihm eigentlich zustand. Der Grund dafür ist einleuchtend. Aber als von Sternberg nach seiner Aufnahme in die Gewerkschaft der Kameraleute den Filmbildnern seinen »Stempel aufdrücken« konnte, ließ er seinem Genie freien Lauf. Das mißfiel natürlich dem »Clan« der Kameraleute in den Studios, hinderte sie jedoch nicht daran, ihn nachzuahmen. Zu der Zeit, als von Sternberg noch nicht der Gewerkschaft angehörte, hatte er sich einigen jungen Schülern gegenüber mehr als korrekt verhalten und ihnen eine der schönsten Kameraführungen des Kinos beigebracht. Alle wurden renommierte Kameraleute und waren ihm dankbar. Nie enttäuschte ihn jemand. Das war unsere größte Sorge: *ihn niemals zu enttäuschen.*

Ich, die Hauptdarstellerin des Films, war das fünfte Rad am Wagen. Er hielt die aufdringlichen Fotografen und Journalisten von mir fern, und ich führte ein relativ ruhiges Leben. Ich hatte ein herrliches Haus mit einem Garten, dem blauen Himmel über dem Dach und einen Mann, der mir sagte, was ich tun sollte.

Was wollte ich mehr?

1931 fuhr ich nach Deutschland, um meine Tochter Maria zu holen. Die Paramount hatte jegliche Erwähnung meiner Mutterschaft streng verboten. Ich war nicht bereit, mich dieser Vorschrift zu unterwerfen, und wieder einmal zog von Sternberg gegen die Studios zu Felde, die meinten, Mutter zu sein passe nicht zur Rolle der »femme fatale«, die ich verkörpern sollte.

Er gewann auch diesen Kampf. Ich holte mein Kind nach Amerika, und Maria wurde eine hundertfünfzigprozentige Amerikanerin. Sie ist es übrigens geblieben, obwohl ich oft daran gedacht habe, dieses Land mit ihr zu verlassen und uns irgendwo zu verstecken. Aber wir haben überlebt.

Von Anfang an liebte Maria Amerika, vor allem Kalifornien. Sie lebte im Freien, sie war glücklich. Tagsüber drehte ich meine Filme, nach der Arbeit kam ich nach Hause, kochte und las ihr Gutenachtgeschichten vor, wie jede andere Mutter. Es war für uns alle ein angenehmes Leben, auch für ihr Kindermädchen Becky und mein Hausmädchen Resi; ich kümmerte mich um das Kochen, und alles war bestens.

Wir liefen zum Pazifik, um zu baden und den Sonnenuntergang zu betrachten, gingen zur Mole, um auf dem Jahrmarkt eine Runde Achterbahn zu fahren, aßen Krabben, lachten, aßen weiter, spielten Fangen am Strand, bevor wir nach Hause zurückkehrten, müde, aber voller Freude bei dem Gedanken, nach Berlin zu telefonieren und dann schlafen zu gehen.

Maria war glücklich – wie Kinder es sein können –, ihre Muttersprache fehlte ihr nicht so sehr wie mir, denn sie war noch zu jung, um ihren Wert ermessen zu können. Sie sprach fließend englisch, und der ewige kalifornische Sommer begeisterte sie. Sie schwamm im Swimmingpool, spielte großartig Tennis, war gesund, von der Sonne gebräunt. Sie lernte ohne Lehrer lesen und schreiben, kurz, sie war zur richtigen Zeit am richtigen Ort. Wenn Hollywood ihr nicht gefallen hätte, wäre ich nach Deutschland zurückgekehrt. Kein Film, kein Ruhm kann wichtiger sein als die Gefühle und Empfindungen eines Kindes. Ich war morgens da, ich war abends da.

Maria war eine fleißige, glänzende Schülerin – die jedoch auch über die Älteren urteilte. Sie war lernbegierig, eine Freude für uns alle.

Sie war auch sehr schön. Ich machte Hunderte von Fotos von ihr in allen Aufmachungen, in Badehose, im Badeanzug, im Kleid vor dem Weihnachtsbaum, im Sommerlicht, in Hose, im Hemd, mit einer Schlägermütze, verkleidet für den Halloween ...

Hollywood störte uns in keiner Weise. Sobald bekannt war, daß ich Wert darauf legte, mein Kind bei mir zu haben, wurden wir in Ruhe gelassen. Als eines Abends Flugzeuge meinen Namen an den Himmel schrieben, ließ mich das kalt, eine Reaktion, die alle die verletzen mußte, die hart für diese Werbung gearbeitet hatten. Ich fand es hübsch. Meine Tochter und ich betrachteten einen Augenblick lang den nächtlichen Himmel und kehrten dann zu unserer Lektüre zurück, während die Flugzeuge weiter ihre Buchstaben auf die Wolken malten.

Meine Tochter sagte: »Schau, die Sterne leuchten durch deinen Namen hindurch.« Der Himmel war voller Sterne. Ich konnte einfach keinen Geschmack an jenem vielzitierten »Ruhm« finden, der im Filmgeschäft so wichtig ist.

Die Erinnerung an diesen Abend ruft in mir eine Frage wach, die die Interviewer mir wohl tausendundein Mal gestellt haben: »Glauben Sie an die Astrologie?«

Ich habe oft gelesen, ich würde in kein Flugzeug steigen und nicht auf die Straße gehen, ohne meinen Astrologen zu befragen. Das stimmt natürlich nicht, aber die Astrologie hat mich immer interessiert, schon in meiner Jugend. Doch ich habe mich nie eingehend damit befaßt.

Die Lexikographen bezeichnen die Astrologie als Pseudowissenschaft. Ich bin nicht einverstanden mit der Definition, die der *Webster* gibt: »... Erforschung des angeblichen Einflusses der jeweiligen Position des Mondes, der Sonne und der Sterne auf die menschlichen Angelegenheiten«. Der Ausdruck »menschliche Angelegenheiten« stört mich. Ich hätte lieber »Menschen«.

Gut, man kann über die Art dieses Einflusses diskutieren, aber es will mir nicht in den Kopf, wie man ihn grundsätzlich leugnen, wie man so überheblich damit umgehen kann.

In der Schule haben wir gelernt, daß der Mond die Wassermassen der Erde anzieht – Ebbe und Flut hängen direkt damit zusammen. Auch diskutiert niemand mit einem Bauern oder einem Gärtner, der weiß, wann der Mond »günstig« ist, um zu säen oder zu pflanzen. Niemand leugnet die Wirkung des Vollmondes auf die Schlafwandler. Niemand leugnet die – wenig bekannte – Tatsache, daß die Polizei bei Vollmond ihre Bereitschaft erhöht. Der New Yorker Polizei ist der Mond als Unruhestifter bekannt. In den entsprechenden Nächten stellt sie doppelt so viele Beamten bereit wie sonst, nicht nur aus Rücksicht auf die Sicherheit der Schlafwandler, sondern auch weil die menschlichen Gefühle dann ausgeprägter sind und viele zusätzliche Hilferufe eingehen.

Astrologische Forschungen haben immer mehr über die gewaltigen Kräfte der Sterne herausgefunden. Doch lassen Sie es mich geradeheraus sagen: So wie die »Astrologie« heute ist und praktiziert wird, ist sie keine tiefgründige Wissenschaft. Das einzige Gebiet, auf dem sie ihre Berechtigung hat und sehr hilfreich für unser Leben sein kann, sind die Charakter-Studien, die einige große Astrologen entwickelt haben. Wenn man mit vielen Menschen zu tun hat, bei der Arbeit und in den persönlichen Beziehungen, ist es hilfreich zu wissen, unter welchem Sternkreiszeichen ein bestimmter Mensch geboren ist. Der Aszendent ist schwieriger zu bestimmen, in beruflichen Beziehungen ist er allerdings auch von untergeordneter Bedeutung (für Liebende trifft das natürlich nicht zu!). Das Wissen um die Tierkreiszeichen hilft Kräfte sparen, wenn man einem Löwen gegenübersteht (bloß nicht widersprechen!) oder es mit einem dominanten Stier zu tun bekommt, und man kann sich glücklich schätzen, einen Wassermann zum Freund oder Chef zu haben – um nur ein paar Beispiele zu nennen.

Kurz, welche Einbildung zu denken, daß wir Menschen, aus denselben Elementen wie die übrige Welt zusammengesetzt, von den Kräften, deren Wirkung wir überall feststellen, verschont werden. Vielleicht werden wir eines Tages alles über die Einflüsse der Gestirne wissen. Im Moment können wir nur Vermutungen anstellen, aber es gibt keinen Zweifel an ihrer geheimnisvollen und mitunter mächtigen Wirkung. Wenn wir auch den Ursprung dieser Kräfte nicht genau erklären können, so dürfen wir doch nicht so dreist sein, sie völlig zu leugnen.

1932, ich drehte gerade *Blonde Venus* (was für ein Titel!), erhielt ich einen Brief. Die Mitteilung war weder mit der Hand noch mit der Maschine geschrieben. Die Worte waren aus Zeitungen ausgeschnitten und auf ein Blatt Papier geklebt worden. Die Nachricht jagte mir Angst und Schrekken ein: es war die Androhung einer Entführung meiner Tochter.

Jeden Morgen nahm ich sie jetzt mit ins Studio. Und wie üblich kümmerte von Sternberg sich um alles. Sein Film belegte ihn völlig mit Beschlag, und nun wurde er auch noch mit Herz und Verstand in dunkle, heimliche Machenschaften hineingezogen, um die Pläne der Gangster zu vereiteln.

Natürlich durfte ich die Polizei nicht benachrichtigen, was mich völlig durcheinanderbrachte. Ich machte mir große Sorgen, war unfähig, normal zu spielen. Meine Tochter wich nicht mehr von meiner Seite. Sie stand in der Halle auf einer kleinen Leiter und sah mir bei der Arbeit zu.

Der Anblick dieses Kindes, das über all den Gefahren stand, großartig seine starke Persönlichkeit behauptete, war uns allen eine Lehre. Maria wußte Bescheid über die Entführungsdrohung, die über ihr schwebte, ich hatte ihr alles gesagt. Sie blieb ruhig, und ihr friedliches Gesicht beruhigte auch mich. Ich glaube, Maria hat diesen Mut von ihrem Vater. Sie ist viel tapferer als ich. Sie schlief auf dem Boden ihres Zimmers neben ihrer Gouvernante. Ich, ich irrte durch das Haus, unterhielt mich mit den Männern, die hinter den Büschen im Garten versteckt waren, machte Kaffee für alle und wartete ungeduldig auf den Tag, an dem mein Mann aus Europa kommen würde, um mir zu helfen. Und er kam, wie immer, wenn ich ihn brauchte.

An dem Tag, an dem die Gangster das Lösegeld holen wollten, stellten sich meine Freunde, Maurice Chevalier und von Sternberg sowie mein Mann mit Gewehren an die Fenster des Hauses. Die Polizisten hatten mir deutlich zu verstehen gegeben, daß ich keinen Schießbefehl geben durfte. Ich war Ausländerin, ich mußte ruhig bleiben und meinen Mund halten. Sie würden sich »um die Angelegenheit kümmern«. Nun, sie schlugen den falschen Weg ein und verpfuschten dummerweise alles.

Doch wir überstanden diese entsetzliche Situation und überlebten. Maria gelang es, einen kühlen Kopf zu bewahren – was meiner Meinung nach außergewöhnlich ist. Wenn man den »Professoren« und anderen Bücherwürmern Glauben schenkt, hätte sie mit allergrößter Wahrscheinlichkeit nach diesem Abenteuer für den Rest ihres Lebens ein »Trauma« haben müssen. Zum Glück irren sie sich immer.

Die Gitter an den Fenstern des Hauses Ecke Roxbury Drive und Sunset Boulevard sind immer noch da. Als sie eingebaut wurden, zerbrach unser Traum von Sonne, Freiheit, Freude, von einem sorglosen Leben. Die Ferien waren zu Ende. Wir waren gefangen. Vorbei die Kinobesuche, die Spaziergänge in den stillen Straßen von Beverly Hills, während wir den Mond betrachteten, vorbei die Picknicks am Strand, am Pazifischen Ozean, vorbei die Achterbahnrunden unter Gelächter und vergnügtem Geschrei, bei denen ich in einem Arm Schals, Hüte, Popcorn- und Bonbon-Tüten hielt und den anderen um die Schultern meiner Tochter gelegt hatte.

Von nun an bestand meine Aufgabe darin, so zu tun, als wäre alles normal, so daß die, die mit meinem Kind zusammenkamen, keine Angst hatten. In meinem Kopf hockte die Angst jedoch wie ein schwarzer Rabe, oder besser sie lag wie eine Schlange zusammengerollt in unseren Herzen, jeden Moment bereit, zuzustoßen. Aber ich war jung und kräftig. Später, als meine Tochter größer wurde, war ich wieder in Gefahr, und ich wäre beinahe zusammengebrochen. Ich war nicht fähig weiterzuleben, brachte gerade noch genug Kraft auf, um die einfachsten Anforderungen zu erfüllen. Aber zur Zeit der »Angelegenheit« tat ich alles, um Maria den Eindruck zu vermitteln, das Leben bette sie auf Rosen; jeden Tag erfand ich tausend Dinge, um den Fluch der Verbrecher, die meine Tochter bedrohten, fernzuhalten.

Die Angst herrschte in mir und über mein Heim; sie verließ mich nie. Von Sternberg gab uns Ratschläge. Er hatte die Zügel fest in der Hand, kümmerte sich um alles persönlich.

Obwohl er gerade einen neuen Film drehte. Dieses Projekt nahm ihn den ganzen Tag in Anspruch (ich weiß nicht, was mit seinen Nächten war), doch er war da, versuchte das – wie man heute sagt – »hypersensible Wrack«, das ich geworden war, zu beruhigen, diese Frau, die vor Angst und Schrecken zitterte, und sich vollkommen auf ihn verließ. Jeder andere Regisseur hätte sich in seine Villa zurückgezogen, hätte den Produzenten mitgeteilt, er würde warten, bis seine Hauptdarstellerin sich wieder erholt hätte, und seine Zeit damit verbracht, sich in der Sonne zu aalen.

Nicht so von Sternberg. Er ließ mich weiter regelmäßig arbeiten. Er drehte seinen Film. Er und ich, wir haben diesen Film gemacht, ohne Rücksicht auf unsere persönlichen Probleme. Es war kein großes Werk – einfach ein guter Film. Von Sternberg arbeitete unermüdlich Tag und Nacht und versuchte daran zu feilen, während seine Schauspieler und Schauspielerinnen schliefen, mit Hilfe von Schlafmitteln.

Ich habe niemals welche genommen. Ebensowenig wie Maria, die einen festen Kinderschlaf hatte und nicht hörte, wenn ich auf leisen Sohlen in ihr Zimmer hinein und wieder hinaus ging, die nicht einmal wach wurde, wenn ich sie in meine Arme nahm und neben mich in mein großes Bett legte. Sie klammerte sich an mich, so wie ich mich an sie klammerte.

Von fünf Uhr morgens an war ich auf, bereit, mit ihr zusammen ins Studio zu gehen, mich frisieren und mein müdes Gesicht schminken zu lassen. Unterwegs spielten wir alle möglichen Spiele. Aber wir vertrugen das Autofahren schlecht. Mir drehte die Angst den Magen um. Und Maria war einfach allergisch gegen diese Art der Beförderung. Gegen die Übelkeit hatte ich immer eine große Menge Zitronen bei mir. Dennoch ließ ich den gewaltigen Cadillac – sechzehn Zylinder, bitteschön – oft anhalten, um mich am Straßenrand zu erleichtern.

Dieser Zustand hielt nie sehr lange an: sobald ich die Halle betrat, war mein Gesicht glatt und schön, so wie es sein sollte; ich suchte von Sternbergs Blick und seine Anerkennung.

Als der Film fertig war, behielt ich die Leibwächter, die während all der entsetzlichen Ereignisse Marias Gefährten gewesen waren. Zu Beginn der Ferien begleiteten sie uns nach New York, bis auf das Schiff, bis das letzte Echo des traditionellen Aufrufs: »Alle Begleitpersonen bitte an Land. Der Anker wird gelichtet« verhallt war. Eingeschlossen in unsere Kabine, waren wir endlich in Sicherheit. Und auch dies dank von Sternberg, der unseren vorübergehenden Auszug organisiert hatte.

Wieder zurück in den Vereinigten Staaten, verfolgte uns diese schreckliche Erfahrung noch lange, und Maria setzte ihr Leben als Einzelgängerin, ohne gleichaltrige Kinder um sie herum, fort. Sie hatte viele Freunde, aber alles Erwachsene. Sie lernte reiten, mit und ohne Sattel, tauchen, surfen – alle Sportarten, die es in Kalifornien gab – immer in Begleitung von Gouvernanten und Leibwächtern. Und natürlich sorgte von Sternberg für sie. Privatlehrer kamen ins Haus und gaben ihr Unterricht.

Sie sprach englisch, bevor sie deutsch – ihre Muttersprache – schreiben konnte, aber sie überstand dieses Durcheinander unbeschadet. Ihre Erziehung interessierte mich nicht. Mir kam es nur auf ihr Wohlergehen an. Von Sternberg versuchte mehrfach, dieses Thema anzuschneiden, aber ich war stur wie ein Esel. Später brachte ich Maria in die Schweiz, wo sie französisch lernen sollte, denn Fremdsprachenunterricht war die einzige Erziehung, die ich als sinnvoll erachtete.

1933, als von Sternberg das Drehbuch zur *Scharlachroten Kaiserin* schrieb, gab er Maria die Rolle von Katharina der Großen als Kind. Sie sprach ihren einzigen Satz: »Ich will Ballettänzerin werden« in perfektem Englisch und hörte sich alle Dialoge wie eine professionelle Schauspielerin an. Sie nannte das »re-act«. Von Sternberg lächelte, *ausnahmsweise,* und schloß sie in seine Arme.

Mein Mann wurde von seinen beruflichen Verpflichtungen in Frankreich festgehalten, und da er nur selten in die Vereinigten Staaten kam, wurde von Sternberg (sein erster Sohn wurde erst viel später geboren) für Maria ein Vater, ein Freund. Aber das Glück, das ihm meine kleine Familie bescherte, war zerbrechlich und sicher nicht wirklich in seinen Augen. Zuerst habe ich seine Gefühle nicht verstanden. Gewiß, meine »emotionalen« Mängel waren betrüblich. In diesem Bereich war bei mir alles unbestimmt, einfach, es gelang mir nicht, bestimmte Feinheiten zu durchschauen, ich wollte nicht anerkennen, daß sie vorhanden waren ... wer weiß?

Ich kann gar nicht oft genug wiederholen, wie jung und dumm ich war. Am meisten bedaure ich jedoch, daß ich damals nicht imstande war, geistige Überlegenheit sofort zu erkennen. Warum »sofort«? Nun, weil einem schließlich doch immer die Augen aufgehen und man sich vor einem außergewöhnlichen Menschen verneigt. Ich bin mit diesem Prinzip erzogen worden und nie davon abgewichen. Aber leider bin ich ihm in meinem Privatleben nicht immer unbedingt gefolgt. Und von Sternberg mußte das büßen. Meine Umgebung trug dazu bei, das Mißverständnis zu vertiefen. Becky, die Gouvernante meiner Tochter, und Resi, mein Zimmermädchen, stellten sich zum Beispiel nur schwer auf die amerikanischen Sitten um, die sie albern fanden und an die sie sich nicht gewöhnen konnten. Und wer bekam ihr Gejammer ab? Von Sternberg natürlich! Immer war er es, der sich plötzlich in der Rolle des Familienoberhauptes wiederfand und den eigentlichen, vorläufig in der Ferne weilenden Mentor vertrat. Er war es, der alle Verantwortung auf sich nahm, all die oft ungerechten und lächerlichen Vorwürfe anhören mußte ... Das Brot schmeckte nicht so wie in Deutschland, die amerikanischen Priester zelebrierten die Messe anders ...

Bei meiner Ankunft in den Vereinigten Staaten hatte von Sternberg mir ein Rolls Royce Kabriolett (das übrigens in *Marokko* zu sehen ist) geschenkt und einen Chauffeur eingestellt. Ich selbst durfte den Wagen nicht fahren. Manche sagen – keine schlechte Idee übrigens! – daß die Männer zu dieser List greifen, um eine Frau davon abzuhalten, sich aus dem Staub zu machen ...

Ich bin nicht fortgegangen. Mehr noch: ich habe auch nie den Wunsch dazu verspürt. Ich fühlte mich wohl in diesem friedlichen, ebenmäßigen Leben, das jene habgierigen, herrschsüchtigen Frauen (man könnte meinen, ihre Zahl würde heute immer größer), die damals in Hollywood herumschwirrten, nicht kannten.

Am 1. April 1933 wurde in Deutschland bekanntgegeben, daß alle Juden ihre Positionen, die sie – oft seit langen Jahren – in größeren und kleinen Institutionen und Unternehmen innehatten, verlieren würden. Die Ufa, die mächtige Filmproduktionsgesellschaft, wurde vornehmlich von Juden geleitet, unter anderem von Erich Pommer und R. Liebman.

Kurz nach dieser Ankündigung trat man an meinen Mann, der bei vielen Regisseuren Assistent gewesen war und für die Ufa arbeitete, heran und bot ihm die Leitung der Ufa und der Studios in Babelsberg, einem Vorort Berlins an. Er erwiderte, er werde nachdenken und dieses wichtige Angebot mit seinem Anwalt besprechen, um dann zu einem ihnen genehmen Termin wieder mit ihnen zusammenzutreffen.

Er wußte, daß er, ein »Arier«, hochgewachsen und blond, dem Bild der Persönlichkeit entsprach, von der die Nazis ihre weltbekannte Produktionsfirma geleitet und repräsentiert sehen wollten.

Am selben Nachmittag suchte er seine Bank auf und hob alles Geld von seinen Konten ab. Dann ging er in die Wohnung, warf ein paar Kleidungsstücke in einen Koffer, holte seinen Paß aus dem Schreibtisch, fuhr zur Tankstelle, und bevor es dunkel war, war er bereits unterwegs.

Er fuhr eine Weile, stoppte auf einer Nebenstraße, beschmierte sein Nummernschild mit Dreck und hielt dann nur noch an, um zu tanken. Er brauste nicht über die Autobahn, sondern versuchte möglichst wenig Aufmerksamkeit zu erregen. Er fuhr zur deutsch-französischen Grenze und nach Frankreich hinein, in Richtung Paris, der Stadt, die er kannte und liebte.

Mein Mann sprach fließend Französisch. Daher war es nicht schwer für ihn, in Paris eine Unterkunft und eine gute Stellung zu finden.

Dann erst rief er mich in Kalifornien an.

Da ich gerade an einem Film arbeitete, hatte ich ihn eine Weile nicht in Berlin angerufen – zum Teil wegen des Zeitunterschiedes, zum Teil aber auch, weil das Telefonieren aus dem Studio heraus nicht so einfach war und weil er genau wie ich nur selten zu Hause war. Als ich seine Stimme aus Paris hörte, war ich sehr froh über seine Entscheidung und glücklich, daß es ihm gut ging. An den Verlust unseres Heims und unserer wertvollen Möbel dachten wir kaum. Wir dachten nur an den Augenblick, die Gegenwart – so, wie das bei jungen Menschen auch heute noch ist.

Auch im selbstgewählten Exil leitete er mich weiter an und gab mir Ratschläge, wie er es immer getan hatte. Und ich, seine Exil-Gefährtin, war eine brave Schülerin, die sich seinen Anweisungen unterwarf.

Josef von Sternberg war ihm sehr zugetan und ergriff bei Diskussionen oft seine Partei. Er engagierte ihn als Regieassistenten für einen seiner Filme und tadelte mich, wenn ich mich nicht seinen Wünschen entsprechend verhielt.

Ich litt unter der Trennung von meinem Vaterland, aber wenn man jung ist, empfindet man das Heimweh weniger stark.

Meine Antwort auf das Angebot des Hitler-Regimes, nach Berlin zurückzukehren und »Königin« des deutschen Films zu werden, ist bekannt. Nicht bekannt dagegen ist im allgemeinen, auf welche – ja geradezu sadistische – Weise ich mein Spiel mit den Nazis trieb. Ich erinnerte daran, daß ich bei von Sternberg unter Vertrag stand, jedoch überglücklich wäre, in Deutschland einen Film unter seiner Regie drehen zu können.

Dieser Vorfall ereignete sich in Paris, in der deutschen Botschaft. Ich hatte die Amerikaner inständig gebeten, meinen deutschen Paß ablaufen lassen zu dürfen, aber sie hatten darauf bestanden, daß alle meine Papiere in Ordnung sein müßten, wenn ich amerikanische Staatsbürgerin werden wollte. Ich mußte also eine Verlängerung meines Passes beantragen. Ich ging natürlich zur deutschen Botschaft, um diese Formalität zu erledigen. Von Sternberg wußte nichts davon. Das Angebot meines Mannes, mich zu begleiten, wies ich zurück. Ich fürchtete sein aufbrausendes Temperament. Ich mußte diplomatisch vorgehen, durfte mich von meinen Gefühlen nicht hinreißen lassen.

Ich stürzte mich also in die Höhle des Löwen, in diesem Fall des Grafen von Welczeck, Botschafter von Hitler-Deutschland in Frankreich. Neben ihm standen vier hochgewachsene Männer, die mir als die Fürsten Reuß vorgestellt wurden. Alle diese hohen Herren blieben stehen, die Fürsten wie angenagelt hinter Sesseln mit hohen Lehnen. Der Botschafter erklärte, die Verlängerung meines Passes werde ohne weiteres bewilligt, und fügte dann hinzu, er habe mir noch eine spezielle Botschaft zu übermitteln. Ich sollte nach Deutschland zurückkehren und nicht versuchen, amerikanische Staatsbürgerin zu werden. Als Anreiz versprach er mir einen »triumphalen Einzug in Berlin durch das Brandenburger Tor«. Zitatende. Ich dachte an Lady Godiva und unterdrückte ein Lächeln. Ich war äußerst höflich, gab meinen Vertrag mit von Sternberg zu bedenken und erklärte, daß, wenn die Herren ihn darum bäten, einen Film in Deutschland zu drehen, ich ihr Angebot nur allzu gerne annähme.

Eisiges Schweigen folgte, dann warf ich ein: »Verstehe ich recht, daß Sie es Herrn von Sternberg verwehren, in Ihrem Land (ich sagte »Ihrem Land«) einen Film zu drehen, weil er Jude ist?« Plötzlich gerieten sie alle in Bewegung und fingen gleichzeitig an zu sprechen: »Sie sind von der amerikanischen Propaganda infiziert. Es gibt überhaupt keinen Antisemitismus in Deutschland ...«

Da merkte ich, daß es Zeit war zu gehen. Ich stand auf und sagte: »Nun, dann ist ja alles in bester Ordnung. Ich werde das Ergebnis Ihrer Verhandlungen mit meinem Regisseur abwarten und hoffe, daß die deutsche Presse einen anderen Ton gegenüber Herrn von Sternberg und mir anschlagen wird.«

Der Botschafter (sein tschechischer Name verwirrte mich) ließ mich wissen: »Ein einziges Wort des Führers, und alle Ihre Wünsche werden erfüllt, *falls* Sie bereit sind, zurückzukehren.«

In Begleitung der vier Fürsten ging ich durch den langen Korridor zum Ausgang, und ich zitterte, als meine Füße wieder französischen Boden betraten, die Straße, auf der mein Mann auf und ab ging. Er nahm meinen Arm und half mir ins Auto zu steigen.

Am nächsten Tag wurde mir der ordnungsgemäß verlängerte Paß in mein Hotel geschickt. Diese »Herren« wußten alles. Sie wußten, wann mein Vertrag mit der Paramount auslief und wann der nächste in Kraft trat. Sie waren über jeden Schritt und Tritt auf dem laufenden. Ich schien diesem gräßlichen Zwerg zu gefallen. Welch eine Ehre!

Meine Familie und meine Freunde fragten mich oft im Spaß, ob ich nicht Lust hätte, nach Deutschland zurückzukehren und ihn zu töten. Auch eine Form von Galgenhumor. Ich habe mich nie dazu in der Lage gefühlt, weder geistig noch körperlich. Heute bin ich sicher, daß ich recht hatte. Aber damals handelte ich immer im Vertrauen auf mein Gespür, das gute Gespür einer Berlinerin. Noel Coward hat behauptet, ich sei »eine Realistin und ein Clown«. Die Realistin, die kenne ich; ich kenne auch den Clown, aber der zeigt sich nur zuweilen. Manchmal kann ich den Clown spielen, sehr lustig sein; dieser Charakterzug von mir bleibt jedoch oft verborgen. Er kommt an die Oberfläche, wenn ich mich persönlich betroffen fühle oder wenn ich etwas Wesentliches über das Leben lerne. Doch er verschwindet, sobald meine Gefühle tief sind. Dann bin ich allen möglichen Verletzungen vollkommen hilflos ausgeliefert – sogar einer Stimme, die am Telefon etwas seltsam klingt – und kann mich völlig treiben lassen, mich in einer Welt, die ich nicht kenne, gehenlassen in der Hoffnung, daß irgend jemand aus dem Nichts auftaucht und mich rettet. So bin ich nun einmal, ein Geschöpf, das von liebevollen Menschen geprägt worden ist, von meiner Mutter bis zu meinem Mann und zu meiner Tochter, Menschen, die mich beschützt haben.

Ich bin mit Liebe groß geworden, während meiner ganzen Kindheit und auch als junges Mädchen noch war das Leben ein Spiel – es stand unter dem Stern einer Zuneigung und eines Verständnisses, die weit wichtiger waren als alles, was wir in der Schule lernten, die über die althergebrachten Gebote hinausgingen und die nur von meiner Erfahrung als Erwachsene noch übertroffen wurden.

Bevor von Sternberg mich an die Hand nahm, war ich völlig hilflos, ich war mir nicht einmal der Aufgabe bewußt, die mich erwartete. Ich war »niemand«, und die geheimnisvollen Kräfte des Schöpfers hauchten diesem Nichts Leben ein. Mir gebührt nicht die geringste Anerkennung für die Rollen, die ich in seinen Filmen gespielt habe. Ich war nichts als gefügiges Material auf der unendlich reichhaltigen Palette seiner Ideen und seiner Vorstellungen.

Die Filme, die von Sternberg mit mir drehte, sprechen für sich. Es gibt nichts und wird auch in Zukunft nichts geben, das sie übertreffen könnte. Die Filmemacher sind auf immer dazu verurteilt, sie nachzuahmen.

Viele Bücher sind über sein Werk geschrieben worden. Aber keines bietet ein wahrheitsgetreues Bild von seinem außerordentlichen Talent. Keines von ihnen ist jemals »live« entstanden. Ich, ich war da und sah alles. Ich sah die *Magie.* Obwohl ich noch jung war.

Als männlichen Helden für die – 1934 gedrehte – *Scharlachrote Kaiserin* suchte von Sternberg nach einem ganz bestimmten Gesicht und einer ganz bestimmten Figur, die unter den Hollywood-Schauspielern nicht zu finden waren. Er entschied sich für den Rechtsanwalt John Lodge. John Lodge war ein Gentleman und ein gebildeter Mann. Er hatte noch nie gespielt, doch er entsprach der Vorstellung, die von Sternberg im Kopf hatte, und erwies sich als sehr überzeugend in seiner Rolle. Von Sternberg wollte keine Tonproben mit ihm machen und begnügte sich damit, eine kurze Szene zu drehen. Er entwarf für ihn ein herrliches, wenn auch vielleicht nicht ganz authentisches Kostüm, und Lodge eroberte die Herzen aller Amerikanerinnen. Er war *der* russische Held, die romantische Figur par excellence. Am ersten Drehtag begann John Lodge, der es nicht gewohnt war, eine Kamera auf sich gerichtet zu sehen, zu stottern. Da von Sternberg ihm auf jeden Fall eine schmähliche Niederlage ersparen wollte, hieß er mich ganz allein spielen, mich nicht mehr auf meinen Partner verlassen, und er selbst brachte John Lodge bei, wie man sich vor einer Kamera verhält.

John Lodge wurde unser Freund, und er gewann von Sternbergs uneingeschränkte Achtung. Später hat er keine Filme mehr gemacht, aber ich bin sicher, daß die paar Wochen als Schauspieler ihm nicht leid getan haben. Er ist ein zu intelligenter Mann, um Vergangenes zu bereuen.

Zurück zu mir: von Sternberg hieß mich also »ganz alleine« spielen. Das war viel verlangt. Anfangs lehnte ich mich dagegen auf, verstand dann aber bald, was von Sternberg wollte und gehorchte. *Die scharlachrote Kaiserin* ist heute ein Klassiker. 1934 hatte sie jedoch nicht den erhofften Erfolg. Inzwischen wissen wir, daß dieser Film seiner Zeit weit voraus war. Das ist sicher auch der Grund, warum er in Filmmuseen, in Programm- und Werkstattkinos gezeigt wird, aber auch warum Millionen von Zuschauern in der ganzen Welt ihn weiterhin in den großen Kinotheatern sehen. Die jüngeren Generationen schwärmen für *Die scharlachrote Kaiserin.* Jugendliche schreiben mir, reden von den Kostümen – vor allem von meinen Stiefeln, die obendrein auch noch weiß waren! –, von anderen eindrucksvollen Einzelheiten des Werkes, das sie anscheinend ganz genau verstanden haben ... viel besser als das damalige Publikum. Sie sind auch fasziniert von der künstlerischen Leitung, die natürlich von Sternberg hatte. Aber er glaubte nicht recht an die *Scharlachrote Kaiserin:* »Wenn dieser Film ein Reinfall wird«, meinte er, »dann ein grandioser, die Kritiker werden toben. Und ich möchte euch lieber in einem grandiosen Reinfall sehen, als in einem mittelmäßig schlechten Film.« Von Sternberg sollte recht behalten: die Wut der Kritiker war unermeßlich.

Ich schenkte ihren Reaktionen keine große Bedeutung.

Vor allem, weil ein Film allmählich verblaßt wie eine Erscheinung, sobald er im Verleih ist; und dann auch, weil ich überhaupt nie einen Artikel über die *Scharlachrote Kaiserin* gelesen habe, ebensowenig wie ich verfolgt habe, was der Film eingespielt hat. Die Arbeiten zu einem neuen Film begannen, ich verbrachte Stunden bei der Anprobe und war bemüht, mich so eng wie möglich an das neue Bild, das von Sternberg schaffen wollte, zu halten. Bei ihm waren meine Rollen immer wieder andere.

Fortwährend lief ich Gefahr, meine Rollen oder meinen Beruf in mein Privatleben einfließen zu lassen. Das war unvermeidlich. Trotzdem habe ich mich immer bemüht, diese beiden Bereiche meines Lebens auseinanderzuhalten. Wie gesagt waren mir die Meinungen der anderen, außer der von Sternberg, vollkommen gleichgültig.

Die Werbeleute der Produktionsgesellschaften versuchten immer wieder, meine Rollen mit meiner Person in Verbindung zu bringen. Ihre Arbeit bestand ja schließlich auch darin, Geschichten auszubrüten für die Presse und die unzähligen Kinozeitschriften mit hoher Auflage, die von den Intellektuellen nicht gelesen wurden. Das Leben, das ich in Hollywood führte, war kein gutes Jagdrevier für diese auf pikante Anekdoten erpichten Leute. Daher kann man ihnen eigentlich gar nicht vorwerfen, daß sie sich ein »aufregendes« Leben für mich ausgedacht haben. Ich kannte ihre Artikel nicht, aber wenn ich es recht bedenke, mußten diese Werbeleute mich von Herzen verabscheuen. Doch auch, wenn ich es damals gewußt hätte, hätte ich mich nicht darum geschert. Ich hielt mich an die Abmachungen, wenn ich, was selten geschah, ein Interview geben sollte, und ich lernte, höflich jeder meiner Meinung nach unangebrachten Frage auszuweichen.

Auch heute noch lebt der angebliche »Mythos« oder die »Legende« weiter und mobilisiert Tag und Nacht Hunderte von angehenden Journalisten und Schriftstellern. Ich könnte gut darauf verzichten. Als das neue Abenteuer meines Lebens begann, »die Bühne«, glaubte ich den »Mythos« zerstören zu können. Das gelang mir in gewisser Weise auch, da ich direkten Kontakt zum Publikum hatte. Doch meine sogenannten »Biographen« ließen sich trotz allem nicht davon abbringen.

In ihren wirren Köpfen war der *Blaue Engel* eine Schöpfung von Sternbergs, während er doch nur eine Figur aus dem Roman *Professor Unrat* von Heinrich Mann auf der Leinwand zum Leben brachte. Weder von Sternberg noch ich haben die Frau erfunden, die den Professor zugrunde richtet. Natürlich haben von Sternberg und die beiden anderen Drehbuchautoren Zuckmayer und Liebmann Änderungen angebracht (das geschieht immer, wenn ein Roman verfilmt wird), aber sie haben doch die charakteristischen Eigenschaften der Hauptfiguren bewahrt.

Ich möchte es noch einmal wiederholen: die Rollen, die ich in den Filmen gespielt habc, haben überhaupt nichts damit zu tun, wie ich wirklich bin. Diese Rollen mit meiner Person in Verbindung zu bringen, ist dumm.

Vor einiger Zeit sollte ich für das Museum of Modern Art in New York Auszüge aus Filmen, die von Sternberg mit mir gedreht hatte, zusammenstellen. Das Ergebnis verblüffte die meisten meiner Bewunderer. Im Gegensatz zu der weitverbreiteten Meinung, derzufolge ich immer dasselbe unbewegliche Geschöpf bin, das über seine linke Schulter blickt, das Gesicht von Hüten und Schleiern verborgen, ohne jede Gemütsbewegung, jemand, der außer der Kamera nichts und niemanden sieht, zeigte dieser Film eine Schauspielerin, die allen diesen Klischees widersprach.

Obwohl ich den Film selbst zusammengeschnitten habe, muß ich sagen, daß er hervorragend ist; leider habe ich keine Kopie oder wenigstens eine Liste der Szenen behalten. Ich habe nach Augenmaß geschnitten und nach Gefühl aus allen meinen Filmen Einstellungen ausgewählt, die, anstatt wie Teile eines Puzzles ineinanderzugreifen, in bezug auf die Person, die Atmosphäre, den Aufnahmewinkel der Kamera, die Lichtverhältnisse oder die Kostüme in Kontrast zueinander standen. Ich erinnere mich undeutlich, daß der Film wieder auseinandergeschnitten wurde, denn wir hatten auch Material verwendet, das der sakrosankten MCA gehörte. Ich weiß nicht, warum ich keine Kopie bekam, bevor die Originale zurückgegeben wurden. Es war sicher, wie immer, eine Frage des Geldes.

Das erinnert mich an eine andere, für begeisterte Nachwuchsregisseure oder -fotografen sicher »klassische« Episode. 1931 drehte ich meinen zweiten Film in Hollywood, *X.27 (Dishonoured)*. Die Wahl der Filmtitel war immer Anlaß zu furchtbaren Auseinandersetzungen zwischen von Sternberg und seinen Produzenten. Er war mit der Entscheidung der Studios nur sehr selten einverstanden und kämpfte Schritt für Schritt mit mehr oder weniger Erfolg darum, sie zu ändern. Bei *Dishonoured* war die Produktionsgesellschaft unerbittlich: sie würde ihre Entscheidung nicht zurücknehmen. Der Kampf muß sehr erbittert und endlos lang gewesen sein, denn ich erinnere mich, daß die Chefs der Paramount von Sternberg damit drohten, »den Geldhahn zuzudrehen«.

Ich war bereits umgezogen und wartete darauf, ins Atelier gerufen zu werden, als von Sternberg in meine Garderobe stürmte, um dieses Problem mit mir zu besprechen. Außerdem müsse er eine Lösung für die Sequenz des großen Balles finden, die an diesem Tag gedreht werden sollte. Er bekommt nicht genügend Statisten? Er wird diese entscheidende Sequenz unter keinen Umständen streichen! Rings um den riesigen Ballsaal sollten sich wie in der Oper Balkone an den Wänden entlangziehen. Ich saß in meiner

Garderobe und hörte meinem Regisseur zu, ohne ein Wort zu sagen, ohne daß mir etwas einfiel, das ihm hätte weiterhelfen können. Und doch hatte ich damals Kopf und Hände frei. Meine Tochter war noch in Deutschland bei meinem Mann; niemand in Hollywood bereitete mir irgendwelche Sorgen und von Sternberg wachte über mich.

Dot, meine Maskenbildnerin, meine Friseuse und ich beschlossen mittagessen zu gehen. Als wir aus der Studiokantine zurückkamen, nahm ich das Warten in meiner Garderobe wieder auf. Plötzlich rief von Sternbergs Assistent uns ins Atelier. Dot legte letzte Hand an mein Gesicht, die Friseuse machte sich über meine immer noch so widerspenstigen Haare her, und wir gingen hinaus. Auf dem Set befanden sich fast keine Bauten, außer zwei etwas erhöhten, aufeinandergestellten Theaterlogen, in die man über eine Leiter gelangte.

Ich sollte in der unteren Loge Platz nehmen. Über mir befanden sich Männer und Frauen mit Konfetti und Beuteln voller Silvesterartikel. Sie hatten bereits Anweisungen erhalten. Als ich mich setzte, sah ich hinter mir, ebenfalls etwas erhöht, einen großen Spiegel. Sechs Paare tanzten in einem winzigen Kreis, der mit Kreide auf den Boden gezeichnet war.

Ihr Bild war auch im Spiegel zu sehen, in dem sich unzählige Tänzer und Tänzerinnen dicht an dicht zu drängen schienen; Konfetti fiel vor mir nieder; die Musik setzte ein, gab den Rhythmus an, und plötzlich merkte ich, daß die Szene einem riesigen Ballsaal, in dem Tausende von Menschen umherwirbelten, aufs Haar glich. Von Sternberg hatte die gewünschte Wirkung erzielt, trotz der Einsparungen, die die Produktionsgesellschaft ihm auferlegt hatte. Ich war jung und unerfahren, aber ich bewunderte seinen Sinn für *Magie,* jenes Können, das ich während so vieler Jahre am Werk sehen sollte. Im Laufe der Dreharbeiten lernte ich mit wachsender Bewunderung alles von Josef von Sternberg, jenem Beschwörer der tausendköpfigen Schlange namens »Film«.

Darüber hinaus mußte von Sternberg sich um mich kümmern, mich fotografieren, mich zum Lachen bringen, mich kleiden, mich trösten, mir Ratschläge geben, mich anleiten, mich führen, mich hätscheln, mir Dinge erklären und vieles mehr. Die Verantwortung, die er für die Schauspielerin, die er wollte, und die Frau, die mit ihm gekommen war, übernahm, war gewaltig. Und er schaffte es, wie immer, auch unter dem Druck der Paramount Studios. Er führte einen zähen Kampf mit ihnen.

Mehrfach versuchte die Paramount, uns zu trennen, aber da ich mir meinem Vertrag zufolge »meine Regisseure aussuchen« konnte, mußte sie nachgeben. »Warum uns mit einem einzigen Kassenerfolg zufriedengeben, wenn wir zwei haben könnten?« rechneten die Direktoren der Paramount. Von Sternbergs Name war berühmt und meiner auch. Ich kämpfte, er kämpfte, und wir gewannen! 1933 ließ er mich *Song of Songs* mit einem anderen Regisseur drehen. Der Film wurde natürlich ein Mißerfolg.

1935, nach seiner Rückkehr von einer langen Reise, traf er Vorbereitungen für *Die spanische Tänzerin* nach dem bekannten Roman *Frau und Hampelmann* des französischen Schriftstellers Pierre Louÿs. Ich wußte, daß das unser letzter gemeinsamer Film sein würde, und ich war unruhig wie ein Sack Flöhe. Von Sternberg spürte es und versuchte wieder einmal, mich zu beruhigen. Ich spielte die Rolle eines Mädchens, das in einer Zigarettenfabrik arbeitet. Auf seinen Wunsch hatte ich Stunden genommen und gelernt, Zigarettenpapier um ein Stäbchen zu rollen. Ich hatte auch gelernt, die leeren Papierröllchen vor der Kamera durcheinanderzuwirbeln, sie dann wieder aufzufangen und mit Tabak zu stopfen. Das war nicht einfach, aber ich war eine gute Schülerin. Am meisten beschäftigten mich jedoch nicht diese kleinen Tricks, sondern die Tatsache, daß ich überhaupt nicht wie eine Spanierin aussah. Die spanische Spitzenbluse und der Rüschenrock überzeugten mich nicht. Meine blauen Augen und meine blonden Haare hatten nichts »Iberisches«! Aber meine größte Sorge waren die Augen. Ich glaubte, daß alle Spanierinnen, wenn nicht schwarze, so doch zumindest dunkle Augen hatten.

Meine Haare wurden mit Vaseline eingerieben, und so schienen sie mir dunkel genug. Von Sternberg sagte, ich sei wirklich dumm (wie immer), denn im Norden Spaniens gäbe es durchaus blonde Frauen. Wie konnte ich das wissen? Ich fuhr also mit den Vorbereitungen für den Film fort, probierte die von Sternberg entworfenen Kostüme an und machte mir weiter Gedanken um die Farbe meiner Augen. Schließlich suchte ich einen Augenarzt auf, den mir die Maskenbildnerinnen empfohlen hatten. Er verschrieb mir Tropfen, die die Pupille erweiterten, so daß meine Augen auf der Leinwand schwarz aussehen würden. Dann gab er mir ein zweites Fläschchen mit einer Flüssigkeit, die die Pupillen wieder auf ihre normale Größe zurückbringen sollten.

Auf dem Heimweg drückte ich die beiden Fläschchen an mich, als wären sie aus Gold. Ich nahm sie mit ins Studio, erklärte meiner Maskenbildnerin und meiner Friseuse ihren Gebrauch, die Vaseline wurde auf mein Haar gestrichen, die Nelken (die im Laufe der Dreharbeiten immer mehr wurden) festgesteckt, und ich fühlte mich in eine echte Spanierin verwandelt. Abgesehen von meinen Augen. Aber ich war so dumm zu glauben, ich könnte dieser ärgerlichen Kleinigkeit abhelfen.

Mit schwingendem Rock, Kämmen im klebrigen Haar zwischen den künstlichen Nelken, das Gesicht dunkel geschminkt (was mich anziehender machte denn je), kam ich pünktlich um neun Uhr morgens in Atelier 8 ... ich erinnere mich genau. Mein Fläschchen benutzte ich erst nach der Probe. Ich ging in meine Garderobe, tat die Tropfen in die Augen und kehrte zu meinem Platz zurück, bereit, die Szene zu drehen. Ich suchte nach meinen Requisiten, dem Papier, dem Stäbchen. Aber nichts war mehr da!

Von Sternberg rief »Kamera läuft!«, und ich stand da und konnte mein Stäbchen und mein Papier nicht mehr finden, alles funktionierte großartig, außer meinen Augen. Ich tat so, als wäre nichts, aber von Sternberg merkte schnell, daß etwas nicht stimmte. »Aus!« brüllte er.

Die Friseuse und die Maskenbildnerin liefen in meine Garderobe und brachten mir das andere Fläschchen mit den Tropfen, die meine Pupillen wieder in ihren normalen Zustand versetzen sollten. Ich träufelte mir das Mittel in die Augen und nahm meinen Platz auf dem Set wieder ein. Das Ganze hatte kaum länger als fünf Minuten gedauert. Ich saß wieder an dem Tisch, von dem ich verstört aufgestanden war. Ich sah alles wie aus sehr, sehr weiter Entfernung, die Techniker, von Sternberg. Aber ich konnte machen, was ich wollte, es war unmöglich, irgend etwas direkt vor mir zu erkennen. Kein Stäbchen. Kein Papier. Keinen Tabak.

Von Sternberg schickte uns alle zum Essen, aber vorher nahm er mich bei der Hand, zog mich ein wenig fort von den Statisten und Technikern ... und sagte: »Nun erklär mir mal, was da los ist.« Ich erzählte ihm alles. Ich sah jetzt wieder normal, doch ich mußte einfach weinen. »Warum hast du mir nicht gesagt, daß du schwarze Augen haben willst?« fragte er mich.

Ich wußte nicht, was ich antworten sollte.

»Willst du schwarze Augen?« beharrte er.

Ich nickte mit dem Kopf.

»Gut, dann bekommst du schwarze Augen, aber mach

nie wieder so etwas wie mit den Tropfen, ohne mich zu fragen.« Es gelang ihm, meine Augen dunkler zu machen, einfach indem er mit dem Licht spielte.

Einige meiner »Biographen« behaupten hartnäckig, *Die spanische Tänzerin* sei ein autobiographischer Film. In Europa, wo man den Roman kennt, hat es allerdings niemand gewagt, eine so unwahrscheinliche These zu vertreten, zumal die Geschichte oft verfilmt worden ist. Doch obwohl der Film sich streng an die Vorlage von Pierre Louÿs hält, gaben mehrere Zeitschriften in den Vereinigten Staaten zu verstehen, von Sternberg hätte sich von seinem und meinem Leben anregen lassen.

Von Sternberg ärgerte sich über all die fruchtlosen Diskussionen, war es leid: er beschloß also, sich von mir zu trennen. Natürlich protestierte ich heftig gegen diese Absicht, empörte mich, erklärte, daß auch ich Hollywood verlassen und nicht mehr zurückkehren würde. Aber er sagte mir klipp und klar, das komme nicht in Frage, wenn ich weiterhin seine Freundin sein wolle, müsse ich in Hollywood bleiben und ohne ihn drehen. Diese Worte brachen mir das Herz, aber ich gehorchte, wie immer. Um welchen Preis? Ich war wie ein steuerloses Schiff. Ich wußte, daß kein Ruhm die Sicherheit, die er mir gegeben hatte, ersetzen könnte, daß nichts seine außerordentliche Intelligenz aufwiegen könnte, sein Berufsethos, die Faszination, die er auf mich ausübte ...

Aber von Sternberg ließ mich nicht ganz im Stich. Insgeheim überwachte er die mittelmäßigen Filme, die ich in der Folge drehte, stahl sich sogar manchmal ins Studio und schnitt bestimmte Einstellungen heraus oder nahm Umstellungen vor. Ich selbst organisierte diese nächtlichen Streifzüge. Von Sternbergs »Rücktritt« war logisch. Er hatte genug von den Skandalen, Angriffen, von dem Verhalten der Paramount-Direktoren.

Wenn ich auch nur etwas von all den Problemen, mit denen er sich herumschlug, geahnt hätte, wäre ich verständnisvoller gewesen. Aber er zog mich nur selten ins Vertrauen, wollte mich nicht in die Auseinandersetzung mit den Direktoren der Produktionsgesellschaft hineinziehen. Er ließ mich meinen eigenen Weg gehen und normal und ruhig meine Arbeit erledigen.

Das also ist die Geschichte meiner Zusammenarbeit mit von Sternberg. Ist das alles? Nein. Bevor ich dieses Kapitel abschließe, möchte ich noch erwähnen, was ich am meisten bei ihm fürchtete: seine Verachtung. Eine schockierende Erfahrung. Mehrmals am Tag schickte er mich in meine Garderobe, damit ich dort in Ruhe weinen könnte. Nachdem er deutsch mit mir geredet hatte, drehte er sich zu den Technikern um und sagte: »Zigarettenpause. Miss Dietrich hat ihren Weinkrampf.« In Tränen aufgelöst flüchtete ich dann mit meiner Maskenbildnerin und meiner Friseuse in die Garderobe.

Ich habe von Sternberg nie seinen scharfen Ton vorgeworfen. Er hatte alles Recht dazu. Weil er mein Beschützer war. Weil er auch mein Freund war. Was er sagte, war immer richtig. Er hatte immer recht. Ich werde ihm nie genug dafür danken können.

Er würde sicher wütend, wenn er diese Zeilen läse. Ich höre ihn schon rufen: »Aus!« Aber wie kann ich diese Dinge verschweigen, wenn ich von ihm spreche, wenn ich versuche zu erklären, was er für mich bedeutete und was keine Schauspielerin, und würde sie von dem größten aller Regisseure geführt, jemals erfahren wird? Unmöglich, die Tage und Nächte zu vergessen, in denen wir gemeinsam Seite an Seite arbeiteten, ohne daß er das geringste Zeichen von Ungeduld oder Müdigkeit bekundete. Immer war er für mich da, vergaß sich selbst, seine eigenen Wünsche und Bedürfnisse.

Ein Meister.

Ende der Lobrede. Entschuldige Joe! Aber das mußte ich schreiben. Ich habe sicher keine bessere Vorstellung von dir vermitteln können als all die, die sich mit deinem Werk beschäftigt haben. Ich erinnere mich einfach an dich, an all die Jahre, die ich in deinem Schatten gelebt habe. Gestern. . . .

Ich bin älter geworden, und ich habe gelernt, die Last der Einsamkeit deiner Bemühungen und deiner Gedanken zu ermessen, deine Verantwortung gegenüber dem Studio und vor allem mir gegenüber, und ich kann nicht anders, ich muß einfach weinen: »Zu spät«, sagte der Rabe, »zu spät!« Josef von Sternberg war ein beispielloses Genie. Ein einmaliges Genie in seiner Generation und in der Welt des Films.

Der, der den Meinen und mir so nahe stand, war auch der Freund aller Filmfans. Er war ein Arbeitstier, und die Durchschnittsmenschen in seiner Umgebung verabscheuten ihn. Seine Autorität und sein Wissen sind unersetzlich. Sein Tod hat eine große Leere hinterlassen.

Hollywood

Hollywood, der verschrienste und der mythischste Ort der Welt.

Ich habe die wilden Parties in Hollywood nicht gekannt, nie erlebt, was seinen Ruhm ausmacht.

Für mich ist Hollywood (ich gebrauche diesen Namen, obwohl er geographisch falsch ist) ein Ort, wo genauso hart gearbeitet wird wie überall sonst. Man steht früh auf, man wirft sich bei Tagesanbruch in einen Zug oder ein Auto, um rechtzeitig in den Studios zu sein und zu stempeln.

Schon um halb sieben morgens mußten die Schauspieler und Schauspielerinnen beim Friseur erscheinen, um sich die Haare waschen, trocknen und herrichten zu lassen. Um neun Uhr waren wir im Atelier. Das hieß, daß wir seit fünf Uhr auf den Beinen waren. Bestimmte Berufsgruppen sind an solche Zeiten gewöhnt. Für eine Schauspielerin, eine Frau, die immer tadellos aussehen muß, ist das etwas anderes. Ich habe Schauspielerinnen gekannt, die von fünf Uhr morgens an hinreißend sein konnten. Aber man kann sie an einer Hand abzählen. Meistens kam man völlig erschöpft zum Schminkmeister, schlüpfte unauffällig in die Kabine und lauerte auf ein teilnahmsvolles Wort ... Ein großes Dankeschön all den Männern und Frauen, die mir geholfen haben, rechtzeitig im Atelier zu sein.

Damals ließen die Gewerkschaften in punkto Vorschriften nicht mit sich spaßen, und Maskenbildner, Friseuse, Masseuse und Garderobiere waren immer da. Niemand durfte sich in das Nachbargebiet einmischen: Ich erinnere mich an eine Friseuse, die beinahe entlassen worden wäre, weil sie mich darauf aufmerksam gemacht hatte, daß meine Strumpfnaht schief saß. Das fand ich ungerecht und sicherte mir daher die Dienste dieser Frau. Nelly Manley war bei allen meinen Filmen in Hollywood und Europa dabei. Sie weinte mit mir, haßte meine Feinde, drehte während der Mittagspause meine Haare wieder auf und verzichtete auf ihr Essen. Sie blieb bis zum Schluß bei mir. Sie war ziemlich klein und trug, lange bevor es Mode wurde, abgewetzte Tennisschuhe ... was sie nicht daran hinderte, sich später in eine elegante Dame zu verwandeln, die sich bei Schiaparelli einkleidete ...

Nelly Manley hatte bei mir eine doppelte Funktion als Freundin und Leibwächterin. Sie hatte kein leichtes Leben im Studio, wo jeder auf jeden eifersüchtig war. Aber sie setzte sich durch. Wenn wir aus dem Atelier kamen, gingen wir oft an der Garderobe von Bing Crosby vorbei, und wenn ich stehen blieb, um ihm zuzuhören, stieß sie mich vorwärts ... Vielleicht sah sie schon die Schlagzeilen vom nächsten Tag: »Dietrich in der Garderobe von Bing Crosby!« Ich war keine große Anhängerin des berühmten Sängers, aber ich hörte ebenso gerne wie Crosby Platten von Richard Tauber. Der »Crooner« vertraute mir an, Tauber habe ihm beigebracht, richtig zu atmen und seine Phrasierungen zu modulieren. Diese gemeinsame Leidenschaft brachte uns einander näher.

Zwischen dem Atelier und meiner Garderobe lag auch die Garderobe von Mae West. Was für eine großartige Frau! Sie war sehr freundlich zu mir und ließ mir oft gute Ratschläge zuteil werden. Sie gab mir die Kraft, die mir fehlte, mit einer Feinfühligkeit, die mich verblüffte. Aber ich war nicht die einzige: die Chefs der Paramount waren ebenso hingerissen von Mae West. Sie war nie eine »Mutter« für mich, denn sie hatte keine mütterliche Art. Sie war für mich ein Lehrer, nein, ein Felsen, an den ich mich klammerte, eine intelligente Frau, die mich verstand und all meine Probleme erriet. Ich glaube nicht, daß ihr damals bewußt war, welch großen Einfluß sie auf mich hatte. Ich konnte meine Gefühle so schlecht ausdrücken!

Als ich Ernst Lubitschs Drehbuch zu *Desire* las, war ich entsetzt: der Film sollte mit einer Großaufnahme meiner Beine beginnen. Meine Beine, ständig meine Beine! Dabei haben sie für mich nur einen Zweck gehabt: sie machen es mir möglich zu laufen. Ich wollte nicht, daß man so viel Aufhebens um meine Beine machte. Aber Mae West riet mir, das unter anderen Gesichtspunkten zu sehen und die Produzenten machen zu lassen. Sie hatte immer tausend gute Gründe für ihre Meinung, und ich hörte auf sie. So beginnt der Film *Desire* also mit einer Großaufnahme meiner Beine. Es ist ein hervorragender Film, der sehr gut auf einen solchen Anfang hätte verzichten können.

Mae West war wunderbar, intelligent, pfiffig, und sie verstand ihr Metier. Sie ging nie zu den Parties in Hollywood. Wahrscheinlich gingen nur die Filmsternchen dorthin. Wir dagegen nie. Es war schon schwierig genug, unsere Privatsphäre abzuschirmen, unserer täglichen Arbeit nachzugehen, ein paar entspannende Stunden mit den wenigen Freunden, die wir hatten, zu verbringen.

Keinem Wörterbuchautor ist es bis jetzt gelungen, das Wort *glamour* genau zu definieren. Es tauchte eines Tages auf, aber niemand konnte es erklären oder seinen Ursprung herausfinden. Ich bin oft nach der Bedeutung dieses Begriffes gefragt worden und habe immer »die Waffen strekken« müssen.

Das größte »Glamour Girl« war Mae West. Dann kam Carole Lombard. Und dann die Dietrich. Jedenfalls nach Ansicht der Paramount. Natürlich hatte auch MGM seine »Glamour Girls«: Harlow, Garbo, Crawford ... »Sexsymbole« dagegen gab es nicht. Dieser Begriff tauchte meiner Meinung nach erst mit Marilyn Monroe auf.

Sex war damals tabu: »Wir müssen das alles einzig und allein mit den Augen machen«, erklärte mir Mae West eines Tages. Und daran hielten wir uns alle. Keine Szenen, in denen wir uns auszogen oder halb nackt waren, nichts Unschickliches. Ich muß gestehen, daß ich diese Methode dem, was man heute in den Kinos sieht, bei weitem vorziehe. Mir gefällt das nicht, und ich bin sicher, daß es dem Publikum ebenso geht.

Heute ist Sex ungeheuer wichtig. Es ist das einzige, was man den Leuten zu bieten hat. Alle sind so frustriert, daß die Suche nach Vergnügen zu einer Krankheit geworden ist; deswegen sind »Gehirnwäschen« auch so beliebt: viele Menschen zahlen den »Gehirnwäschern« für ihre Lebenshilfe horrende Summen. (Um so besser für die »Gehirnwäscher«, wenn sie auf diese Weise reich werden können!) Trotzdem habe ich Mitleid mit den Leuten, die eine solch trügerische Hilfe brauchen.

Das Wort *glamour* bedeutet etwas Unbestimmtes, für normale Frauen nicht Zugängliches, ein unwirkliches Paradies, wünschenswert, aber grundsätzlich außer Reichweite.

Ich finde das alles dumm. Natürlich sind wir schön, auf den Fotos und auch im Leben, aber wir waren nie so außergewöhnlich wie das Bild, das von uns entworfen wurde. Wir hielten uns an dieses Bild, wie es vom Studio verlangt wurde. Doch keine von uns hatte Spaß daran. Es war eine normale Arbeit, die wir eben gut machten. Wenn man die Harlow, die Crawford oder die Lombard nach ihrer Meinung gefragt hätte, hätten sie sicher alle dasselbe gesagt.

Ein echtes »Sexsymbol« war Marilyn Monroe, denn sie war nicht nur von Natur aus »sexy«, sondern es gefiel ihr auch – und das zeigte sie. Und sie kam zu einer Zeit, zu der es die Zensur, der wir uns alle (mit Freuden, würde ich sagen) unterwerfen mußten, nicht mehr gab. Die Röcke flogen bis zu den Hüften, die Höschen wurden sichtbar und fesselten die Blicke des Publikums. Auf die schauspielerische Leistung kam es nicht mehr an.

Die Regisseure der dreißiger Jahre schätzten uns und verlangten nicht, daß wir unseren »derrière« zeigten, sie legten keinen Wert darauf. Wir mußten auf alle derartigen »Kniffe« verzichten. Und das machten wir sehr gut. Wir regten die Phantasie des Publikums in aller Welt an, weckten Träume und füllten die Kinos.

Aber wir spielten auch ernste Rollen, in denen es überhaupt nicht darum ging, »fatal« zu sein. Die Filme mit der Garbo und mir haben Geschichte gemacht. Wenn die heutigen Jugendlichen uns in Stiefeln und Kleidern daherkommen sehen und unsere sogenannten »heißen« Liebesszenen anschauen, dann sind sie begeistert und lieben uns. Vielleicht wegen etwas anderem ...

Ich bin zu spät nach Hollywood gekommen. Ich hätte dort gerne zu einer anderen Zeit gelebt. Die Anekdoten aus der Stummfilmzeit machten mir den Mund wäßrig. Es gab damals eine Art Rikschas, die die Stars ins Atelier brachten. Wenn zwei Stars sich nicht vertrugen, mußten die

Rikschafahrer dafür sorgen, daß sich ihre Wege niemals kreuzten. Ich habe gehört, das sei bei Pola Negri und Gloria Swanson so gewesen. Es gab auch Musik in den Ateliers. Ein kleines Orchester spielte eine zu der Szene, die gerade gedreht wurde, passende Melodie. Da Tonaufnahmen damals noch nicht existierten, spielte das Orchester auch weiter, während die Kamera lief, so daß die Schauspieler im Rhythmus der Musik weinten und lachten. Das muß sehr seltsam gewirkt haben. Sobald die Schauspieler und Schauspielerinnen den Mund aufmachten, hörte man ein rettendes »Aus!«, und die Worte erschienen in schöner Schrift auf der Leinwand, bevor die Schauspielerin in der nächsten Szene wieder auftrat.

Zur Stummfilmzeit hallte ganz Hollywood von den berühmt berüchtigten wilden Parties wider. Die großen Stars blieben dort bis spät in die Nacht. Am nächsten Tag konnten sie ruhig mit vier, fünf Stunden Verspätung im Studio erscheinen. Wichtig war nur, daß sie kamen. Niemand hätte es sich erlaubt, sie zurechtzuweisen, ihnen »den Kopf zu waschen«. Diese Männer und Frauen herrschten über die Studios, konnten all ihren Launen nachgehen, ihre Fehler, ihre Niederlagen, ihr zweifelhaftes Benehmen, ihre schlechte Arbeit offen zeigen, kurz, alles, was man später in Hollywood »Bluff« nannte.

Diese Geschichten habe ich von den Lastwagenfahrern, die mir auf die Ladefläche ihrer Fahrzeuge halfen und mich ins Atelier brachten, wenn meine Kostüme zu voluminös waren, als daß ich mit ihnen in einen Personenwagen gepaßt hätte. »Halt dich fest, Süße«, sagten sie zu mir, bevor sie langsam anfuhren, um mich nicht zu verlieren. Diese Fahrer, die Techniker, die Maskenbildner und Garderobieren, die während der stundenlangen Anproben ebensoviel Geduld aufbrachten wie ich, waren meine besten Freunde.

Die großen Studiobosse sah ich nie. Ich wurde als die

anerkannte Königin der Paramount Studios betrachtet, etwas, wovon ich natürlich nichts wußte, und ich durfte nicht behelligt werden. Meine nicht sehr umfangreiche Verehrerpost wurde von eigens dafür angestelltem Personal in Empfang genommen, das immer bedauerte, daß ich nicht mehr Briefe bekam. Das machte mich stutzig, aber später erfuhr ich dann, daß die Leute, denen meine Filme gefielen, nicht vom Typ »Bewunderer schreibt seiner Lieblingsschauspielerin« waren.

Auch an die *previews,* die Vorpremieren, mußte ich mich gewöhnen. Sie fanden oft in einer kleinen Stadt namens Pamona statt. Dort wurden die Filme einem Publikum vorgeführt, das keine Ahnung hatte, was es sehen würde. Auf dem Plakat stand nur: »Major Studio Preview«. Ein seltsamer Brauch. Außerdem wurden vor dem Kino Karten verteilt, auf denen das Publikum den Film beurteilen sollte. Diese Karten wurden dann dem Studio zugeleitet und ausgewertet.

Nun braucht man kein Doktor der Psychologie zu sein, um zu begreifen, daß ein Gelegenheitscineast, den man bittet, sich in einen Kritiker zu verwandeln, sein Bestes tun wird, Fehler, Lücken, Irrtümer etc. hervorzuheben. Dennoch werteten die Leute vom Studio die Karten gewissenhaft aus, gaben sie sogar dem Regisseur weiter und schlugen ihm bestimmte Änderungen vor. Die Regisseure, die ich kannte, warfen sie sofort in den Papierkorb. Aber ich erinnere mich auch an ein gutes Beispiel für den dummen Einfluß dieser Vorpremieren.

Als Josef von Sternberg meinen ersten Film für die Paramount, *Marokko,* zu Ende gedreht hatte, wurde der Film wie üblich in Pamona vorgeführt. Gary Cooper spielte die männliche Hauptrolle. Nach der Hälfte des Films leerte sich der Zuschauerraum. Schließlich sahen wir uns die letzte Filmrolle alleine an. Ich bat darum, gehen zu dürfen, überzeugt, daß diese Vorführung das Ende meiner Hollywoodkarriere bedeutete. Sobald ich zu Hause war, begann ich meine Koffer zu packen. Während meiner Abwesenheit hatte mein großer Schäferhund die schwarze Puppe, die seit dem *Blauen Engel* mein Maskottchen war, fast aufgefressen. Ich nahm das als schlechtes Vorzeichen und packte fieberhaft weiter. Mir tat es nicht um mich selbst leid. Es tat mir nur leid, Josef von Sternberg und alle, die an mich geglaubt hatten, enttäuscht zu haben. Andererseits war ich ein bißchen erleichtert, daß ich nun kein Kinostar werden würde und zu meiner Familie nach Deutschland zurückkehren konnte.

Ich tat die ganze Nacht kein Auge zu, wie man sich leicht vorstellen kann, und am nächsten Morgen war ich startbereit. Um halb zehn rief von Sternberg mich an und bat mich, ihn in seinem Büro aufzusuchen. Dort, so stellte ich mir vor, würde man mir meine Entlassung mitteilen.

Er ließ mich auf der anderen Seite des Tisches Platz nehmen und warf oder reichte mir eine Zeitung herüber. »Lies«, sagte er. Da stand ein kurzer Artikel von einem Jimmy Star – der Name war mir unbekannt. Nachdem der Journalist den Film zusammengefaßt hatte, schrieb er: »Wenn diese Frau die Filmindustrie nicht revolutioniert, dann weiß ich nicht, wovon ich rede.«

Ich saß da, völlig verblüfft, und sagte: »Aber ich habe schon meine Koffer gepackt, ich bin bereit, nach Hause zu fahren, ich habe geglaubt, ich hätte dich enttäuscht.«

»Du kannst nach Deutschland fahren, wann immer du willst«, antwortete von Sternberg, »aber sicher nicht, weil du hier in Amerika gescheitert wärest.«

Er war ruhig, wie gewöhnlich; sein Blick, den ich nur zu gut kannte, ruhte auf mir. Leichter Zigarettenrauch hing in der Luft; von Sternberg wirkte gleichgültig. Ich war wie gelähmt. Zu wohlerzogen, wieder einmal, dachte ich. Was sollte ich jetzt tun? »Die Filmindustrie revolutionieren« bedeutete für mich einfach, daß ich nicht die Niete war, für die ich mich gehalten hatte. Wie steht man von einem Stuhl auf? Wie geht man aus einem Zimmer? Ich wußte es nicht mehr. Ich blieb reglos sitzen.

»Du kannst jetzt gehen«, sagte er, »aber laß mich deine endgültige Entscheidung wissen.«

Ich ging zu mir, in das Haus, das ich gemietet hatte, dort traf ich mein Dienstmädchen an. Ich war unruhig. Was sollte ich tun? Das Gefühl der Sicherheit, das ich aus dem Gehorsam schöpfte, war verschwunden: diesmal erteilte mir niemand Befehle, ich war hin- und hergerissen, wartete nervös auf den Anruf meines Mannes, der mir wie üblich sagen würde, was zu tun sei. Endlich, spät in der Nacht, rief er mich an: »Hier ist alles in Ordnung. Komm nach Berlin, wann immer du willst. Aber dein Film wird ein Riesenerfolg; gib das Studio nicht auf.«

Ich ging ins Bett und schlief sofort ein, was schon seit langer Zeit nicht mehr vorgekommen war.

Warum hatte das Publikum an jenem denkwürdigen Abend das Kino verlassen? Zunächst einmal, weil es von Gary Cooper – der bis dahin nur Cowboy-Rollen gespielt hatte – und seinem neuen Stil enttäuscht war. In *Marokko* ist er nie auf einem Pferd zu sehen. Außerdem war es Zeit, die Öfen auf den Orangenplantagen von Pamona anzuzünden. Die künstlerischen Qualitäten von *Marokko* standen also nicht zur Debatte.

Mittlerweile verzichtet man auf die Vorpremieren, auf diesen dummen Brauch, der so viele große Regisseure geärgert hat und dem niemand nachtrauert.

1. John Barrymore war auf jedem Gebiet ein Meister. Als ich nach Amerika kam, war er der berühmteste Schauspieler aller Zeiten. Selbst auf uns Europäer übte sein Name einen großen Zauber aus. Ich habe Barrymore im Radio gehört und auf der Bühne gesehen. Er war hervorragend. Als ich Jahre später eine Radiosendung mit ihm machte, war er nicht mehr derselbe, und wir mußten ihn während der ganzen Darbietung unterstützen. Er dankte es uns, wußte um seine Schwächen. Als er das Studio verließ, hatten wir alle Tränen in den Augen.

2. Die »Hm«-Schauspieler, die die Bezeichnung Schauspieler eigentlich gar nicht verdienen, denn »spielen« bedeutet nicht, nur einfach »Hm« zu machen, Einwortsätze von sich zu geben oder unverständliche Laute auszustoßen.

3. Nach den »Hm«-Schauspielern kommen die »nuschelnden« Schauspieler. Sie legen größten Wert darauf, daß niemand, nicht einmal ihr Regisseur, geschweige denn der Toningenieur versteht, was sie sagen (die script-girls haben es längst aufgegeben einzuschreiten und beten zum Himmel, daß die Sätze der »Nuschler« mit dem Drehbuch übereinstimmen). Vor vielen Jahren waren diese »nuschelnden« Schauspieler das Feinste vom Feinsten. Man hielt sie für Genies, weil man kein einziges Wort ihrer »Reden« verstand. Ihre Partner versuchten zuweilen, sie zu überbieten, indem sie ihre Dialoge noch undeutlicher murmelten. Das Resultat war einfach lächerlich.

4. Danach kehrte sich die Tendenz wieder um, die Schauspieler sprachen wieder korrekt. Das war vor der Periode »Wo ist denn nur mein zweiter Schuh geblieben?« Der Erfinder dieses originellen Stils war James Stewart. Selbst wenn er sich sichtlich Mühe gab, eine Liebesszene zu spielen, erweckte er immer den Eindruck, als habe er nur

einen Schuh an und sei auf der Suche nach dem zweiten, während er langsam seine Sätze herunterleierte.

Eines Tages teilte ich ihm diese Überlegungen mit, und er antwortete: »Wie?« Anscheinend war sein Sinn für Humor nur schwach entwickelt. Er spielte sein ganzes Leben lang auf diese Weise und wurde sehr reich und sehr berühmt. Nun braucht er seinen anderen Schuh nicht mehr zu suchen. Meine amerikanischen Partner hatten eine Kichererbse, da wo bei anderen Menschen das Gehirn sitzt. Ich behaupte nicht, daß es in Hollywood keine intelligenten Schauspieler gab. Doch um die Wahrheit zu sagen: ich verstand mich nicht mit ihnen.

Der einzige wirklich bewundernswerte Schauspieler, mit dem ich gearbeitet habe, war Spencer Tracy; leider war meine Rolle im *Urteil von Nürnberg* sehr klein. Wir haben viel zusammen gelacht, denn er hatte einen ähnlichen Humor wie ich.

Die europäischen Schauspieler sind ganz anders als ihre amerikanischen Kollegen. Robert Donat war hervorragend; de Sica brillant, komisch, ein genialer Regisseur.

Brian Aherne, mein Partner in *Song of Songs,* war sehr begabt und besaß einen bissigen englischen Humor, den ich sehr schätzte. Ich habe nie das Glück gehabt, mit David Niven zu arbeiten. Er war nicht nur Schauspieler, sondern auch Schriftsteller, ein lustiges Haus, es war ebenso angenehm ihm zuzuhören wie seine Bücher zu lesen.

Einmal dachte ich, nun lache mir das Glück: ich sollte mit meinem Freund, dem großen polnischen Schauspieler Cybulski drehen. Aber er starb bei einem Unfall, viel zu früh. Man braucht dieses Gesicht mit den hinter einer Sonnenbrille verborgenen Augen nur ein einziges Mal (zum Beispiel in *Asche und Diamant,* seinem bekanntesten Film) gesehen zu haben, und man wird diesen Eindruck nie mehr vergessen. Ich lernte Cybulski in Polen, bei einem meiner

Konzerte kennen. Er drehte gerade einen Film in Wrocław (das vor dem Krieg Breslau hieß) und sah sich nach einem langen Arbeitstag meine Vorstellung an. Seit unserer ersten Begegnung waren wir Freunde.

Ich hatte ihn bereits auf der Leinwand gesehen; er dagegen kannte keinen meiner Filme. Er war erstaunt und verwundert über meine Bühnenkunst. Er hatte mich für eines jener oberflächlichen Geschöpfe aus Hollywood gehalten, war dem Mythos in die Falle gegangen. Nun verpaßte er keinen meiner Auftritte. Am letzten Abend organisierte er ein Fest für die Musiker und die Techniker. Ich kannte keinen anderen Mann, der eine Flasche Wodka entkorken konnte, indem er mit der flachen Hand auf den Boden der Flasche schlug. Er wiederholte dieses Kunststück mehrere Male, und zur großen Freude aller Gäste gingen die Flaschen von Hand zu Hand rings um die lange Tafel.

Ich mußte auf die Uhrzeit achten, denn unser Zug nach Warschau ging um Mitternacht. Cybulski blieb bei uns, sah zu, daß die ganze Truppe im Schlafwagen unterkam, verabschiedete sich tiefbetrübt von uns und versprach, uns wiederzutreffen, sobald er mit seinem Film fertig sei.

Als die Dreharbeiten endlich abgeschlossen waren, beschloß Cybulski, genau wie wir den Zug um Mitternacht zu nehmen. Aber er kam zu spät, versuchte noch auf den fahrenden Zug zu springen, stürzte und wurde von den Rädern der Waggons überfahren.

Noch heute verfolgt mich dieser empörende Tod eines großen Menschen und großen Künstlers. Nie zuvor gab es einen Schauspieler, der spielen konnte, ohne seine Augen zu gebrauchen, und ich weiß, daß es nie wieder einen geben wird. Um so besser! Cybulski ist nicht vergessen – was man von der Mehrzahl der Schauspieler nicht behaupten kann.

Auch George Raft, meinen Partner aus *Herzen in Flam-*

men (Manpower), vergesse ich nicht. Seine ganz besondere Liebenswürdigkeit strafte sein Aussehen und seine Rollen eines harten Kerls, der er nicht war, Lügen. Er ist ein guter Freund geworden, im Gegensatz zu vielen Schauspielern, mit denen ich oft zusammen war und mit denen ich arbeitete. Die Dreharbeiten zu einem Film dauern Monate, die nicht immer sehr harmonisch sind, aber trotz allem faßt man Zuneigung zu den Mitarbeitern des Teams. Und dennoch, sobald die letzte Einstellung »im Kasten« ist, gehen manche Schauspieler fort, ohne das geringste Bedauern, das geringste Gefühl eines Verlustes zu empfinden. Das war bei mir nie der Fall.

Eifersucht

Ich bin ein unschuldiges Opfer dieser Leidenschaft gewesen, dieser Krankheit, die mich unablässig verfolgt hat. Angefangen bei meinem Chauffeur Bridges, den ich von den ersten Tagen in Kalifornien an gern hatte und der mir in der Zeit der Entführungsdrohungen gegen meine Tochter und dann in Frankreich geholfen hat, bis zu den Maniküren, den Friseusen, dem weiblichen Personal der Werbeabteilung, den Fotografen und bis hin zu jedem einzelnen Freund (ich spreche von meinen *wahren* Freunden) und den Regisseuren (den großen und den anderen wie Tay Garnett, George Marshall), alle haben sie mich mit ihrer Eifersucht bedrängt.

Meine Dirigenten waren alle, ohne Ausnahme, eifersüchtig auf Burt Bacharach, denn er war der einzige Musiker, zu dem ich unbedingtes Vertrauen hatte, der einzige, auf den ich mich völlig verließ, und mit gutem Grund. Die Eifersucht begleitete mich auf allen meinen Tourneen, doch ich ließ mich nicht beirren. Ich habe niemals irgend jemandem irgend etwas vorgeworfen. Ich habe nie gesagt »Burt hätte das anders gemacht« oder »Burt hätte das so gemacht«. Ich hielt den Mund und arbeitete; oder besser: ich tat den Mund auf und sang, wie er es mir beigebracht hatte. Nur ich allein wußte, was ich mit ihm verloren hatte, und ich empfinde die Lücke, die er hinterlassen hat, noch heute.

Burt Bacharach wird immer abstreiten, daß er mir in Sachen Musik alles beigebracht hat. Er wollte keinen Ruhm, keine Ehre. Was für eine »Ehre« wäre es im übrigen, Dirigent, Musiker, Arrangeur und Lehrer einer Filmschauspielerin zu sein, die zum Chanson übergewechselt ist? »Null!«, um einen Ausdruck aufzugreifen, den er gerne gebrauchte. Und doch waren alle, die mit Burt Bacharach in Berührung kamen, eifersüchtig auf ihn. Sie waren neidisch auf meine Demut ihm gegenüber, konnten nicht zugeben, daß er geschafft hatte, was ihnen nicht gelungen war. Burt Bacharach hatte zunächst die Musikakademie von Montreal besucht, dann die Juillard School of Music. Er hatte Komposition studiert. Zu seinem Talent als Komponist kam das Talent als Dirigent, was die Gefühle einiger seiner »Kollegen« erklärt, die weniger begabt waren als er.

Die Eifersucht hat mehr als ein Leben zerstört. Meines nicht, dem Himmel sei Dank. Ich bin nie auf irgend jemanden eifersüchtig gewesen. »Eifersucht« ist für mich selbst ein Fremdwort, und doch hat es sowohl mein Berufs- als auch mein Privatleben geprägt.

Jacques Feyder, der große französische Regisseur, legte eine heftige Eifersucht auf meine anderen Regisseure an den Tag und hatte eine diebische Freude daran, mich in Anwesenheit meiner Partner zu quälen, bis er eines Tages (ich sollte nackt, mit hochgesteckten Haaren in einer alten Badewanne gefilmt werden) zusammenbrach und mich inständig um Verzeihung bat.

Der einzige, der der »galoppierenden Eifersucht« nicht

erlag, war Frank Borzage. Ich liebte ihn sehr. Er führte Regie in *Sehnsucht,* der zu Unrecht Ernst Lubitsch zugeschrieben wird; Lubitsch schrieb das Drehbuch, aber er führte nicht Regie.

Dann war da auch noch die Mißgunst der Kameraleute, die behaupteten, die Beleuchtungstechniken, die von Sternberg entwickelt hatte, erfunden zu haben, die falschen Behauptungen der Zahnärzte, die auf die Bibel schworen, mir die Backenzähne gezogen und jenes Gesicht geformt zu haben, das die ganze Welt begeisterte. Gott sei Dank hatte die Eifersucht keine Gewalt über meine Familie und die, die mir nahe standen. Mein Mann, meine Tochter und meine Freunde waren zu klug und vernünftig, um sich davon anstecken zu lassen. Was mich selbst betrifft, so hatte ich wirksame Verteidigungsmechanismen entwickelt, um mich vor allen Pfeilen, die auf mich abgeschossen wurden, zu schützen.

Mein Leben war keineswegs leicht. Ich habe mit siebzehn Jahren angefangen zu arbeiten. Ich habe meine Steuern bezahlt und, ich gestehe es, vielen bedürftigen Menschen geholfen. Das erscheint mir normal – das Banalste von der Welt: wenn man Geld hat, gibt man; wenn man keins hat, kann man nicht so viel geben, wie man gerne möchte. So einfach ist das.

Ich leide immer darunter, den Tausenden von Unbekannten, die mich bitten, ihre Hypotheken, die Erziehung ihrer Kinder, ihre Krankenhausrechnungen usw. zu bezahlen, die finanzielle Hilfe versagen zu müssen. Ich hätte gerne genug Geld, um ihre Not zu lindern. Das ist die Aufgabe der Reichen, doch ich gehöre nicht mehr zu dieser Klasse.

Wirklich bewundert habe ich Onassis. Im Gegensatz zu den meisten Reichen war er keineswegs langweilig. Er sprühte vor Lebenslust und besaß eine Großzügigkeit, von der alle profitierten. Ich lernte ihn kennen, als ich einen Film mit de Sica drehte, und fand in ihm nicht nur einen echten Freund, sondern zugleich einen Mann, der mir eine Menge Dinge beibrachte. Leider habe ich seine Ratschläge nie befolgen können: man braucht Geld, um es zu vermehren. Er besaß einen bei reichen Leuten sehr seltenen Sinn für Humor. Wir verstanden uns ausgezeichnet, aber unsere Freundschaft währte nur kurz, denn ich mußte nach Rom fahren und meinen Film zu Ende drehen. Er hinterließ bei mir den unauslöschlichen Eindruck eines außergewöhnlichen Menschen.

Giganten

Charles Chaplin

Wir freundeten uns an, als er sich mit einer seiner zahlreichen Scheidungen herumschlug und verbrachten viele Abende zusammen – die sich allerdings nie sehr lange hinzogen, weil wir beide früh aufstehen und ins Studio gehen mußten.

Vor allem unsere Sentimentalität brachte uns einander näher. Nicht zu verwechseln mit »Gefühl«. Die Musik, die Chaplin komponierte, war »sentimental« (schmalzig würde man heute sagen), sie war Balsam für meine Seele. Mein deutsches Gemüt und seine englischen Wurzeln paßten großartig zusammen. Aber es kam vor, daß ich nicht mit ihm einverstanden war ... so zum Beispiel, als ich entdeckte, daß er an einem schrecklichen Übel namens »Hitler« litt. Er traf die Vorbereitungen für den *Großen Diktator,* und da war es normal, daß er von seinem Modell fasziniert war. Aber er ging über die Person hinaus, und diese »Besessenheit« erregte oft meinen Zorn und führte zu heftigen Auseinandersetzungen. Abgesehen davon war ich mit seiner kühnen Gesinnung bedingungslos einverstanden und räumte ein, daß es für einen so arroganten Menschen wie ihn schwierig war, mit einer so eigensinnigen Deutschen wie mir auszukommen. Mein Ruhm ließ ihn kalt, obwohl er die Gesellschaft von Prominenten suchte – was ich ihm nicht vorwerfe; um die Aufmerksamkeit von Millionen Menschen auf sich zu ziehen, müssen die Stars aus der Masse der Schauspieler herausragen, und Chaplin war neugierig, er wollte ihre geheimen Gedanken zutage fördern, indem er ständig Theater spielte, Scherze trieb, ein Publikum suchte, auf Beifall aus war.

Mir gefiel seine Arroganz, seine Eitelkeit. Bei Männern seines Kalibers ist Arroganz ein Vorzug. Nicht so bei einer Frau. Arrogante Frauen sind eine Plage.

Chaplin und ich sind uns zum letzten Mal in Paris bei einer Wohltätigkeitsvorstellung in der Comédie française begegnet. Damals war er sowohl Schauspieler als auch Produzent und hatte wenig Zeit.

Ich kann all dem, was über diesen großen Mann geschrieben worden ist, nichts hinzufügen. Das einzige, was mir noch einfällt, ist, daß seine sogenannte »Sentimentalität« in einer Welt korrupter Politiker ein großer Trumpf war. Und er steckte sie alle in die Tasche.

Hitchcock

Ich habe nur einen Film mit ihm gedreht, *Die rote Lola.* Am meisten beeindruckt hat mich an Hitchcock seine ruhige Autorität, seine Fähigkeit Befehle zu geben, ohne daß man ihn für einen Diktator hielt.

Hitchcock gelang es völlig mühelos zu fesseln, zu erklären, zu beherrschen, belehren und bezaubern. Doch im Grunde war er ein schüchterner Mensch.

Hitchcock drehte *Die rote Lola* in London, als die Lebensmittel noch streng rationiert waren. Er löste das Problem, indem er aus Amerika Steaks und Braten einfliegen ließ, sie dem besten Restaurant in London lieferte und uns, Jane Wyman und mich, nach der Arbeit zu einem fürstlichen Diner einlud. »Die Damen müssen doch gut beköstigt werden«, sagte er, während wir die Leckerbissen dankbar vertilgten. Diese Abendessen waren der einzige Kontakt, den wir außerhalb des Studios zu ihm hatten. Er hielt uns auf Distanz. Wie viele Genies wurde er nicht gerne umschwärmt.

Ich liebte seinen sehr englischen Humor; ständig machte er Späße mit uns, ohne je seine Berühmtheit auszuspielen oder unseren Beifall zu suchen. Ein deutscher Slogan sagt: »Oft kopiert und nie erreicht« – so war Hitchcock.

Raimu

Raimu war auch einer meiner »Helden«.

Ich verehrte ihn sehr, kannte alle seine Filme auswendig. *La femme du boulanger* war mein Lieblingsfilm; kurz nachdem er in die Kinos gekommen war, war ich in Frankreich.

Eines Abends, als ich in einem Restaurant zu Abend aß, beugte sich plötzlich eine kräftige männliche Gestalt über mich, und eine Stimme, die ich nur zu gut kannte, sagte: »Ich heiße Raimu.«

Ich erhob mich, sprachlos. Wie soll man reagieren, wenn man plötzlich vor seinem Idol steht? Ich stammelte irgend etwas, und er war sehr liebenswürdig.

Niemand hat ihn ersetzen können. Kein Schauspieler hat ihm je das Wasser reichen können.

Dieser Mensch war nicht nur einfach ein großer Schauspieler, sondern ein Mann, der die Herzen höher schlagen ließ – der vollendete Verführer, der Mann, für den man das Wort »Charisma« erfunden haben könnte, das Ideal, von dem alle Mädchen und Frauen träumen, die Vollkommenheit, mit der sie ihre schweig- und arbeitsamen Tage gerne vertauschen würden.

Er hat uns immer in Erstaunen gesetzt – als Schauspieler und als Mensch. Ich stand völlig in seinem Bann, seit jeher, aber leider habe ich ihn kennengelernt, als er sehr verliebt war in eine andere Frau, es war also nichts zu machen. Fast genauso wie seine schauspielerische Leistung bewundere ich sein schriftstellerisches Talent.

Die Verlage und das Publikum unterschätzen seine Begabung auf diesem Gebiet erheblich. Doch vielleicht wollte er warten, bis seine Stunde kommt und sich eines schönen Tages ganz dem Schreiben widmen. Lesen Sie einmal sein *Weihnachtsmärchen,* und Sie werden sich in ihn verlieben – sofern nicht bereits geschehen. Er hätte sicher eine Liebesgeschichte schreiben können, in der sein Land, seine Vorfahren vorgekommen wären und das Volk, das er so gut kannte, die Waliser – ein Volk, das auch mir teuer ist.

Richard Burton hatte anscheinend das Theater aufgegeben, um sich ganz dem Kino widmen zu können, wo ich niemals hingehe. Aber wenn er wieder zur Bühne gegangen wäre, wäre ich gerne nach London gefahren, um ihm zu applaudieren, wie viele seiner Verehrerinnen. Man sieht so selten Schauspieler seiner Generation, die die Größten übertreffen.

Ich habe Laurence Olivier auf einer britischen Bühne gesehen, aber danach hat er angefangen, Werbespots zu machen.

Ein großer Schauspieler, der Werbung macht, zeigt, daß er Geld braucht. Natürlich weiß ich, daß auch ein Schauspieler seine Kinder ernähren muß, aber ich bin eine altmodische Frau und bedauere eine solche Entscheidung, weil sie zwangsläufig das Bild zerstört. Man kann nicht King Lear sein und eine Minute später irgendein Erzeugnis verkaufen. John Wayne hat einen Werbespot gedreht, in dem er, von Kopf bis Fuß als Cowboy gekleidet, die Vorzüge eines Mittels gegen Migräne rühmt; ich glaube, das ist das Lächerlichste, was ich je im Fernsehen gesehen habe: ein »Mann der Weite«, zu Pferd, mit seinem Hut und allem, was zu einem richtigen Cowboy so dazugehört, preist die Wirkung einer Kopfschmerztablette, zu komisch!

Burton hätte so etwas nie getan. Er stand weit über allen Angehörigen seiner Zunft. Und außerdem hatte er es nicht nötig, auf diese Weise Geld zu verdienen.

Er stellte seine eigenen Regeln auf und hielt sich daran.

Ich liebte ihn, ich verehrte ihn mehr, als ich es je sagen oder schreiben könnte.

Sir Alexander Fleming

Fast der größte meiner »Helden«!

Als ich einen Film in London drehte, boten meine lieben Freunde, Herr und Frau Spoliansky, mir an, mich Fleming vorzustellen. Ich wollte ihn gar nicht unbedingt kennenlernen. Ich wollte ihn nur einmal sehen, und sei es von weitem, aber sie versicherten mir, es sei ein leichtes, mich mit ihm bekannt zu machen: einer ihrer Verwandten, Dr. Hindle, der durch seine Arbeiten über das Gelbfiebervirus berühmt geworden war, konnte ein Abendessen bei ihnen arrangieren, sofern ich selbst mich um das Menü kümmern würde. Ich zitterte vor Angst, telegrafierte Erich Maria Remarque nach

New York, fragte ihn, welche Weine ich am besten zum Essen servieren sollte, und er antwortete mir unverzüglich. Warum diese ganze Aufregung? Weil Alexander Fleming den Ruf hatte, ein ausgezeichneter Weinkenner zu sein, und außerdem der größte Feinschmecker von London.

Das war eine Herausforderung! Ich bekam die Erlaubnis, das Studio früher zu verlassen, und war rechtzeitig bei meinen Freunden, um das Festessen, das ich mir ausgedacht hatte, vorbereiten zu können. Punkt acht Uhr stand Alexander Fleming in Begleitung von Dr. Hindle vor der Tür.

Ich nahm ihm den Mantel ab, eine einfache Geste, die mich fast zu Tränen rührte, denn die kleine Kette am Kragen (die als Aufhänger dienen sollte) war gerissen. Ich wußte, daß er Witwer war. Meine Freunde und ich hatten uns fest vorgenommen, kein Wort über Penicillin mit ihm zu sprechen, denn ich war überzeugt, daß er davon nichts mehr hören wollte.

Wir gingen zu Tisch. Ich beobachtete Fleming, der aß, als ob nichts sei. Ich war still. Aber mein Tischnachbar, Dr. Hindle, langte kräftig zu, lobte die Gerichte, den Wein, die Schmackhaftigkeit eines jeden Ganges; ich glaubte, er täte das nur, um mich zu beruhigen. Ich entkorkte eine Weinflasche nach der anderen – die, die Remarque mir empfohlen hatte –, und schließlich war das Abendessen vorbei. Dr. Hindle war der »Gourmet« des Abends gewesen. Ich fühlte mich unwohl in meiner Haut, weil Fleming nichts gesagt hatte. Ich fragte mich, ob das an seinem Argwohn gegen Verehrer und Verehrerinnen lag, den ich nur zu gut verstanden hätte. Nun gut, wir standen auf und gingen in den Salon.

Wieder Schweigen, wieder Betretenheit auf meiner Seite. Würden meine Freunde ihr Versprechen halten?

Sie hielten es. Wir sprachen über die großen Erfolge von

Mischa Spoliansky *Tell me tonight (Be mine tonight)*, über all die Lieder, die er geschrieben hatte; Fleming summte sogar einige Takte aus *Heute Nacht oder nie* und sang stolz hier und da ein paar Worte.

Plötzlich fuhr Fleming mit der Hand in die Tasche seines Jacketts. Ein Engel ging durch den Raum.

Fleming zog einen kleinen Gegenstand hervor, den er mir über den Tisch hin reichte. »Ich habe Ihnen etwas mitgebracht.« Ich berührte seine Hand und nahm den Gegenstand. Er war rund und hatte einen Glasdeckel. »Das ist das einzige, was ich meinte, Ihnen schenken zu können«, sagte er. »Es ist die erste Penicillin-Kultur.«

Wir waren alle den Tränen nahe (außer Dr. Hindle natürlich), und der Abend endete mit Küssen und dem Schwur, uns nie mehr aus den Augen zu verlieren. Als ich wieder in Amerika war, schickte ich Fleming regelmäßig Eier und andere Lebensmittel, die es damals in England nicht gab. Er heiratete wieder und mußte seine letzten Jahre nicht in Einsamkeit verbringen.

Wieder ein einsamer Mensch, wieder ein Genie. Das haben sie alle gemeinsam – die Einsamkeit.

Es werden Denkmäler zu Ehren von Popsängern errichtet, aber ich habe nie eines zum Ruhm von Sir Alexander Fleming gesehen. Vielleicht gibt es irgendwo eines. Er hätte es verdient.

Orson Welles

Ich bewunderte Orson Welles schon, bevor er mich kannte.

Fletcher Markle, einer seiner Schüler, machte viele Rundfunksendungen mit mir; ihm verdanke ich, daß ich mich so verschiedenen Rollen wie Anna Karenina oder der Kameliendame gewidmet, mich mit dem modernen Repertoire beschäftigt habe, lauter Dingen, die mir der Film nie geboten hat.

Orson Welles war auch damals schon unnahbar und wurde erst ein enger Freund, als ich für Rita Hayworth bei einer Zaubervorstellung einsprang, die in Hollywood für die einberufenen Soldaten organisiert worden war.

Rita drehte damals für die Columbia Pictures, und Harry Cohn, der Tyrann, verbot ihr, sich weiter vor einfachen GIs zur Schau zu stellen. Orson Welles brauchte also dringend eine neue, zugkräftige Schauspielerin.

Natürlich eilte ich ihm zu Hilfe. Diese Arbeit, die mich jeden Abend ab sieben Uhr beanspruchte, machte mir viel Spaß. Orson Welles hatte in Hollywood ein Gelände gemietet und darauf ein großes Zelt errichtet. Die Schauspielerin Agnes Moorehead kümmerte sich um die Einlagen, und wir bestritten die eigentliche Vorstellung. Die Karten für die ersten drei Reihen wurden zu hohen Preisen verkauft, so daß Orson Welles die Mitwirkenden bezahlen konnte. Er hatte tausendundeinen Zaubertrick gelernt, aber das war ihm noch nicht genug. Er führte die Kunststücke, die andere Zauberer seit Jahren zeigten, in umgekehrter Reihenfolge vor, fing am Ende an und hörte am Anfang auf. Es war phantastisch. Abend für Abend schaute ich ihm vor und nach meinem eigenen Auftritt zu, ohne daß es mir je gelungen wäre, seine Tricks zu durchschauen. Und ich bin bis heute nicht dahintergekommen. Als ich Vorstellungen für die Armee organisierte und verschiedene Nummern brauchte, weihte er mich allerdings in einige seiner Geheimnisse ein; vor allem brachte er mir bei, wie man Gedanken liest. Welles war ausgesprochen großzügig. Wie alle großen Talente schützte sein innerer Reichtum ihn vor Kleinlichkeit, und er ließ andere bereitwillig an seinen Ideen, seinen Erfahrungen und seinen Träumen teilhaben. Er machte es einem leicht, ihn zu lieben.

Als ich die Armee verließ, hatte ich keinen Pfennig Geld mehr; Welles bot mir sein Haus an. Ich richtete mich dort ein und arbeitete mit ihm für den Rundfunk, bis auch im Pazifik der Krieg zu Ende war. Die meiste Zeit verbrachten wir im Studio vor einem Mikrofon, an dem er sehr viel besser war als ich.

Wir arbeiteten zusammen, bis man uns eines Tages mitteilte, daß unsere Dienste nicht mehr benötigt würden. Wir küßten uns nicht und fielen uns nicht in die Arme. Das war nicht Orson Welles Art und meine auch nicht. Wir machten weiter, als ob nichts sei, räumten das Studio auf und gingen dann nach Hause.

Später arbeitete ich nur noch einmal, in dem Film *Im Zeichen des Bösen* mit Orson Welles zusammen. Das Budget, das die Universal Welles bewilligt hatte, war erbärmlich. Ein Almosen für einen Bettler. Welles mußte also seine Freunde zusammentrommeln, unter anderen Mercedes McCambridge und mich ...

Heute ist *Im Zeichen des Bösen* international ein Klassiker. Aber 1958 war der Universal dieser Film vollkommen gleichgültig, sie behandelte Welles auf gemeine, empörende Art und Weise.

Die Heuchelei der Universal-Bosse, als Orson Welles viele Jahre später einen Oscar für den Film bekam, war unerträglich. Ich hätte sie in die Luft jagen – oder besser: zur Hölle fahren lassen – mögen.

Doch zurück zu den Dreharbeiten zu *Im Zeichen des Bösen.* Anknüpfend an von Sternbergs Methoden hatte Orson Welles mich gebeten, mein Kostüm selbst herzurichten und zum vorgesehenen Termin fertig am Drehort zu erscheinen. Wir sollten uns um acht Uhr abends in Santa Monica treffen, wo er einen halb zerfallenen Bungalow entdeckt und eingerichtet hatte. Sogar ein Pianola hatte er aufgestellt. »Im Film führst du ein mexikanisches Bordell«, hatte er mir erklärt, »zieh dich also entsprechend an und sei pünktlich«. Am besagten Tag erschien ich in meinem Kostüm zu den Dreharbeiten. Ich hatte die Garderoben aller Kostümbildner, die ich kannte, geplündert und Röcke, Jacken, Ohrringe, Perücken usw. angezogen, so daß Welles eine gewisse Auswahl hatte. Ich war wie üblich ein bißchen zu früh in Santa Monica und ging – auf ein Zeichen der Zustimmung hoffend – auf ihn zu. Er wandte sich ab, drehte sich aber schlagartig wieder um und stieß einen Schrei aus, denn er hatte mich auf den ersten Blick nicht erkannt. Seine Reaktion übertraf meine kühnsten Erwartungen. Er nahm mich in die Arme und jauchzte vor Freude.

Ich habe nur einen Abend lang für ihn gearbeitet. Doch zum Teufel mit meiner Bescheidenheit, ich glaube, ich habe nie so gut gespielt wie an diesem Tag.

In *Im Zeichen des Bösen* spiele ich nur eine kleine Nebenrolle, aber Welles war von meiner Aufmachung entzückt, und das genügte mir. Danach habe ich nie wieder mit ihm gearbeitet. Da wir beide ständig in verschiedenen Ländern unterwegs waren, haben wir uns nicht oft wiedergesehen. Doch dank des Telefons sind wir miteinander in Kontakt geblieben, und jeder hat immer gewußt, wo der andere steckte.

In meinen »Biographien« werden oft »Filme von Marlene Dietrich« aufgelistet, die überhaupt nicht meine sind. In einigen, die von Freunden gedreht wurden, habe ich einen kleinen Gastauftritt oder spiele einfach zum Spaß eine so kurze Szene, daß niemand sagen kann, ob ich es überhaupt wirklich bin. In einer dieser Produktionen, *Follow the Boys,* wiederhole ich mit Orson Welles die Zaubernummer, die wir früher vor den GIs aufgeführt hatten und in der er mich in zwei Teile zersägt. In anderen bin ich manchmal ein bißchen länger zu sehen, so zum Beispiel in *In 80 Tagen um die Welt* von Michael Todd, aber man kann diese Werke keinesfalls zu den »Filmen von Marlene Dietrich« zählen. Ein anderes Beispiel: *Zusammen in Paris.* Als der Film gedreht wurde, war ich gerade in Paris. Der Produzent und der Regisseur fanden es amüsant, mich vor dem Salon von Christian Dior aus dem Auto steigen und dann zu dem berühmten Modeschöpfer hineingehen zu lassen. Natürlich machte ich mit, aber wenn ich diesen Film auf einer Liste *meiner* Filme entdecke, packt mich die Wut. Das ist Schwindel und vor allem sehr demütigend für die Hauptdarsteller in diesen Filmen.

Neben vielem anderen lehrte Orson Welles mich auch etwas über die Liebe.

Er saß auf der Fensterbank im Zimmer meines Pariser Hotels (dem »George V.«, »The Fifth«, wie die Amerikaner es nennen) und ermahnte mich: »Merke dir gut, was ich dir sage, du kannst den Mann, den du liebst, nicht glücklich machen – auch wenn du ihm gehorchst und alles tust, was er will – *wenn du selbst nicht glücklich bist.*«

Unglaublich, nicht? Ich hatte das nie begriffen. Ich hatte immer geglaubt, daß man nur lieb und freundlich sein und brav die Socken des Auserwählten stopfen müßte, um glücklich zu sein. Naiv? Ich war und bin es in vieler Hinsicht immer noch. Wenn man seine Kindheit, seine Jugend und sein Leben als Frau so wohlbehütet verbringt, lernt man nie all das, was die anderen Frauen lernen, die ohne Schutzmauer auskommen müssen. Aber meine Naivität ist ein Segen. Vielleicht macht sie mich langweilig, aber die, die Angst hatten sich zu langweilen, sind nie lange bei mir geblieben.

Orson drehte mit Chabrol *Der zehnte Tag* in Elsaß-Lothringen. Ich flog hin und verbrachte einige Tage mit ihm, um »aufzutanken«. Seine Gesellschaft und der Blick, den er auf einem ruhen läßt, genügen, um »die Batterie wieder zu laden«.

Während dieses Besuches in Ottrott-le-Haut saßen wir oft stundenlang beieinander, wenn er einen freien Tag oder auch nur einen freien Vormittag hatte – und dann sprudelten die herrlichsten Sätze nur so aus seinem Mund.

Wenn wir uns sahen, sprachen wir nie über unser Privatleben oder unsere Probleme. Ich drängte mich ihm nie auf. Ich bemühte mich, eine angenehme Freundin zu sein. Jedenfalls bin ich ihm immer eine treue Freundin gewesen, und das hätte er sicher bestätigt, wenn man ihn eines Tages danach gefragt hätte.

Große, vor allem europäische Schriftsteller und Kritiker haben das ungeheure Talent von Orson Welles beschrieben. Ich werde dem also nichts hinzufügen. In Frankreich gilt Welles als Heiland, der auf die Erde gekommen ist, um Filme zu machen, aber Frankreich ist ein sehr kultiviertes Land. Ich hätte es gut gefunden, wenn Orson Welles unterrichtet hätte. Ich weiß nicht, ob ihn das interessierte. Aber ich weiß, daß er auch auf diesem Gebiet eine glänzende Begabung hatte.

Die Europäer blicken auf den sogenannten amerikanischen Akzent herab. Sie urteilen nach den Filmen, die sie sehen. Dabei kann das Amerikanische eine herrliche Sprache sein – ebenso schön wie Englisch. Allerdings muß sie korrekt gesprochen werden, wie zum Beispiel Orson Welles es tat. Er sprach etwas, was die Deutschen vielleicht als »*Hoch*-Amerikanisch« bezeichnen würden. Das erklärte Orson mir eines Tages, als ich in meiner unverbesserlichen Naivität verkündet hatte, ich fände das Amerikanische scheußlich, alle Amerikaner schienen eine heiße Kartoffel im Mund zu haben, und Schlimmeres. Ich hatte mein Bestes getan, diesen Akzent nachzuahmen, es ist mir jedoch Gott sei Dank nie gelungen.

Bei den meisten Amerikanern verrät der Akzent, wo sie herkommen. Manche sind übrigens sehr stolz darauf. Ich mag zum Beispiel den schleppenden Akzent aus Texas. Aber es werden oft Witze über ihn gemacht. Wenn man eine wichtige Position hat, ist es unendlich viel besser, ein reines Amerikanisch zu sprechen, auch wenn das einige Mühe kostet. Es gibt nichts, was man nicht lernen sollte.

Alle Filmkenner wissen, daß Orson Welles die Fotografie aus der Froschperspektive revolutionierte. Eisenstein hatte diese Technik bei Außenaufnahmen verwendet. Orson Welles benutzte sie auch bei Innenaufnahmen, und von einem Tag auf den anderen mußte der Set abgedeckt werden, weil die Kamera nach oben gerichtet war. Zu meiner Hollywood-Zeit hatten die Sets keine Decke. Überall stützten Bretter die schweren Scheinwerfer ab, und die Beleuchter erstickten schier in der heißen Luft unter dem Studiodach. Sobald wir eine Pause machten, sorgte ich mich um diese Unglücklichen. Ihre Arbeit da oben war gefährlich. Ein Sturz war nicht ausgeschlossen.

Orson Welles brachte Decken über dem Set an, und wir brauchten uns keine Gedanken mehr um die Beleuchter zu machen. Er stellte die Scheinwerfer also um und fotografierte den Raum von unten, schwenkte die Kamera wie niemand vor ihm es je gewagt hatte. Man braucht sich nur *Magnificent Andersons* anzusehen, um sich von seiner Genialität zu überzeugen.

Orson Welles war ein Meister der Filmkunst, die er von Grund auf erneuerte. Im Gegensatz zu von Sternberg verärgerte er seine Mitarbeiter nicht. Er war immer freundlich und verständnisvoll. Er zog nicht den Haß auf sich, den von Sternberg so leicht erweckte.

Orson Welles benutzte als erster die Handkamera – mit einer »Schwenkvorrichtung« als einzigem Hilfsmittel – anstatt der großen sperrigen und unbeweglichen Kameras, die es früher gab. Die Kameras, mit denen man von Hand filmen kann, die also viel leichter zu bedienen sind, sind heute gang und gäbe. Das war nicht der Fall in den Studios, in denen ich gearbeitet habe. Das Wunderbare bei Orson Welles waren seine erstaunlichen Aufnahmewinkel, Teams von jungen Kameraleuten krochen mit ihren Apparaten über den Boden und jagten etwas Neuem hinterher, etwas, das man in einem großen Film noch nie gesehen hatte.

Wenn ein Tag in Santa Monica zu Ende ging, war Orson Welles zufrieden. Ein Künstler, der dieser Bezeichnung würdig ist, kann nie mehr als zufrieden sein. Ein echter Künstler ist niemals »völlig befriedigt«. Anders als die unbedeutenderen zweifelt er immer am Endergebnis. Als ich eines Tages mit Svjatoslav Richter, dem großen Pianisten, hinter den Kulissen stand, nahm dieser mich bei der Hand und sagte: »Es war nicht perfekt, es war nicht einmal gut«, während tosender Beifall den Konzertsaal erfüllte und er meine Hand losließ, wieder hinausging und sich vor dem Publikum verbeugte. Ich habe Richter dann noch einmal in Edinburgh und in Paris gesehen. Und jedesmal plauderten wir in aller Ruhe. Immer wieder äußerte er Kritik und Unzufriedenheit, und ich wußte nicht, wie ich ihm widersprechen könnte. Er hatte mich spielen sehen, er war hingerissen von meinen Rollen, aber er hörte nicht zu, wenn ich bestimmte Vorbehalte gegenüber meiner Arbeit anmeldete.

Eines Abends saß das Publikum um ihn herum auf der Bühne. Während eines Stückes brach eine Frau direkt hinter ihm tot zusammen. Man brachte sie aus dem Saal. Ich war sehr beeindruckt von diesem Vorfall und dachte: »Was für ein beneidenswertes Schicksal, zu sterben, während Richter spielt! Wie stark muß diese Frau die Musik empfunden haben, als sie ihr Leben aushauchte!« Aber Richter war nicht dieser Meinung: er war erschüttert.

Orson Welles hatte immer tausenderlei an allen seinen Filmen auszusetzen! Er erklärte einem bis ins kleinste

Detail, wie dies und jenes hätte sein sollen, und wie üblich hatte er auf der ganzen Linie recht. Schonungslos und mit scharfem Blick stellte er sich selbst immer wieder in Frage, kämpfte wie ein Löwe um seine Ideen und natürlich um sein Recht, den Film so zu schneiden, wie er wollte.

Ich muß noch einmal auf diese Phase der Arbeit an einem Film zurückkommen: den Schnitt. Alle Regisseure, die ihr Handwerk verstehen, legen vertraglich fest, daß sie ihre Filme selbst schneiden dürfen. Die, die vom Schneiden nichts verstehen, überlassen diese schwierige Arbeit dagegen einem anderen. Der Cutter schneidet dann den Film nach dem Drehbuch: dieses hat er neben sich liegen und folgt ihm Wort für Wort, hier eine Großaufnahme, dort eine Totale – eine völlig mechanische Arbeit.

Der Cutter hat weder das Wissen noch das Talent oder das nötige Gespür, um den Film wie ein Meister oder ein Schöpfer zu schneiden. Das Ergebnis entspricht mehr oder weniger dem meist sehr trockenen, ursprünglichen Aufnahmeplan. Das ist absehbar, denn die Drehbuchautoren sind nicht mehr da, wenn die Szenen gedreht werden, die im übrigen fast immer im Laufe der Dreharbeiten abgeändert werden.

Orson Welles lehnte den Zufall, der mit einer solchen Methode verbunden war, ab. Er hielt das Steuer fest in der Hand wie der Kapitän eines Schiffes, das sich durch die aufgewühlte See arbeitet, und überwachte seine Arbeit von Anfang bis Ende, nahm für alles die Verantwortung auf seine Kappe: Manuskript, Aufnahmen, schauspielerische Leistung.

Obwohl er noch jung war, arbeitete er damals ohne Drehbuch, wie es viele große Regisseure früher getan haben.

Er wird immer das »Wunderkind« des Films bleiben.

Seine Abwesenheit, die Abwesenheit seiner Freundschaft, der Kraft, die er mir gab, empfinde ich überaus schmerzlich. Ich versuche vergeblich, ihn zu erreichen, in meinen hilflosen Träumen.

Billy Wilder

Wenn ich nur zwei Filme im Jahr machte, fuhr ich mit der Bahn und dem Schiff nach Paris, wann immer ich Zeit hatte und mein Mann nicht mit Dreharbeiten in anderen Ländern beschäftigt war. In Paris logierten wir in Hotels, die unseren Bedürfnissen sehr entgegenkamen. Eines von ihnen war das »Trianon Palace«. Dort traf ich meinen alten Freund Billy Wilder wieder. Er war auch damals schon so witzig, klug und intelligent wie heute. Ich liebte und verehrte ihn! Später arbeitete ich für ihn in Hollywood – was in die Filmgeschichte eingegangen ist.

Über mich sagte er folgendes: »Bei der Arbeit war (Marlene) Dietrich wie ein Soldat. Hervorragend diszipliniert und hilfsbereit allen gegenüber. Wenn ein Beleuchter in seiner luftigen Höhe nieste, eilte sie barfüßig in ihre Garderobe, um alle möglichen Medikamente zu holen, die sie stets bei sich hatte, und erkundigte sich am nächsten Tag, ob es dem Beleuchter schon besser gehe. Wenn sie in Hollywood war, wohnte sie immer bei mir. Während des Krieges stand sie an der vordersten Front, bei den einfachen GIs. In Paris habe ich sie einmal gefragt: ›Ehrlich, Marlene, hast du mit Eisenhower geschlafen?‹ Sie antwortete: ›Wie hätte ich? Er war nie an der vordersten Front!‹«

Aber nun einmal ernsthaft: Flexibilität ist eine unschätzbare Gabe, die alle wahrhaft großen Menschen besitzen. Sie sprühen vor Phantasie und überwinden alle Hindernisse, die ihnen im Weg stehen. Sie ersetzen einfach und geschickt eine Sache durch eine andere, denn ihr Ideenreichtum ist unerschöpflich. Nichts, und schon gar kein technisches Problem kann sie aus der Fassung bringen. Da sie die Geheimnisse ihres Berufes im Schlaf beherrschen, bleibt auch skeptischen Gemütern nichts anderes übrig, als sich ihrer Autorität zu beugen. Zu einer Zeit, als die Selbstzensur weit verbreitet war, habe ich mit eigenen Augen gesehen, was Begabung bewirken kann.

Wir probten eine Szene, Kamerabewegungen, Beleuchtung, und als alles fertig war, kam ein Beauftragter der Produktion und teilte dem Regisseur mit, so könne die Szene nicht gefilmt werden. Es ging nicht an (und ich erzähle nicht aus prähistorischen Zeiten!), daß ein Mann und eine Frau zusammen auf einem Bett zu sehen waren, auch nicht, wenn der Bettüberwurf vollkommen glatt war.

Ich erinnere mich an eine solche Szene in dem Film *Eine auswärtige Angelegenheit,* den ich 1947 mit Billy Wilder drehte. Die Geschichte spielt im zerbombten Deutschland, im Zimmer eines armen Mädchens, das sich kein Sofa, geschweige denn ein Wohnzimmer leisten kann. Aber es war ausdrücklich verboten, daß zwei Personen verschiedenen Geschlechts auf ein und demselben Bett saßen, selbst wenn dieses zugedeckt war.

Billy Wilder lächelte über diese Bemerkungen, nickte mehrmals zustimmend mit dem Kopf und versprach dann, alles Nötige zu ändern. Ich erinnere mich, daß diese Antwort mich wütend machte. Ich verlieh meiner Empörung lautstark Ausdruck, worauf Billy Wilder nur antwortete: »Mittagspause! Und seid alle in einer Stunde wieder hier.«

Billy Wilder war keineswegs verärgert. Er überlegte, ließ seine ganze Phantasie spielen und löste das Problem, während wir zu Mittag aßen. Die Dekoration wurde neu angeordnet, und er war drehbereit, lachte und scherzte wie immer. Hinterher sagte er mir, daß der Sittenapostel des Studios ihm sogar einen Dienst erwiesen habe, als er ihn zwang, die Szene neu zu gestalten.

»Ich habe mehr als nur einen Trick in der Tasche«, sagte er oft. Als Schriftsteller und Regisseur gingen ihm die Ideen niemals aus, und er liebte Herausforderungen, die ihm Anlaß boten, sich selbst zu übertreffen. Billy Wilder war ein Baumeister, der sein Handwerkszeug kennt und bestens einsetzt, um das Gerüst zu erstellen, an dem er die Girlanden seines Humors und seiner Weisheit aufhängt.

Während der Dreharbeiten zu *Zeugin der Anklage* verbrachte ich herrliche Augenblicke mit ihm und Charles Laughton.

Der Filmproduzent hatte mich in New York angerufen und mir die Rolle angeboten. Am selben Abend besuchte ich eine Theatervorstellung des besagten Stückes am Broadway. Ich war begeistert von der Aussicht, diese Rolle zu spielen. Natürlich beunruhigte mich die Aufmachung der »anderen Frau«, und ich gab mir alle erdenkliche Mühe, mich in eine Person zu verwandeln, die sich so weit wie möglich von dem unterschied, was ich in Wirklichkeit war. Da der Film mit dieser Verwandlung stand oder fiel, unternahm ich große Anstrengungen, um eine häßliche, ordinäre Frau zu werden, der es gelang, einen der größten Anwälte an der Nase herumzuführen.

Trotz der vielen Versuche war ich nicht zufrieden. Ich schminkte meine Nase, machte sie mit Knete breiter und rief Orson Welles – den großen Nasenspezialisten – zu Hilfe. In der Totalen, in der man mich an Schienen entlanggehen sieht, habe ich Polster um die Hüften und um die Beine. Ich wickelte Streifen von Papiertaschentüchern um meine Finger, damit sie aussahen, als seien sie von Arthritis verformt, und um das Bild zu vervollständigen, strich ich dunklen Lack auf meine Nägel. Billy Wilder gab keinen Kommentar ab: wie alle großen Regisseure ließ er seinen Darstellern in bezug auf die Kostüme völlig freie Hand.

Doch ein großes Hindernis war immer noch zu überwinden: wie kam ich zu dem Cockney, das diese meiner Phantasie entsprungene Frau sprach? Das Studio entschied: wir würden synchronisiert, aber ich sollte trotzdem die wenigen im Drehbuch vorgesehenen Sätze sagen.

»Wir werden ihnen einen kleinen Streich spielen«, sagte Charles Laughton zu mir. »Ich bringe Ihnen den Dialekt bei, und Sie werden Ihren Text in allerreinstem Cockney sprechen. Ich bürge für die Echtheit. Und im übrigen versteht in Hollywood niemand etwas davon.«

Ich ging zu ihm nach Hause: seine Frau, Elsa Lanchester, war sehr nett zu mir. Wir setzten uns an den Swimmingpool, und Charles Laughton begann seinen Unterricht. Da das Cockney dem Berlinerischen mit seinen Nasallauten und seinen ständigen grammatikalischen Ungenauigkeiten recht ähnlich ist, machte ich rasche Fortschritte.

Aber in diesem Dialekt zu spielen war wiederum etwas ganz anderes. Charles Laughton blieb im Atelier, obwohl seine Arbeit getan war und er hätte nach Hause gehen können. Wie ein Adler über seine Beute wachte er über mein Spiel und meine Diktion. Er übernahm die ganze Verantwortung für diese Sequenz. Billy Wilder, der kein Fachmann auf diesem Gebiet war, verließ sich bereitwillig auf Laughton. »Dafür bekommst du nie einen Oscar«, warnte er mich allerdings. »Die Leute mögen es nicht, wenn man sie zum Narren hält.«

Dieser Hinweis ließ mich völlig kalt. Einen Oscar einzuheimsen, bedeutet mir überhaupt nichts. Ich habe festgestellt, daß sie an jeden x-beliebigen ausgegeben werden. Das ist eine der größten Gaunereien des Jahrhunderts. Die letzte Entscheidung wird von allen Mitgliedern dieser sogenannten Akademie getroffen. Wenn ein Film also zweitausend Leute beschäftigt hat, werden sie einhellig für den Film stimmen, an dem sie mitgewirkt haben. Das sind folglich zweitausend Stimmen gegen beispielsweise tausend Stimmen für einen bescheideneren Film mit weniger Mitarbeitern.

Als Charles Laughton an das sehr merkwürdige Abstimmungssystem der Oscar-Akademie dachte, brach er unwillkürlich in sein wunderbares Lachen aus. Er war ein hervorragender Schauspieler, integer, angenehm, ohne jene Launen und Anwandlungen von schlechter Stimmung, mit denen viele gute Darsteller ihren Produzenten zu schaffen machen. Er war großzügig, sogar sehr großzügig und sehr intelligent. »Ich spiele liebend gern Blinde«, sagte er; »man braucht nur die Augen zu schließen, sich am Treppengeländer festzuhalten und hinunterzugehen. Das Einfachste von der Welt. Es gibt mit Sicherheit immer eine Treppe für derartige Rollen, und die Sache wirkt jedesmal.«

Billy Wilder hatte recht: ich wurde nicht einmal für einen Oscar nominiert – und das war kein Zufall. Denn bereits eine Nominierung verleiht einem ein gewisses Ansehen.

Was muß man tun, um einen Oscar zu bekommen? Markante biblische Gestalten spielen, Priester und Opfer trauriger oder tragischer Gebrechen: Blindheit, Taubheit, Stummheit oder verschiedene Varianten davon, Trunksucht, Wahnsinn, Schizophrenie, Geistesstörungen, die schon in erfolgreichen Filmen zu sehen waren. Je tragischer die Behinderung, desto größer die Chance, einen Oscar zu ergattern.

Die Jurys der Akademie sind der Meinung, einen Behinderten zu verkörpern sei eine Glanzleistung. Das stimmt nicht. Da diese Figuren dramatischer sind, haben sie eine größere Wirkung auf das Publikum. Doch angesichts der Tatsache, daß nur Fachleute diese Oscars verleihen dürfen, ist es unbegreiflich, daß sie den Schauspieler mit seiner Rolle verwechseln können. Das Publikum bringt ständig beides durcheinander, was verständlich ist. Aber auch einige Kritiker können Rolle und schauspielerische Leistung nicht auseinanderhalten, und das ist unverzeihlich. Wenn die Oscars auf seriöse Weise vergeben würden – wie es beispielsweise beim Preis der New Yorker Theaterkritiker der Fall ist –, dann würde vielleicht ab und zu ein Schauspieler, der in einem nicht sehr erfolgreichen Film eine mittelmäßige Rolle glänzend gespielt hat, mit einem Oscar belohnt. Ein weiterer Grund für die Maskerade: die Leute, die die Oscars verleihen, stehen unter dem Einfluß von Freundschaften, von Neid.

Vor einiger Zeit wurde den Oscars ein neuer Preis hinzugefügt: der »Deathbed Award« oder »Totenbett-Oscar«. Er ist keineswegs eine Auszeichnung. Entweder hat der glückliche Gewinner zum ersten Mal gespielt, oder er ist bislang noch nicht von der Akademie ausgewählt worden, auf jeden Fall ist es ihm nie gelungen, den eigentlichen Oscar zu gewinnen.

Ziel des »Deathbed Award« ist es, das Gewissen der Oscar-Jury zu beruhigen und das Gesicht gegenüber dem Publikum zu wahren. Die Akademie ist so geschmacklos, bei der Vergabe dieses Preises einen von seinen Gefühlen ganz überwältigten Star auszuwählen, damit jeder begreift, warum diese Auszeichnung so überstürzt verliehen wird. Glücklich der Schauspieler, der zu krank ist, um diese Zeremonie im Fernsehen zu verfolgen.

Ich habe mit eigenen Augen James Stewart bei einer solchen Gelegenheit in ein Mikrofon schluchzen sehen: »Halt durch, Coop, ich komme.« Da wußte ich, daß Gary Cooper im Sterben lag. Was für ein Zirkus! Beim Film rührt sich das Gewissen immer zu spät. Was nicht ausschließt, daß – sofern man die Kraft dazu hat, man sollte sich nicht überschätzen – Fehler von früher mit einer gewissen Aufrichtigkeit wieder gut gemacht werden können. Ich habe auch Schauspielerinnen (die an jenem Tag besser völlig

Marlene Dietrich mit ihren Eltern, 1906 (oben)

Die Verwandten: Onkel Hermann, Tante Ida und Max Dietrich

Marlene Dietrich und Josef von Sternberg, 1930 (oben)

Im Garten ihres Hauses in Beverly Hills, Anfang der dreißiger Jahre

Marlene Dietrich als
›Shanghai Lily‹ im Film
»Shanghai Express«, 1932

Marlene Dietrich als
Katharina II. in dem Film
»Die große Zarin«, 1934

Marlene Dietrich als spanische Tänzerin in dem Film »Der Teufel ist ein Weib«, 1935

Marlene Dietrich im Selznick-Film »Der Garten Allahs«, 1936 (links)

Marlene Dietrich unter der Regie von William Dieterle in dem Film »Kismet«, 1944

Marlene Dietrich und Orson Welles als Zauberkünstler in dem Film »Follow the Boys«, 1944

Starportrait von Cecil Beaton

Starportrait von
Edgar Steichen

Gastspiele in aller Welt:
In Las Vegas, 1959 (rechts)
Im ›Olympia‹ in Paris, 1959
(nächste Seite links oben)
In Deutschland, 1960
(nächste Seite links unten)

Marlene Dietrich mit dem russischen Dichter Konstantin Paustowskij in Moskau, 1964

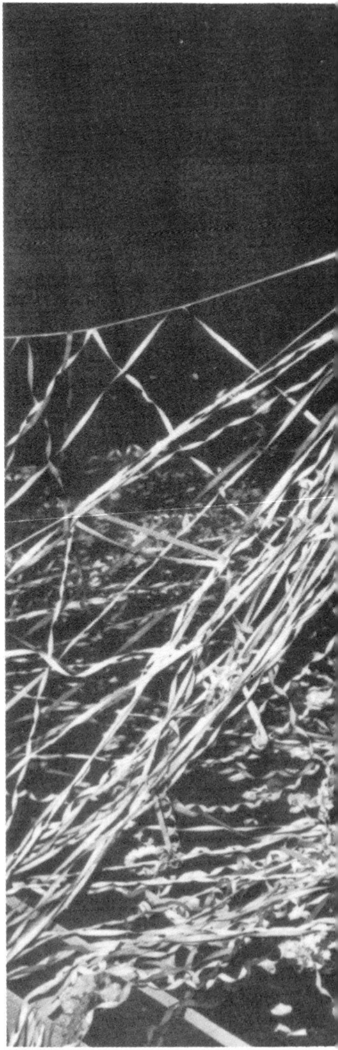

Jubel in Moskau vor dem Puschkin-Theater, 1964 (oben)

Jubel in Sidney vor dem Theater

Schlußapplaus in Sidney

Marlene Dietrich mit Erich Maria Remarque, Ende der dreißiger Jahre (oben)

Marlene Dietrich und Jean Gabin Anfang der vierziger Jahre in Paris und Hollywood

Marlene Dietrich mit Charlie Chaplin in der Comédie Française, Paris

Marlene Dietrich und Noël Coward im Londoner »Café de Paris«, 1954 (oben links)

Ankunft in Paris: Begrüßung durch Gilbert Bécaud, 1959 (oben rechts)

Mit Edith Piaf in Melun, 1959 (unten links)

Marlene Dietrich und Jean Cocteau im »Theatre de l'Etoile«, Paris, 1959 (oben)

Marlene Dietrich und Orson Welles im »Theatre de l'Etoile«, Paris, 1959

Marlene Dietrich mit Burt Bacharach, dem Komponisten und Dirigenten ihrer Gastspiele

Gastspiel im Londoner
»Prince of Wales-Theater«,
1963

Gastspiel im Londoner
»Prince of Wales Theater«,
1963

Gastspiel in Malmö, 1963

Gastspiel in Warschau, 1964 (oben)

Gastspiel in Moskau, 1964

heiser gewesen wären) auf die Bühne hinaufeilen sehen und allen, von der Klofrau bis zum Regisseur, für die Hilfe danken, »ohne die ich es niemals geschafft hätte« etc. Ich würde gerne einmal einen Schauspieler sagen hören: »Ich habe es ganz allein geschafft, ich fühle mich niemandem zu Dank verpflichtet, ich habe meinen Oscar tausendmal verdient.« Und ihn dann, ohne irgend jemanden zu umarmen, mit unbeweglichem Gesicht von der Bühne gehen und die Trophäe stehen lassen sehen. Das wäre wirklich herzerfrischend.

Ich gestehe, daß meine Geduld mit Schmierenkomödianten, Heuchlern und Scharlatanen viel zu schnell reißt. Aber ich habe auch nicht die geringste Lust, geduldig mit ihnen zu sein.

Als ich nach Hollywood kam, trat gerade ein neues Steuerrecht in Kraft, das die hohen Gehälter betraf. Die Hollywoodstars hatten nur solch riesige Vermögen anhäufen können, weil sie früher fast keine Steuern zahlen mußten. Sie kauften Villen, hatten zwölf Autos, lebten in unglaublichem Luxus. Aber wir, die letzten, die nach Hollywood gekommen waren, mußten Steuern abführen. Und damit noch nicht genug, Steuerbeamte waren hinter uns her und setzten uns zu, sprachen von Summen, die wir niemals erhalten hatten.

Mir machten diese Schikanen keine Sorgen, ich stand dem Leben noch ganz unschuldig gegenüber. Ich ging immer noch den Weg, den Josef von Sternberg mir vorgezeichnet hatte und den das Studio als den richtigen für mich erachtete. Ich machte mich in meinem Haushalt zu schaffen, kümmerte mich um meine Tochter und wartete darauf, daß ich zur Anprobe bestellt wurde. Nie läutete das Telefon aus einem anderen Grund.

Gleich von meinen ersten Tagen in Hollywood an hatte

von Sternberg den Journalisten klar gemacht, daß sie mich nicht belästigen sollten. Ich habe nie gerne über mich gesprochen und bin dieser Haltung auch treu geblieben. Dabei waren die Journalisten damals viel freundlicher als heute. Sie hatten Achtung, Respekt vor einem ... Und doch, was für Quälgeister!

Ich war jung und unerfahren, aber ich wußte, daß die Journalisten keinerlei Macht über den Erfolg oder Mißerfolg eines Films hatten. War dieser gut, konnten die abfälligsten Artikel ihm nichts schaden. Und wenn das Gegenteil der Fall war, lockten auch die schönsten Sätze das Publikum nicht an. Metro Goldwyn Mayer hatte die geniale Idee, der Garbo jedes noch so kurze Interview zu verbieten. Ich beneidete sie darum. Denn von Anfang an war ich einer Menge dummer Fragen ausgesetzt, auf die noch nie jemand eine Antwort gewußt hat, wie zum Beispiel: »Gefällt es Ihnen in Amerika?« als ich gerade aus dem Zug stieg, der mich nach Kalifornien gebracht hatte. »Ich kenne Amerika nicht«, antwortete ich, »ich bin eben erst angekommen.« Und die Schlagzeile der Zeitung lautete: »Miss Dietrich kennt Amerika nicht.«

Von Sternberg tröstete mich ständig, da mir fortwährend Unrecht widerfuhr – und übrigens immer noch widerfährt. Heute noch kann ein Unrecht mir die Tränen in die Augen treiben. Abgesehen davon war die Atmosphäre im Studio ruhig. Es wurde mein zweites Zuhause. So war es mit allen Garderoben, durch die ich seither gekommen bin. Die, die ich damals in Hollywood hatte, bestand aus zwei kleinen Zimmern und war mit einem Eisschrank und einer Heizplatte versehen. Der hübsche und bequeme Salon war weiß gestrichen. Im Nebenzimmer, das von Glühbirnen erleuchtet war, stand eine charmante Friseuse zu meiner Verfügung. Dieser Luxus verblüffte mich. Die anderen Garderoben, die ich kannte, waren sehr dunkel und deprimierend schmutzig. Meine Garderobe in Hollywood hätte ein herrliches Landhaus abgegeben. Die Verwaltung brachte mir die Mahlzeiten, wenn ich Zeit zum Essen hatte.

Wir arbeiteten immer bis spät in die Nacht. Es gab keine Gewerkschaft, die uns das verboten hätte. Die Studios bezahlten dem Drehteam die Überstunden, und nichts hinderte uns daran, weiter zu arbeiten. Die Beleuchter und die Bühnenarbeiter taten das gerne; oft waren wir nach dem Abendessen, wenn alles ruhig war, am besten. Die Großaufnahmen von meinem Gesicht wurden ganz zum Schluß gedreht, meine Haut wurde nicht welk, saugte die Schminke nicht auf, widerstand den langen Stunden im Scheinwerferlicht. Ich schien ebenso frisch, nein, frischer noch als morgens zu sein. Seltsamerweise reagierten die Männer empfindlicher. Gegen elf Uhr abends klagten sie über Müdigkeit und schienen erschöpft. Schauspieler sind zarte Geschöpfe. Wer nicht hinter die Filmkulissen blickt, mag sie für harte Kerle halten, aber sie sind anfälliger als die Schauspielerinnen. Der Beruf des Schauspielers ist übrigens eines Mannes nicht würdig. Dieses Leben des falschen Scheins und der Täuschung ist nur etwas für große Talente, für diejenigen, die dazu bestimmt sind, diesem Beruf, der früher mit dem Treiben der Zirkusleute verglichen wurde, höheres Ansehen zu verleihen. Für einen Mann ist das eine entwürdigende Beschäftigung.

Jean Gabin hatte das verstanden. Er sagte immer, daß man in diesem Beruf am leichtesten Geld verdienen könne und daß er ihn aus diesem Grund ausübe. Er hat nie an sein »Talent« geglaubt.

Ich lernte Jean Gabin kennen, als er nach Hollywood kam. Er war aus dem besetzten Frankreich geflohen. Wie immer in einem solchen Fall wurde ich gebeten, ihm zu helfen, sich an sein neues Leben zu gewöhnen. Meine Aufgabe bestand darin, französisch zu sprechen, zu übersetzen, französischen Kaffee und französisches Brot aufzutreiben etc. All das habe ich auch für René Clair getan. Aber Gabin sollte auf englisch spielen. Und er wollte die Herausforderung annehmen. Also brachte ich ihm englisch bei.

Er versteckte sich im Gebüsch des Gartens, der sein Haus in Brentwood umgab, um seiner Lehrerin, also mir, zu entwischen.

Er drehte einen blödsinnigen Film, dessen Titel ich vergessen habe, aber er sprach korrekt Englisch – dafür habe ich persönlich gesorgt! Ich kochte Gerichte aus seiner Heimat für die vielen französischen Freunde, die er mitbrachte. Einer von ihnen war Renoir. Renoir liebte gefüllten Kohl, hatte einen Riesenappetit und ging fast sofort nach dem Essen. Ich war damals in Hollywood bekannt dafür, daß ich an solchem Benehmen keinen Anstoß nahm: man konnte zu mir essen kommen, und wieder gehen, wann es einem paßte. Keine Umstände, kein Scharwenzeln; Renoir schätzte das sehr. Er war ein häufiger Gast, und jedes Mal machte ich für ihn gefüllten Kohl.

Es machte mir ungeheuren Spaß, für all diese entwurzelten Franzosen zu kochen. Ich hatte mich »an den Herd gestellt«, als wir, meine Tochter, ihre Gouvernante, meine Garderobiere und ich, uns in einem unbekannten Land wiederfanden. Während der ersten Monate unseres Aufenthaltes in den Vereinigten Staaten nahmen wir unsere Mahlzeiten in Drugstores ein. Bei dem Gedanken, umgeben von so unpassenden Artikeln wie Tampax, Deodorants und anderem zu essen, mußte ich einen unwillkürlichen Widerwillen überwinden. Ich bestellte immer Hamburger, denn die ließen nicht lange auf sich warten, aber, mein Gott, was waren sie schlecht und fade! Ich hatte den Eindruck, daß die anderen Kunden um uns herum dasselbe Zeug verschlangen und dazu unzählige Tassen Kaffee in sich hineinschütteten. Meine Tochter dagegen war fasziniert von dem regen Treiben im Drugstore, sie vergaß sogar den scheußlichen »Geschmack« der Hamburger, die auf einem gummiartigen Brötchen serviert wurden – damals wußte ich noch nichts von dem köstlichen italienischen Brot, das es in einigen Spezialgeschäften in Hollywood zu kaufen gab.

Da die deutsche Küche nicht berühmt ist, bat ich meine Schwiegermutter, mir ein Buch mit österreichischen Rezepten zu schicken und versuchte mein Glück. Ich war sofort begeistert von dieser neuen Beschäftigung. Sie war eine Art Therapie für mich, füllte die vielen Mußestunden in meinem kalifornischen Paradies aus. Denn manchmal drehte ich nur einen Film im Jahr, und damals waren die Drehzeiten kürzer als heute. Ich lernte alles aus diesem Kochbuch, auch das Backen, und bald verbreitete sich – nun auch unterstützt von französischen Kochbüchern – in Hollywood mein Ruf als ausgezeichnete Köchin. Ich glaube, auf diesen Ruhmestitel war ich stolzer als auf das »legendäre Bild«, das so eifrig vom Studio errichtet wurde.

Kochen ist eine Kunst. Man muß eine Begabung dafür haben. Wie bei allem, macht Übung natürlich den Meister – aber zuerst kommt das Talent! Man braucht nicht Löffel für Löffel oder Tasse für Tasse »abzumessen« – das Auge ist ein guter Meßbecher. Lassen Sie sich von Ihrem Auge, Ihrem Mund, Ihrer Hand leiten. Einfallsreichtum ist ein stets verfügbarer Gehilfe. Wenn man keinen Gefallen am Kochen findet, läßt man es lieber bleiben!

Abgesehen von der schwedischen liebe ich die russische Küche am meisten. Beide sind der französischen Küche, die in aller Welt so hoch gelobt wird, weit überlegen. Aber wie oft wird schließlich schon die Wahrheit gedruckt? Andere Länder haben ihre berühmten Spezialitäten, aber das heißt nicht, daß alle ihre Rezepte gut wären.

Die deutsche Küche ist natürlich die schlechteste von allen. Man darf sie nicht mit der österreichischen verwechseln, die weitaus mehr als Wiener Schnitzel zu bieten hat. Die meisten anderen Gerichte sind sehr gut.

Ich weiß nicht, ob zur Zeit russische Kochbücher auf dem Markt sind. Aber ich rate Ihnen: wenn Sie eines sehen, kaufen Sie es. Und verwenden Sie Dill, viel Dill! Dill ist von allen Kräutern am wichtigsten. Ohne ihn ist Fisch einfach langweilig – aber auch andere Gerichte brauchen Dill.

In den zwanziger Jahren war Berlin von Russen überlaufen. Es war die Zeit, in der ich kochen lernte. Ich habe mein Wissen über die langen Jahre in Amerika bewahrt und später in Paris, wo ich russische Freunde habe, wieder aufgefrischt. Das einzige, was ich nie zustande gebracht habe, sind Piroschki, aber sonst gelingen mir die meisten russischen Gerichte nicht schlecht.

Ich kann nur auf offener Gasflamme gut kochen. Der Backofen gehört nicht gerade zu meinen besten Freunden. Vielleicht, weil ich nicht in ihn hineinsehen kann und statt dessen rechnen muß. Rechnen verabscheue ich sowieso. Ja jubliu tebia, ich liebe dich und gute Küche!

In Amerika kaufen den Statistiken zufolge Millionen Frauen Kochbücher, aber noch immer regt sich kein Applaus. Das ist nicht ihre Schuld. Sie sind zu Köchinnen einfach nicht geschaffen. Sie haben zu viele verschiedene Interessen, zu hohe Ansprüche, zu großen Ehrgeiz – auf vielen Gebieten, aber nicht in der Küche. Sie lesen die Kochbücher, sind aber nicht mit dem Herzen dabei, wenn sie die Rezepte ausprobieren. Das Ergebnis: nirgendwo sonst auf der Welt gibt es mehr Schnellimbisse, Doppel- und Dreifach-Hamburger (die deutsche Stadt Hamburg hat mit diesen Verirrungen nichts zu tun), Cheeseburger etc. sowie Coca Cola, um die Hamburger hinunterzuspülen. Und Süßigkeiten sind fast ein Muß nach den ungeschriebenen Gesetzen dieser Fast-Food-Läden. Millionen von Ärzten und Zahnärzten in Amerika profitieren von all dieser Dummheit, während die Geschmacksnerven der potentiellen Köchinnen entsprechend verkümmern. Ich kann nur hoffen, daß sie andere Vergnügungen haben. Selbstverständlich spreche ich nicht von den Frauen in den ländlichen Gebieten der Vereinigten Staaten oder von den dunkelhäutigen Frauen – sie sind von Natur aus phantasievoll und einfallsreich.

Da Geduld meine größte Stärke war und Perfektion mein Ziel, war ich für meine neue Aufgabe gut gerüstet. Und ich lerne immer weiter, auch heute noch. Tatsächlich beschränken sich meine Kochkünste auf sehr einfache Gerichte. Es handelt sich eher um eine »bäuerliche« als um eine »städtische Küche«.

Mein Pot-au-feu ist ein köstliches Winteressen, wie mir meine zufriedenen französischen »Kunden« versichert haben. Ich habe eine besondere Vorliebe für Eintöpfe. Ich bin keine Expertin für Braten, denn zum Tranchieren braucht man einen Mann, und ich hasse es, meine Gäste arbeiten zu lassen. Eines Tages werde ich vielleicht auch das noch lernen. Jedenfalls habe ich seit dem ersten Abendessen, das ich für die Franzosen in Hollywood zubereitet habe, immer mehr Spaß am Kochen gefunden.

Hilflos klammerte Gabin sich an mich wie ein Waisenkind an eine Pflegemutter, und ich liebte es, ihn Tag und Nacht zu bemuttern.

Ich kümmerte mich um seine Verträge und um sein

Haus. Er war von Frankreich nach Spanien geflohen und von dort aus mit einem Freund in die Vereinigten Staaten gekommen. Wir richteten sein Haus nach seinem Geschmack ein, mit allen französischen Gegenständen, die wir in Farmer's Market und in den Geschäften von Beverly Hills auftreiben konnten. Er sollte sich so wohl wie möglich fühlen.

Sein Abenteuer in Hollywood gefiel ihm keineswegs. Aber er mußte in den sauren Apfel beißen, denn die einzige Möglichkeit für ihn, seinen Lebensunterhalt zu bestreiten, war der Film. Dieser unkomplizierte Mensch schluckte seinen Ärger einfach hinunter. Ich half ihm, alle Hindernisse zu überwinden; ich habe ihn sehr geliebt.

Natürlich trug die französische Sprache, die ich seit frühester Kindheit sprach, sehr dazu bei, meine Liebe zu Frankreich zu festigen. Und auch meine Beziehung zu Gabin. Ich nahm all diese entwurzelten und verzweifelten Franzosen in meinen Schoß auf, sprach ihre Sprache, war für sie Mutter, Köchin, Ratgeberin und Dolmetscherin.

Außer Gabin und Renoir gab es noch René Clair – der nicht gerade einer der Freundlichsten war –, den charmanten Dalio und viele andere französische Flüchtlinge, die in Amerika gelandet waren. Den meisten von ihnen stand das Sprachproblem im Wege. Außer den Regisseuren und Schriftstellern, die auf die Hilfe von Übersetzern zurückgreifen konnten. Aber die Schauspieler mußten die Landessprache sprechen. Abgesehen von Gabin konnten das nur wenige. Fast alle wechselten den Beruf.

Das Schicksal der Schauspieler war tragisch. Hinzu kam, daß die Franzosen den amerikanischen »way of life« nicht verstanden. Alles hier erstaunte, beunruhigte sie. Ich verbrachte meine Abende damit, ihnen Amerika zu erklären. Ich stellte mich wohl recht geschickt dabei an, sparte nicht mit Ratschlägen, ergänzte ihre Kenntnisse und rückte so gut ich konnte ihre Urteile zurecht. Das schien ihnen zu gefallen, denn am nächsten Tag kamen sie wieder und fragten weiter. Ein richtiges Ritual: auf das Essen folgte eine Diskussion, in der sie mir ihre körperlichen und seelischen Leiden schilderten – eine Bande von sympathischen Jungen, für die ich vor allem eine Freundin und Ratgeberin war. Ich übernahm alle Aufgaben, mit denen sie mich betrauten. Ich schlichtete ihren Liebeskummer und sprach manchmal mit ihrer Flamme. Sie waren völlig verdutzt, wenn die Callgirls am Lenkrad ihrer Autos daherkamen und sagten: »Trinken wir jetzt Kaffee oder danach?« Aber sie zogen sich aus der Affäre, wie die Franzosen es immer schon getan haben. »*On se démerde,* wir schlagen uns schon irgendwie durch«, sagten sie. Meine Rolle gefiel mir sehr: Ich, die deutsche Nazigegnerin, ich kümmerte mich um diese Männer, die den Hitler-Truppen entkommen waren. Keine Frauen unter ihnen. Wo waren sie? So kümmerte ich mich also um die Männer. Sobald sie genug Englisch konnten, um eine einfache Unterhaltung zu bestreiten, kauften sie Autos und begannen, sich mit den Studios herumzuschlagen. Ich war stolz darauf, ihre »gute Fee« zu sein.

Alle sind sehr liebe Freunde geblieben. Natürlich sehen wir uns nicht mehr jeden Tag wie früher, aber wir haben uns nie aus den Augen verloren. Freundschaften wie diese sind unzerstörbar. Wir achten uns gegenseitig und sind immer bereit, einem alten Freund zu helfen, wenn er uns braucht.

Wir kämpften gemeinsam, Hand in Hand. Gabin drehte Filme, erfüllte seine Verträge und beschloß, sich den »Forces Françaises Libres« anzuschließen. Er wollte kämpfen. Ich verstand diesen Wunsch sehr gut. Ich war seine Mutter, seine Schwester, seine Freundin – und mehr noch.

Ich begleitete ihn zu einem verborgenen Hafen in der Nähe von New York, wo er sich auf einem Zerstörer nach

Marokko einschiffte. Wir schworen uns ewige Freundschaft, wie Schulkinder, und ich blieb alleine auf dem Kai zurück, ein armes, verlassenes kleines Mädchen. Der Zerstörer wurde zwischen den Vereinigten Staaten und Marokko versenkt, und ich hörte überhaupt nichts mehr von ihm. Ich meldete mich zur amerikanischen Armee, wurde nach New York beordert und von einem Hafen zum anderen geschickt ... aber von dieser Zeit in meinem Leben werde ich noch sprechen. Gabin überlebte den Untergang seines Schiffes und landete in Casablanca, wie ich später erfuhr. Mein einsames »Kind« hatte jeglichen Kontakt mit mir verloren. Ich machte mir furchtbare Sorgen. Wo war er? Ich wußte, daß er mich brauchte und empfand dieses Verlangen selbst über die Meere hinweg.

Alle Welt kennt das schauspielerische Talent von Gabin. Darüber braucht man kein Wort zu verlieren. Nicht bekannt dagegen ist seine Sensibilität. Die Fassade des harten Kerls und seine männliche Haltung waren aufgesetzt. Er war der empfindsamste Mensch, den ich kannte; ein kleines Baby, das sich am liebsten in den Schoß seiner Mutter verkriecht, das geliebt, gewiegt, verhätschelt werden möchte, das ist das Bild, das ich von ihm habe.

In Amerika waren wir alle heimatlos: wir lebten in einem fremden Land, mußten eine fremde Sprache sprechen und uns nach unbekannten Gebräuchen und Vorstellungen richten. Obwohl wir Filmstars waren, fühlten wir uns verloren. Gabin, durch und durch Franzose, wehrte sich gegen jeden fremden Einfluß in seinem bescheidenen Heim. Ich mußte französisch kochen und französisch mit ihm sprechen, und wir waren nur mit französischen Schauspielern und Regisseuren zusammen. Dieses Leben gefiel mir außerordentlich. Nur in der Gesellschaft französischer Freunde fühlte ich mich wirklich wohl. In meinem Innersten verspüre ich eine Art Enttäuschung, Sehnsucht, Wunsch nach einem

Heim, sie rühren noch aus meiner Jugend und ziehen mich zu den Franzosen hin.

Gabin war *der* Mann – der Supermann, der »Mann fürs Leben«. Er war das Ideal, nach dem alle Frauen suchen. Nichts an ihm war falsch. Alles war klar und durchsichtig. Er war gut, stach diejenigen aus, die vergeblich versuchten, es ihm gleichzutun. Aber er war ein Dickkopf, äußerst besitzergreifend und eifersüchtig. Alle diese Eigenschaften gefielen mir, und wir haben uns nie ernsthaft gestritten.

Gabin wußte geschickt den Sirenengesängen des neuen französischen Regimes unter Marschall Pétain zu widerstehen. Er wollte sich de Gaulle anschließen: Sacha de Manzierly, der damals de Gaulles Büro in New York leitete, half ihm dabei.

Die Heldentaten, die Gabin im Krieg vollbracht hat, sind berühmt, weniger bekannt ist, daß seine Meldung zur Panzerdivision von General Leclerc für ihn ebenso gefährlich war wie ein Sprung in eine Schlangengrube.

Jean Gabin hegte gegen alles, was mit Strom zu tun hatte, einen tiefen Argwohn. Es hatte gar keinen Zweck, ihn zu bitten, eine Glühbirne auszuwechseln oder ein Bügeleisen zu reparieren. Und er hatte Angst vor allem, was mit Feuer zu tun hatte. Nun geschah es aber oft, daß die Panzerfahrer in den Flammen ihres brennenden Fahrzeuges umkamen. Gabin war sich dieser Gefahr bewußt, schreckte jedoch nicht davor zurück und kam mit heiler Haut davon, wie immer. Er meldete sich zur zweiten Panzerdivision und gelangte bis Berchtesgaden. Er brachte kein Andenken von Hitlers Schlupfwinkel mit. Ich bedauerte das, aber er konnte mir bei seiner Rückkehr nichts zeigen.

In Frankreich wußte man nichts von Gabins Verhalten – alle Leute denken, daß Schauspieler sich nur mit Filmen beschäftigen und sich nie auf die Wirklichkeit einlassen, vor allem, wenn diese gefährlich ist. Wieder einmal packte mich die Wut, ihn nicht. Er blieb ruhig und machte sich auf die Suche nach einem Ort, wo er wohnen und seine Habseligkeiten unterbringen konnte. Das war 1945, nach dem 8. Mai 1945, dem Ende des Krieges in Europa.

Die Soldaten kehrten nach Hause zurück, außer den Amerikanern. Ich arbeitete weiter für die in Frankreich stationierten Truppen, die eine Heidenangst davor hatten, im Pazifik, wo der Krieg noch andauerte, kämpfen zu müssen. Auch ich hatte Angst. Ich sehnte das Ende des Krieges herbei, und ich war nicht die einzige. Nach dem Blutbad, das wir in Europa miterlebt hatten, warteten wir ungeduldig auf den Frieden. Wir wollten vor allem nicht an eine andere Front geschickt werden, wo alles wieder von vorne anfangen würde.

Jean Gabin hatte die Armee nach Kriegsende verlassen und ging seinen Beschäftigungen nach, in einem Paris, das nicht mehr das war, das er kannte. Sein neues Leben gefiel ihm nicht. Es wurde Winter. Es begann zu schneien. Er schimpfte auf den Schneematsch überall in den Straßen. Er fühlte sich immer noch als Schauspieler, aber angesichts der Pariser Bevölkerung, der Reichen, denen der Schlamm und alles andere gleich war, wagte er sich nicht zu beschweren.

Die Bourgeoisie war Gabin immer ein Dorn im Auge. Damals war er sehr impulsiv. Nur mit seinen Freunden hatte er Geduld. Zu uns war er sehr nett, aber ihn packte der helle Zorn, wenn er auf eine Ungerechtigkeit stieß. Dann schien es ihm, als habe er umsonst gekämpft; alle Soldaten empfinden so, aber Gabin hatte nicht genügend Mitgefühl oder Geduld, um diesen Widerspruch zu akzeptieren.

Für uns Zivilisten war es leicht, Verständnis zu zeigen. Aber wenn man beinahe sein Leben gelassen hätte, liegen die Dinge anders. Jean Gabin verstand das. Er stürzte sich freiwillig in den bewaffneten Kampf, wollte sich nicht »in Sicherheit bringen«, wie so viele andere Stars, die ihren Konsulaten gegenüber immer einen Vorwand fanden, um sich nicht melden zu müssen. Er ging hin und stellte sich unverzüglich der Wirklichkeit. Nur sein guter Stern bewahrte ihn vor Tod und Vernichtung, körperlich wie seelisch.

Seine Kraft half ihm, dem Unheil ins Auge zu blicken und zu überleben. Einer der faszinierendsten Aspekte seiner Persönlichkeit ist diese seltsame Mischung aus Mut und Zärtlichkeit. In der Nacht vom 8. Mai 1945 weinten wir alle beide, als wir der Rede von de Gaulle zuhörten, und wir verstanden, was uns zu tun blieb. Er auf seine Weise, ich auf meine.

Ich erinnere mich auch an den Winter 1944. Zur Zeit von Bastogne waren wir an der Front, kannten aber unsere genaue Position nicht. Das war auch unwichtig. Wir gehorchten den Befehlen, Punktum. Nach Bastogne wurde unser Ziel geändert, und man schickte uns nach Süden. Wieder ging das Gerücht um, die Front würde von den »Forces Françaises Libres« und der zweiten Panzerdivision verstärkt. Eines Nachmittags – meine Vorstellung war abgesetzt worden – bat ich einen Offizier, mir einen Jeep zu besorgen und machte mich auf die Suche nach Gabin. Schließlich fand ich seine Division. Der Abend brach über eine große Anzahl Panzer herein, die auf einem Feld standen. Ich begann zu laufen und suchte nach grauen Haaren unter der Matrosenmütze der »fusiliers marins«. Die meisten Soldaten waren fast noch Kinder; sie saßen ruhig herum und sahen zu, wie es dämmerte. Plötzlich sah ich ihn, von hinten. Ich rief seinen Namen, er drehte sich um und sagte: »Scheiße!« Das war alles. Er sprang von seinem Panzer und schloß mich in seine Arme. Kaum war ich wieder zu Atem gekommen, als auch schon das Signal für die Panzer ertönte, sich zu formieren. Er stieg wieder in sein Fahrzeug, und bald war nur noch eine Staubwolke zu sehen und das Brummen der Motoren zu hören. Er war fort.

Ich kehrte nach Amerika zurück. Wir telefonierten oft miteinander. Alles war ihm zuwider, aber ich konnte ihm nicht helfen. Wenn der Krieg zu Ende ist, sind die Soldaten immer traurig. Es ist eine ganz besondere Traurigkeit. Sie hat nichts Egozentrisches und befällt diejenigen, die gekämpft und getötet haben, diejenigen, die keinen Frieden mehr finden können – ein Gefühl, das ich nur zu gut kenne. Jeder einzelne muß das Wort »töten« genau für sich definieren. Wenn man den Befehl zum Töten erhält, ist es legal. Aber es bedeutet trotz alledem töten. Man setzt dem Leben eines anderen Menschen ein Ende, nur weil es einem befohlen worden ist. *Und dann bekommt man sogar noch eine Medaille dafür*. Aber wenn man jemanden aus dem Wege räumt, der einem schaden oder der Familie etwas zuleide tun könnte, dann wird man ins Gefängnis geworfen. Das sind die Regeln. Schwer zu verstehen. Weder Gabin noch ich haben sie je anerkannt.

Nach dem Krieg trafen wir uns wieder. Er hatte keine Arbeit. Ich auch nicht. Regelmäßig wurde mir vorgehalten: »Sie sind zu lange nicht mehr auf der Leinwand zu sehen gewesen.« Gabin und ich nahmen diesen Schlag auf dieselbe Weise auf. »Verdammte Zivilisten«, tönten wir im Chor. All diese Menschen, die hinter ihren großen Schreibtischen sitzen geblieben waren und die der Krieg nicht einmal gestreift hatte, zwangen uns ihre Gesetze auf.

Aber was tun? Wir waren ihnen auf Gedeih und Verderb ausgeliefert. Natürlich waren wir völlig blank. Wie hätten wir im Krieg auch Geld verdienen können? Nun standen wir, wie vorauszusehen, ohne einen Pfennig da. Wir hatten nur unsere Medaillen. Und die konnte man nicht essen.

Meine Abzeichen hängen an der Wand, aber sie sind nur für meine Kinder da. Normalerweise bekommen die Väter die Orden, selten die Mütter. Die einzigen, die mir wirklich etwas bedeuten, sind die französischen. Doch nein, ich kann nicht sagen »die einzigen«, denn die »Medal of Freedom«, die Freiheitsmedaille, mit der Amerika mich auszeichnete, ist mir sehr viel wert. Die französischen Orden, »Chevalier de la Légion d'honneur«, Ritter der Ehrenlegion, und »Officier de la Légion d'honneur«, Offizier der Ehrenlegion, erfüllten mich mit großer Freude. Frankreich, das geliebte Land, ehrte mich, mich, einen einfachen amerikanischen Soldaten, eine einfache Frau, die Frankreich seit ihrer Kindheit liebte.

1946 kehrte ich nach Frankreich zurück, um einen Film, *Martin Roumagnac,* mit Gabin zu drehen. Es war kein guter Film, obwohl wir von dem Drehbuch alle ganz hingerissen waren.

Es war direkt nach dem Krieg; Elektrizität, Brennstoff und Lebensmittel waren rationiert. Nichts eigentlich Neues für uns.

Da ich die Rolle einer Provinzschönheit spielte, hatte ich eine Dauerwelle und trug lächerliche, angeblich der Mode entsprechende Kleider.

Gabin brachte mir bei, die Worte zusammenzuziehen, denn ich durfte kein gepflegtes Französisch sprechen. Er saß neben der Kamera und korrigierte mich mit unendlicher Geduld. Da Georges Lacombe, der Regisseur, sich nur in unverständlichen Lauten ausdrückte, übernahm Gabin es, mir zu sagen, was ich zu tun hatte. Er trug eine ungeheure Verantwortung.

Es hätte eine leichte Aufgabe sein müssen, eine sehr begehrte Frau zu sein, »von Luft und Liebe zu leben« und von allen anderen Frauen beneidet zu werden, weil ich das große Los – Gabin – gezogen hatte. Nun, das war es nicht.

Man nahm mir meine Aufrichtigkeit nicht ab, was sicher an mir selbst lag oder an dem »Bild«, das man von mir hatte.

Jacques Prévert (er hatte *Les feuilles mortes* geschrieben, ein Lied, das ich in einem Film hätte singen sollen, doch ich hatte die Rolle abgelehnt) ärgerte sich und schrieb eine sehr schlechte Filmkritik.

Martin Roumagnac war ein Reinfall. Die Namen Jean Gabin und Marlene Dietrich reichten nicht, um die Zuschauer ins Kino zu locken. Ich war niedergeschmettert, wie jedesmal, wenn ich glaubte, jemanden im Stich gelassen zu haben. Gabin blieb gelassen: »Warten wir's doch ab«, sagte er. Aber das konnte ich nicht. Meine finanziellen Probleme zwangen mich, nach Hollywood zurückzukehren, um dort einen Film unter der Regie von Mitchell Leisen, *Golden Earrings,* zu drehen. Meine Gage war halb so hoch wie vor dem Krieg. Auch das war wieder ein schlechter Film, aber wenn man Geld braucht, ist man zu allem bereit.

Niemand beschließt wissentlich, einen schlechten Film zu machen. Anfangs stand alles zum besten; selbst die Garderobieren, die meine Kleider richteten und deren vor Kälte steifen Finger die Nadeln kaum halten konnten, glaubten, daß *Martin Roumagnac* ein guter Film würde.

Im Nachhinein finde ich, daß Gabin und ich in den Vereinigten Staaten ein recht leichtes Leben hatten. Ich weiß heute nicht mehr, durch was für ein Wunder alles so gut lief. Tatsache ist, daß alle Dinge ganz einfach schienen. Das Haus, das ich für ihn aufgetrieben hatte, sah mit seinem Garten und seinem Zaun aus wie ein kleines Pfarrhaus. Gabin fühlte sich dort wohl, liebte jeden Baum und jeden Strauch, spazierte umher und erzählte mir von Frankreich. Er sagte jedoch nie, daß Frankreich besser sei als Amerika.

Außerdem liebte er Amerika. Das ist für einen Franzosen ganz erstaunlich. Gabin urteilte einfach, intelligent und direkt wie nur wenige Ausländer. Er akzeptierte Amerika und Hollywood auf seine Weise, beschloß sie zu lieben, ohne sie zu analysieren, ohne sie unter die Lupe zu nehmen, was keineswegs bedeutete, daß er alles in Bausch und Bogen gut fand. Über einige seiner Vorbehalte machte auch er mit Vorliebe Scherze.

Ich war da, um ihn zu beschützen. Er merkte das nicht. Er betrachtete mich als seinesgleichen. So etwas hatte er noch nie erlebt. Ich liebte ihn wie mein Kind – er trat eine gewisse Zeitlang an die Stelle meiner Tochter, die ja kein Kind mehr war. Er war sanft, zärtlich, hatte alle Eigenschaften, die eine Frau bei einem Mann sucht.

Ein ideales Wesen, so wie es in unseren Träumen vorkommt.

Ich habe ihn verloren, wie man alle seine Ideale verliert, aber erst sehr viel später. Als er wieder in Frankreich lebte, war ich für ihn nur noch die Weggefährtin, die man zum letzten Mal liebevoll in den Arm nimmt. Meine Liebe zu ihm ist stark geblieben, unvergänglich. Er hat mich nie darum gebeten, sie ihm zu beweisen. So war Gabin.

Über die Freundschaft

Sehr wenige Menschen verstehen die Bedeutung dieses Wortes. Hemingway verstand sie, Fleming verstand sie und Oppenheimer, um nur ein paar Namen zu nennen.

Die Freundschaft ist verwandt mit der Mutterliebe, der Geschwisterliebe, der ewigen Liebe, der reinen, erträumten, immer ersehnten Liebe, sie ist nicht Liebe unter dem Deckmantel der Liebe, sondern ein reines Gefühl, nie fordernd und daher ewig.

Die Freundschaft hat mehr Menschen zusammengeführt als die Liebe. Sie ist kostbar und heilig. Sie vereint die

Soldaten im Kampf, stärkt die Widerstandskräfte, sie erfüllt uns alle, selbst wenn wir dunkle Absichten haben.

Für mich ist die Freundschaft das kostbarste aller Güter.

Jeder, der eine Freundschaft verleugnet, sieht sich ausgeschlossen, vergessen, für immer aus dem Kreis der Freunde verdrängt. So einfach ist das. Freunde, die einen hintergehen, sind zum Tode verurteilt, wenn ich so sagen darf, und sie werden sich immer fragen, warum sie keinen Anklang mehr finden. Ich verachte sie. Sie sind das Letzte vom Letzten. Sobald man den Segen einer Freundschaft erfährt, hat man die heilige Pflicht, ihren Gesetzen zu gehorchen. Ganz gleich welche Folgen das haben mag. Ob durch Schweigen oder durch Worte, immer sind die Regeln der Freundschaft in Ehren zu halten.

Das ist keine einfache Aufgabe und erfordert manchmal übermenschliche Anstrengung. Aber die Freundschaft ist die wichtigste menschliche Beziehung, sie hat eine weitaus größere Bedeutung als die Liebe. Liebe ist unbeständig. Liebe, außer der Mutterliebe, ist treulos und findet immer gute Gründe dafür. Freundschaft ist echt oder nicht vorhanden; das ist leicht zu unterscheiden.

Sobald die Freundschaft einen ergriffen hat, trägt sie einen mit vollen Segeln davon. In der Person kann man sich nicht irren. Ein Versprechen unter Freunden, besiegelt mit einem Handschlag, ist ein unauflöslicher Schwur.

Es gibt eine Gruppe von Menschen, die nie erfahren, was Freundschaft sein kann: die Eskapisten. Sie gehen eigenen Schwierigkeiten und denen anderer aus dem Weg, wollen sich nicht einfühlen. Woody Allen sagte: »Sie verschließen die Augen vor allen Problemen – sie gehen statt dessen einkaufen.« Dem stimme ich hundertprozentig zu. Ich habe sie beim Einkaufen gesehen! Ich bin von ihnen umgeben, und ich kämpfe einen vergeblichen Kampf, sie der Wirklichkeit wiederzugeben. Sie versuchen nicht nur zu flüchten, sie versuchen auch, die Schuld anderen in die Schuhe zu schieben. Sie sind eine bedauernswerte Bande.

Alle Bemühungen sind vergebens. Sie flüchten.

Schriftsteller

Hemingway, selbstverständlich!

Unsere Freundschaft hat natürlich viel Anlaß zu Klatsch und Tratsch gegeben. Es ist also an der Zeit, die Wahrheit festzuhalten. Ich befand mich an Bord eines Schiffes zwischen Europa und Amerika. Wann? Ich habe es vergessen. Auf jeden Fall bin ich sicher, daß es nach dem Spanischen Bürgerkrieg war. Ann Warner, die Frau des allmächtigen Jack Warner, gab eine Abendgesellschaft an Bord und hatte mich dazu eingeladen. Als ich kam, sah ich sofort, daß bereits zwölf Gäste um den Tisch saßen.

»Bitte verzeihen Sie«, sagte ich, »aber ich kann mich nicht setzen, wir wären dreizehn, und ich bin abergläubisch.« (Damals war ich es noch.) Niemand machte Anstalten aufzustehen, und so blieb ich stehen.

Plötzlich beugte sich ein Hüne über mich. »Setzen Sie sich«, sagte er, »ich werde der vierzehnte sein.«

Ich sah besagten Hünen an, erkannte Hemingway und fragte: »Wer sind Sie?« Das beweist, wie dumm ich war.

Alles war wieder in Ordnung; wir waren nun vierzehn um den Tisch an Bord dieses Schiffes, das nach New York fuhr. Das Abendessen – ganz wie bei Maxim's – begann, und mein hünenhafter Nachbar nahm mich jedesmal, wenn es nötig war, beim Arm. Am Schluß brachte er mich zu meiner Kabine zurück.

Ich habe ihn vom ersten Augenblick an geliebt.

Ich habe nicht aufgehört, ihn zu lieben.

Es war eine platonische Liebe.

Ich sage das, weil die Liebe, die Ernest Hemingway und ich füreinander empfanden, eine ganz außergewöhnliche Liebe war in der Welt, in der wir lebten, rein, absolut. Eine Liebe, die über jeden Zweifel erhaben war, eine grenzenlose Liebe über den Tod hinaus – auch wenn ich ganz genau weiß, daß es das nicht gibt. Jedenfalls hielten unsere »Liebesgefühle« viele Jahre lang an, während niemandem mehr Hoffnung blieb, keine Sehnsucht mehr, kein Wunsch mehr zu erfüllen – während Hemingway nur noch eine tiefe Verzweiflung verspürte, ebenso wie ich, wenn ich an ihn dachte. Wir haben nie zusammen gelebt, aber vielleicht hätte das gewisse Dinge arrangiert. Ich respektierte Mary, seine Frau, die einzige seiner Frauen, die ich kannte. Wie sie war ich eifersüchtig auf seine früheren Frauen. Ich war nur seine Freundin und bin es in den folgenden Jahren geblieben. Ich habe alle seine Briefe aufbewahrt und bin nicht bereit, sie einem Museum oder einem Sammler zu überlassen. Nicht, daß ich glaubte, ich könnte sie mit ins Jenseits nehmen, aber ich will nicht, daß ein Fremder sich daran vergreift. Sie gehören mir. Er hat sie für mich geschrieben, und niemand soll auch nur einen Pfennig damit verdienen. Ich werde alles tun, um das zu verhindern.

Er war mein »Felsen von Gibraltar« – ein Spitzname, den er liebte. Die Jahre sind ohne ihn vergangen, eines schmerzlicher als das andere. »Die Zeit heilt alle Wunden«, heißt es. Eine sehr optimistische, aber leider falsche Maxime, was ich sehr beklage. Die Lücke, die Hemingway bei uns und in der Welt hinterlassen hat, wird sich nie wieder schließen. Er war ein Schriftsteller, aber auch ein Mensch, der – ohne die Konsequenzen seiner Tat abzuwägen – beschlossen hat, uns zu verlassen. Aber das war nun einmal seine Entscheidung.

Als er in Kuba war, schrieben wir uns regelmäßig; er antwortete mir »postwendend«, wie er sagte. Wir telefonierten stundenlang miteinander; ohne sich lange bitten zu lassen, gab er mir gute Ratschläge, nie sagte er, ich solle einhängen und ihn nicht mehr belästigen. Er schickte mir seine Manuskripte und hat einmal von mir gesagt: »Sie liebt die Literatur und ist eine intelligente und gewissenhafte Kritikerin. Wenn ich etwas geschrieben habe, das ich gut finde, sie es liest und mir sagt, daß es ihr gefällt, dann bin ich vollkommen glücklich. Da sie sich in den Dingen auskennt, über die ich schreibe – Menschen, Länder, Leben und Tod, Fragen der Ehre und des Verhaltens –, gebe ich mehr auf ihr Urteil als auf das mancher Kritiker. Da sie sich in der Liebe auskennt und weiß, daß sie entweder vorhanden ist oder nicht, gebe ich auf ihr Urteil mehr als auf das der Professoren. Denn ich glaube, daß sie mehr als irgend jemand sonst von der Liebe versteht.« Ein äußerst großzügiges Urteil, wie immer bei ihm.

Ich werde nie verstehen, warum er mich »so stark« liebte, wie er sagte. Tatsache ist, daß unsere Liebe selbst den Krieg überstand. Manchmal traf ich ihn während dieser Zeit – er strahlte immer vor Stolz, hatte tausend Pläne im Kopf, während ich blaß und krank war, aber ich nahm meine ganze Kraft zusammen, um eine gute Figur zu machen. Er hatte ein Gedicht über den Krieg geschrieben, das er mich laut vorlesen ließ ... »Nimm diese Hure Tod als dein angetrautes Weib« ... »Weiter«, sagte er, wenn ich stockte. Er nannte mich wirklich »Kraut«, ein Wort, mit dem die amerikanischen Soldaten die Deutschen bezeichnen.

Ihn wie viele seiner Freunde »Papa« zu nennen, schien mir lächerlich. Ich glaube, ich nannte ihn »Du«. »Sag mir,

Du«, rief ich, denn das war der einzige Ausdruck, den ich hatte finden können – »sag mir, sag mir« wie ein kleines verlorenes Mädchen, das ich in seinen und in meinen eigenen Augen war.

Er war ein Anker, ein Weiser, derjenige, der entschied, der beste Ratgeber überhaupt, das Oberhaupt meiner persönlichen Kirche. Wie habe ich seinen Tod überlebt? Darauf weiß ich keine Antwort. Wer einen Vater oder einen Bruder verloren hat, wird mich verstehen. Man leugnet die Tatsache ganz einfach, bis der entsetzliche Schmerz aus dem Herzen gewichen ist; dann lebt man weiter, als könnte man dem, der nicht mehr ist, zu jeder Tages- und Nachtzeit begegnen. Man geht weiter seinen Weg, trotz allem wissend, daß er nie wieder zurückkommen wird. Man gewöhnt sich an den Schmerz.

Ich möchte an dieser Stelle einige Auszüge aus seinen Briefen zitieren, einige von Hemingways Sätzen, damit man die Intensität der Gefühle besser versteht, die mich mit diesem großen Mann verbanden, und auch seinen Humor, der mir so gut gefiel:

»Die Vorsicht ist verhängnisvoll für die Unvorsichtigen – dich und mich.«

»Dieser Brief wird trauriger als die Schweiz und Liechtenstein zusammen.«

»Es (das Leben) war einfacher im Hürtgenswald.«

»Manchmal vergesse ich dich, wie ich die Schläge meines Herzens vergesse.«

Der Schmerz läßt nicht nach, er wird nur zur Gewohnheit.

Die Gewohnheit ist für mich eine gute Sache. Die meisten Menschen halten sie für etwas Schlechtes. Aber in bezug auf den Schmerz finde ich sie eigentlich wünschenswert. Das war auch Hemingways Meinung. Er erklärte sie mir zu einem Zeitpunkt, als ich im Vergleich zu ihm ziemlich belanglose Probleme hatte. Er lehrte mich alles über das Leben. Ich kannte nur die Mutterliebe (darüber mußte er lächeln – sein bittersüßes Lächeln, das er immer verschenkte) und die normale, alltägliche Liebe. Er brachte mir nichts Neues bei, aber seine Zustimmung bestätigte meine geheimsten Gedanken, machte sie wahr und stark und gab ihnen den Anschein von etwas Neuem.

Er hat mir das Schreiben beigebracht und mich davor gewarnt, zu viele Adjektive zu verwenden. Ich schrieb damals Artikel für das *Ladies Home Journal,* und er rief mich zweimal am Tag an und fragte: »Hast du den Eisschrank abgetaut?« denn er kannte all die kleinen Schwächen angehender Schriftsteller, auch die klassische Ausrede: »Vielleicht sollte ich besser etwas anderes tun.«

Er fehlt mir schrecklich. Wenn es ein Leben nach dem Tod gäbe, würde er in meinen langen schlaflosen Nächten mit mir sprechen, aber es gibt kein Leben nach dem Tod: Er ist für immer von uns gegangen, kein Schmerz kann ihn wieder zurückholen, und meine Sehnsucht wird ewig unerfüllt bleiben.

Mit der Zeit lernt man »weiterzumachen«, gute Miene zum bösen Spiel zu zeigen, man akzeptiert, was man vorher nicht ertragen konnte: eine Art »herabgesetztes« Leben, das Hemingway immer verabscheut hat (und ich auch), solange er noch unter uns war und darüber reden konnte.

Der Zorn ist kein gutes Mittel gegen den Schmerz. Der Zorn, den man empfindet, wenn man verlassen worden ist, gleicht einer Forderung nach Unterhaltszahlungen (beides ist vergeblich). Dennoch war ich zornig – auf wen, weiß ich nicht. Eine solche Reaktion nutzt nichts. Aber wie kann ich sie verhindern? Ein so schönes Leben, ausgelöscht für immer aus einem so dummen Grund.

Am Tag nach seinem Tod tobte ich vor Wut, das war meine Art, gegen den Schmerz zu kämpfen. Hemingway hatte geschworen, er werde mich nie verlassen – aber wer war ich schon im Vergleich zu all denen, die er hinterlassen hatte, seine Kinder, seine Frau, die, die ihn brauchten? Ich war das fünfte Rad am Wagen. An das dachte er nicht. Er hatte wie wir alle in der Überzeugung gelebt, seine Tage seien nicht gezählt. Aber er machte seinem Leben lange vor der Zeit ein Ende. Er wollte es so. Ich respektiere seine Entscheidung. Aber ich weine immer noch.

Ich gehe nie zu Beerdigungen. Ich bin also auch nicht zu Hemingways Beisetzung gefahren. »Sie war nicht da«, schrieben die Zeitungen. Seit dem Begräbnis meiner Mutter nehme ich an keiner Trauerfeier mehr teil. Jener Tag hat mir vollauf gereicht, ich verspüre nicht die geringste Lust, noch einmal etwas Ähnliches zu erleben. Ich liebe die Lebenden und tue, was ich kann, um ihre Not zu lindern, aber von ihrer Beerdigung fühle ich mich nicht betroffen. Ich kann nichts für die schreckliche zerstörerische Macht, die uns wieder zu Staub macht, die sich triumphierend erhebt und die sterblichen Hüllen derjenigen, die wir geliebt haben, mit sich nimmt.

Als Hemingway sich das Leben nahm, wollte er keinen von uns verletzen.

Er liebte Mary. Er liebte seine Söhne. Und er liebte mich sehr, sehr stark. Er liebte mich mit seiner ganzen ungeheuren Kraft, und ich habe es ihm nie gleichtun können. Kann man solch eine Liebe überhaupt erwidern? Ich habe es versucht – im Rahmen meiner Kräfte. Er wußte es. Da wir räumlich voneinander getrennt waren, stellten Telefon und Briefe unsere einzige Verbindung dar. Jeden Tag teilte er mir seine Blutdruckwerte mit – als ob das von entscheidender Bedeutung gewesen wäre; aber er glaubte daran, und ich schrieb gewissenhaft die Zahlen auf, die er mir durchgab. Eines Morgens sagte er mir, er befinde sich »am phantastischsten Ort der Welt«, der Mayo-Klinik. Er vertraute auf die Diagnose seiner Ärzte. Ich nicht. Aber wer war ich, um ihnen zu widersprechen?

Wenn man einmal mit amerikanischen Ärzten zu tun gehabt hat, kommt einem so mancher Zweifel. Die Chirurgen sind die besten der Welt. Aber wenn sie einen nicht aufschneiden und hineinsehen können, sind sie völlig hilflos. In Europa sind die Ärzte qualifizierter. Sie haben ein hervorragendes Wissen. Natürlich sind auch von ihnen keine Wunder zu erwarten, aber man stirbt in kürzerer Zeit und mit mehr Würde als in den Vereinigten Staaten. In Amerika ist man nicht zimperlich mit den Sterbenden. Hier gibt es keinen Platz für den Tod (außer in der Erde), und das ist vielleicht auch der Grund dafür, warum die Amerikaner den Beerdigungsfeierlichkeiten eine solche Bedeutung beimessen. Eine Ehre, die sie, anders als in Europa, den Sterbenden nicht erweisen. Für sie ist man nur ein »Kadaver unter dem Messer«.

Ja, Hemingway wußte, was er tat, und ich habe ihm seine Entscheidung nie vorgeworfen, obwohl meine Einstellung zum Leben natürlich ganz anders ist, und ich mich nicht so treiben lasse, wie er es tat. Ich bin eine durchschnittliche Frau und nicht fähig, eine so radikale Tat auszuführen. Ich hätte wie eine Löwin um ihn gekämpft, wenn ich auch nur eine Ahnung von seiner Absicht gehabt hätte. Aber er war so viel stärker als jeder von uns, daß er mich wahrscheinlich schnell zu Boden gezwungen hätte.

Ich würde nun gerne von meiner Begegnung mit Mary Welsh erzählen, Hemingways letzter Frau. Ich war zur »Dekompression«, wie es damals während des Krieges hieß, nach Paris geschickt worden und wohnte in Chatou, einem Pariser Vorort. Als ich erfuhr, daß Hemingway in Paris war, im Ritz, fuhr ich mit dem Jeep dorthin, um ihn zu sehen. Er sagte, ich könne eine Dusche nehmen und dann »zum Rapport antreten«. Er erzählte mir auch, er habe eine

»Taschenvenus« kennengelernt, die er um jeden Preis verführen wollte.

Er gestand mir, daß sie seine ersten Avancen zurückgewiesen hatte, daß sie ihn für einen »erbärmlichen Liebhaber« hielt, und, fügte er hinzu, nur ich könne ihm aus dieser Klemme helfen, indem ich mit dem Mädchen spräche.

Es ist unmöglich zu erklären, warum ein Mann eine bestimmte Frau begehrt. Mary Welsh war steif und nicht sehr begehrenswert. Sie hätte wohl wie die meisten Frauen ihrer Art weiter traurig und freudlos vor sich hingelebt, wäre sie nicht einem Hemingway über den Weg gelaufen, der schon seit längerer Zeit keine Liebeserlebnisse und sexuellen Erfahrungen mehr gehabt hatte. Ich weiß, daß ich ihm an diesem Tag keinen besonders guten Dienst erwiesen habe. Aber ich habe seine Anweisungen befolgt. Mary Welsh liebte Hemingway nicht, dessen bin ich sicher, doch diese bescheidene, unauffällige Kriegsberichterstatterin hatte nichts zu verlieren.

Gegen meine Intuition ankämpfend, erfüllte ich also meine Mission. Ich traf Mary Welsh und unterhielt mich mit ihr. »Ich will ihn nicht«, gestand mir dieses kleine Persönchen. Hartnäckig vertrat ich Hemingways Sache, aber sie wollte nichts davon wissen. Zu guter letzt zählte ich alle seine Vorzüge auf, riet ihr, ihr gegenwärtiges Leben mit dem zu vergleichen, was sie an seiner Seite erwarten würde – denn ich sollte ihr ein »Heiratsversprechen« machen. Meine Bemühungen trugen Früchte: zur Mittagessenszeit begann ihr Widerstand nachzulassen.

Das Mittagessen im Ritz ist immer ein entscheidender Augenblick. Zu dieser Tageszeit sind die Frauen zu Konzessionen bereit und überdenken ihre Pläne. Mary Welsh, die »Taschenvenus«, war da keine Ausnahme; schließlich teilte sie mir mit, sie werde »den Vorschlag in Betracht ziehen«.

Ich mußte Hemingway Rede und Antwort stehen und

zitterte am ganzen Leibe, als es Abend wurde; aber Mary Welsh erschien mit einem strahlenden Lächeln und nahm seinen Antrag in Gegenwart eines einzigen Zeugen, nämlich mir, an.

Ich habe niemals jemanden so glücklich gesehen wie Hemingway.

Er konnte glücklicher sein als wir alle.

Und, was noch wichtiger ist, er konnte es auch zeigen. Sein riesiger Körper schien Funken zu sprühen, deren Licht auf uns fiel und die sich in unseren Augen widerspiegelten.

Kurze Zeit später fuhr ich wieder zur Front und sah Hemingway und Mary während des ganzen Krieges nicht mehr.

Seine Fähigkeit, glücklich zu sein, stand in einem erstaunlichen Gegensatz zu seiner offensichtlichen Hoffnungslosigkeit und seinem tragischen Entschluß. Realistin, die ich bin, kann ich diesen Widerspruch nicht verstehen. Genau wie ich besaß er ein ausgeprägtes Verantwortungsgefühl, und das paßt nicht zu seinem Selbstmord. Wir diskutierten viel über Verantwortung, und sehr oft stimmte er mit mir überein.

Vielleicht spürte er, daß seine erwachsenen Kinder ihn nicht mehr brauchten, vielleicht hatte er einfach »die Nase voll«, wer weiß . . .? Wenn der Körper nicht mehr so reagiert wie früher, wenn das Gehirn nicht mehr so reibungslos funktioniert wie gewohnt, dann ist es Zeit, sich ein Herz zu fassen (wenn man es kann) und die Kerze auszublasen. Bislang hat noch niemand die Gründe für Hemingways Freitod erklären können.

Ich denke, daß es eher eine unüberlegte Tat als eine bewußte Entscheidung war. Hat Hemingway vielleicht in einer Art Trancezustand gehandelt? Ich klammere mich an diese letzte Hypothese. Auf jeden Fall bin ich überzeugt, daß seine Tat nicht vom Beispiel seines Vaters diktiert war, daß sie nichts mit dem Gewicht seiner Erinnerungen zu tun hat. Als er auf den Abzug gedrückt hat, ist vielleicht etwas sehr Fernes in seiner Erinnerung aufgeblitzt, hat sich ihm plötzlich aufgedrängt ... aber ich rationalisiere zu sehr. Ich weiß, daß er sehr unglücklich war.

Alles, was seine »Biographen«, oder die sich dafür ausgeben, über ihn geschrieben haben, ist nichts als ein Haufen »Mist«, wie er sagte.

Bis heute habe ich das Buch seiner Frau noch nicht gelesen, das sicher all dieses dumme Zeug richtigstellt, aber ich bezweifle, daß es ihr gelungen ist, Hemingways außerordentlich komplexe Persönlichkeit zu erfassen und wiederzugeben.

Die Beziehungen, die ich zu verschiedenen großen Männern gehabt habe, mögen schwer zu verstehen sein. Ich habe auch nicht die Absicht, sie zu erklären. Ihr Pech, wenn Sie nicht verstanden haben. Wenn Sie nur an der körperlichen Liebe interessiert sind, dann können Sie das Buch sofort zumachen, denn darüber werde ich mich nicht auslassen. Und zwar aus einem ganz einfachen Grund: Ich kenne mich auf diesem Gebiet kaum aus.

Mein ganzes Leben lang war die körperliche Liebe Teil der Liebe an sich, und nur der Liebe – weswegen ich auch das »flüchtige Glück« nie kennengelernt habe. Meine Liebe zu Hemingway war kein Strohfeuer. Wir waren einfach nur nie lange genug zusammen in derselben Stadt; und es ist nie irgend etwas geschehen. Entweder war er mit einem hübschen Mädchen zusammen, oder ich war anderweitig beschäftigt, wenn er frei war, und wenn ich es dann war, war er es nicht mehr.

Ich verabscheue unklare Situationen und bin meinem Prinzip, »die andere Frau« zu respektieren, immer treu geblieben. So bin ich im Vorübergehen vielen wunderbaren Männern begegnet, wie ein Schiff, das ein anderes in der

Nacht kreuzt. Aber ich glaube, die Liebe dieser Menschen war beständiger, als wenn ich in ihrem Hafen vor Anker gegangen wäre.

Erich Maria Remarque

Erich Maria Remarque, berühmt geworden durch *Im Westen nichts Neues, Der Weg zurück, Drei Kameraden* etc. war ein sensibler Mann mit einer feinfühligen Seele und einem feinsinnigen Talent, an dem er stets zweifelte.

Uns verband ein ganz besonderes Gefühl. Zunächst weil wir beide Deutsche sind – oder besser waren –, weil wir dieselbe Sprache sprachen und diese liebten. Die Muttersprache ist sehr wichtig, viel wichtiger als manch berühmter Schriftsteller es gesagt oder geschrieben hat. Diese Sprache war es hauptsächlich, die uns verband.

Ich lernte Erich Maria Remarque am Lido in Venedig kennen. Ich war gekommen, um Josef von Sternberg zu besuchen. Remarque kam an unseren Tisch und stellte sich vor. Ich wäre beinahe ohnmächtig geworden. Das passiert mir auch heute noch, wenn ich berühmten Leuten begegne. Ich werde mich wohl nie daran gewöhnen, sie »leibhaftig« vor mir zu sehen.

Am nächsten Morgen am Strand traf ich ihn wieder. Ich hatte ein Buch von Rainer Maria Rilke unter dem Arm und suchte einen Platz in der Sonne, wo ich mich hinsetzen und lesen konnte. Remarque kam auf mich zu. Er sah den Titel des Buches und sagte ziemlich sarkastisch: »Ich sehe, Sie lesen gute Autoren.«

Ebenso ironisch wie er gab ich zurück: »Soll ich Ihnen ein paar Gedichte vortragen?«

Seine stets skeptischen Augen richteten sich auf mich. Er glaubte mir nicht. Eine Filmschauspielerin, die las? Er war verblüfft, als ich ihm meine Lieblingsgedichte vortrug: *Der Panther, Leda, Herbsttag, Ernste Stunde, Kindheit.* »Gehen wir woanders hin und reden miteinander«, sagte er. Ich folgte ihm.

Ich folgte ihm bis nach Paris; und von nun an hörte ich ihm zu.

All das geschah vor dem Krieg.

In Paris gab es Nachtlokale, die er liebte, und die besten Weine, die der Experte zu schätzen wußte – das erkärt auch, warum ich auf diesem Gebiet nie etwas gelernt habe: Ich war immer mit Männern zusammen, die sich mit Weinen gut auskannten, die eine Flasche bestellten, ohne mich zu fragen, und mich in Unkenntnis ließen. Remarque wußte hervorragend über Weine aus aller Herren Länder Bescheid. Er ließ sich furchtbar gern auf die Probe stellen und fand dann, ohne die Flasche gesehen zu haben, nur am Geschmack den Namen und das Jahr eines »grand cru« heraus.

Remarque hatte große Schwierigkeiten mit dem Schreiben. Er arbeitete hart und brachte Stunden damit zu, einen Satz zu konstruieren. Sein ganzes Leben lang war er geprägt vom Erfolg seines ersten Buches, *Im Westen nichts Neues,* und überzeugt, daß er ein solches Wunder nie wieder vollbringen oder gar übertreffen könnte.

Er war von einer fast krankhaften Melancholie und Verletzlichkeit. Dieser Zug seiner Persönlichkeit rührte mich sehr. Unsere besondere Beziehung bot mir leider nur zu oft die Gelegenheit, seine Verzweiflung mitanzusehen.

Als im Sommer 1939 der Krieg ausbrach, waren wir, mein Mann, meine Tochter und er, zusammen in Antibes.

Ich habe vergessen, von Remarques Passion für Sportwagen zu erzählen. Er hatten einen Lancia, den er über die Maßen liebte. Wenn wir an dem Wagen vorbeigingen, versetzte er der Karosserie einen leichten, zärtlichen Tritt. Er nahm meine Tochter in seinem Lancia mit nach Paris, dem Strom der vom Krieg vertriebenen Flüchtlinge entgegen. Mein Mann fuhr in seinem Packard nach Paris zurück und nahm alle möglichen Leute mit in die Hauptstadt, vor allem Amerikaner, die in Südfrankreich gelandet waren.

Ich hatte die kleine Gemeinschaft im Glück und Frieden von Antibes zurückgelassen, um in Kalifornien einen Film zu drehen. Mein Mann, Maria und Remarque fuhren wie gesagt nach Paris und schifften sich dann auf der *Queen Mary* ein, dem letzten Schiff, das einen französischen Hafen verließ.

Während der Überfahrt gab es keine Funkverbindung, zitternd vor Angst sang ich: *»See what the boys in the backroom will have«.* Der Telefonanruf erreichte mich in dem Atelier, in dem ich arbeitete. Sie waren in New York!

Mir war gesagt worden, die *Queen Mary,* ein britisches Schiff, steuere einen kanadischen Hafen an; ich hatte also Anwälte und Privatflugzeuge dorthin geschickt, die sie bei der Ankunft in Empfang nehmen und vor Beginn der Feindseligkeiten nach Amerika bringen sollten. Aber zur allgemeinen Überraschung lief die *Queen Mary* im Hafen von New York ein.

Remarque, dessen Bücher die Nazis bei einem riesigen Autodafé verbrannt hatten, hatte einen panamaischen Paß gekauft, mein Mann hatte immer noch seinen deutschen Paß.

Als Amerika in den Krieg eintrat, wurde mein Mann zum »feindlichen Ausländer«, und Remarque, der sich in Kalifornien niedergelassen hatte, wurde für die Dauer der Feindseligkeiten »interniert«. Zwischen sechs Uhr abends und sechs Uhr morgens durfte er sein Hotel nicht verlassen.

In New York waren die Vorschriften weniger drakonisch, gewiß. Mein Mann konnte sich frei außerhalb des Hotels bewegen, aber er hatte eine »rosa Karte« und durfte daher nicht arbeiten. Das war alles sehr traurig. Ich bedauerte sie von ganzem Herzen. Doch daß sie in Amerika waren, rührte mich mehr, als ich zu sagen vermochte.

Remarque gehörte zu den ersten Flüchtlingen, denen meine Protektion zugute kam. Mein Mann hatte unser Kind nach Hollywood gebracht und half uns dabei, uns einzurichten, aber die kalifornischen Gesetze zwangen ihn, nach New York zurückzukehren. Er wollte nicht »interniert« sein und hoffte, trotz allem seinen Lebensunterhalt in New York verdienen zu können.

Ich fand ein Haus für Remarque, obwohl er gerne im Hotel lebte, vor allem, weil er dort während der Ausgangssperre Leute treffen konnte.

Seine paradoxe Situation brachte ihn zur Verzweiflung: Hitler hatte seine Bücher verbrannt, und Amerika stellte ihn unter Hausarrest. Wir Deutschen sind sehr empfindlich gegenüber Ungerechtigkeit. Wir können uns damit nicht abfinden, grübeln darüber nach, lehnen uns gegen sie auf und zerbrechen uns den Kopf um nichts und wieder nichts. Aber wir akzeptieren sie nicht. Wir müssen den Kelch bis zur Neige trinken – den bitteren Kelch voller Tränen. Wir können nicht anders.

Remarque war ein weiser Mann, der sehr klar dachte. Aber seine Weisheit konnte ihm das Leiden nicht ersparen. Sobald er erfuhr, daß die Ausgangssperre aufgehoben war, ließ er sich für kurze Zeit in New York nieder und ging dann in die Schweiz ins Exil. Zutiefst verletzt von den schrecklichen Jahren, die die ganze Welt ins Chaos gestürzt hatten, verließ er die Vereinigten Staaten mit Bedauern. Er glaubte, sich seiner Verantwortung entzogen, nicht genug gegen den Nationalsozialismus gekämpft zu haben, und sagte sehr oft: »Reden ist leicht, handeln viel schwerer.«

Vor seinem Tod unterhielten wir uns miteinander, und meine Tochter, die er »die Katze« nannte, sprach auch noch einmal mit ihm. Ein Freund sagte mir, daß er Angst vor dem Sterben habe. Ich verstehe das nur zu gut. Um den Tod zu fürchten, muß man Phantasie haben. Und Phantasie war seine Stärke.

Als junges Mädchen war ich begeistert von Knut Hamsun. Heute noch kenne ich ganze Passagen aus *Victoria, Hunger, Pan* und vielen anderen seiner Bücher auswendig. Wenn ich mich recht erinnere, wurde ich damit Goethe zum ersten Mal untreu.

Als Hamsun sich auf die Seite der Nazis stellte, war ich bitter enttäuscht, aber ich war damals bereits erwachsen und an Enttäuschungen gewöhnt.

Ich kann nicht behaupten, daß ich sehr gerne Romane las.

Die große Ausnahme ist *Hiob* von Joseph Roth. Überall habe ich dieses Buch mit hingenommen, aber ich habe es verloren, wie die meisten Dinge, die mir etwas bedeuteten, vielleicht als ich ausgewandert bin, vielleicht später bei einer meiner Reisen. Heute ist dieses Buch unauffindbar. Ich habe alle Buchhändler, die ich kenne, gebeten, mir Bescheid zu sagen, falls sie es irgendwo finden.

Materielle Güter haben überhaupt keine Bedeutung mehr, wenn man ausgewandert ist. Man lernt, sich mit dem Nötigsten zu begnügen. Das gefiel mir zwar nicht sonderlich, aber ich wurde relativ gut damit fertig.

Eines Tages las ich zufällig die Novelle *Das Telegramm* von Paustowski, und zwar in einer zweisprachigen Ausgabe, bei der auf der einen Seite der russische Text und auf der gegenüberliegenden die englische Übersetzung stand. Diese Novelle hat einen so großen Eindruck auf mich gemacht, daß ich sie nicht mehr vergessen konnte, ebensowenig wie den Namen des Autors, von dem ich noch nie vorher gehört hatte.

Da ich keine anderen Novellen dieses großen Schriftstellers bekommen konnte, wartete ich ab. Als ich nach Rußland fuhr, fragte ich gleich bei meiner Ankunft am Flughafen nach Paustowski. Hunderte von Journalisten warteten auf mich; sie stellten mir keine der dummen Fragen, die ich gewohnt war. Über eine Stunde lang unterhielt ich mich mit ihnen und konnte eine Menge Informationen über Paustowski sammeln.

Ich begegnete ihm in Leningrad, wo wir vor Schriftstellern, Künstlern und Schauspielern auftraten und manchmal vier Vorstellungen am Tag hatten. Jede Aufführung fand in dem Theater oder Saal der betreffenden Gruppe statt.

An jenem Nachmittag kam meine schöne Dolmetscherin Nora zu Burt Bacharach und mir hinter die Bühne und sagte, Paustowski sei im Saal. Er war vor kurzem mit einem Herzanfall ins Krankenhaus eingeliefert worden; das hatte ich bei meiner Ankunft auf dem Flughafen erfahren.

Ich sagte: »Das ist unmöglich«, aber Nora versicherte mir, er und seine Frau wären da.

Ich sang, und seltsamerweise sagte Burt Bacharach nachher, ich sei hervorragend gewesen. Das ist erstaunlich, denn wenn man sich zuviel Mühe gibt, hat das meistens die entgegengesetzte Wirkung.

Nach der Vorstellung wurde ich gebeten, auf der Bühne zu bleiben. In allen russischen Theatern gibt es Stufen, die auf die Bühne hinaufführen, und bald sah ich einen Mann auf mich zukommen. Das war er.

Ich war überwältigt, fühlte mich völlig außerstande, auch nur ein einziges Wort zu sagen, so daß ich meine Bewunderung nur dadurch zum Ausdruck bringen konnte, daß ich vor ihm niederkniete. Stellen Sie sich das einmal vor!

Seine Frau beruhigte mich und erklärte, »es täte ihm gut«, denn ich – eine um die Gesundheit eines ihrer Lieblingsschriftsteller besorgte Krankenschwester – wollte, daß er sofort ins Krankenhaus zurückkehrte. Wenn ich bedenke, daß er die ganze Mühe auf sich genommen hat, um mich zu sehen!

Paustowski starb kurze Zeit nach diesem Abend, aber ich habe immer noch seine Bücher, seine Novellen und diese Erinnerung. Er schreibt einen romantischen, aber nicht manierierten Stil. Seine Schilderungen erinnern ein wenig an Hamsun. Doch vor allem ist er der beste russische Schriftsteller, den ich kenne. Es tut mir leid, daß ich nicht früher auf ihn gekommen bin.

Auch Rainer Maria Rilke hätte ich gerne einmal gesehen, aber die Gelegenheit hat sich nie ergeben. Vielleicht hätte er eine damals unbekannte Verehrerin auch gar nicht bemerkt.

Später, als »Star«, war es dann leichter, mit bestimmten Personen in Kontakt zu kommen. Mein Name war ein »Sesam, öffne dich«. Ich habe das nur im Interesse anderer ausgespielt, nie in meinem eigenen. Dem Himmel sei Dank, daß meine Berühmtheit nicht vollkommen nutzlos war.

Vielleicht überrascht es, daß ich nicht mehr Lieblingsschriftsteller habe. Goethe, Rilke, Hamsun, Hemingway, Remarque und Paustowski. Heinrich Böll bewundere ich sehr, aber er reißt mich nicht so mit wie die anderen. Er schreibt ein nüchternes, herrliches Deutsch. Ich liebe ihn sehr, denn er hat der deutschen Sprache ihre ursprüngliche Schönheit zurückgegeben, die sie durch die albernen, aber bei den Deutschen so beliebten anglo-amerikanischen Ausdrücke verloren hatte.

Natürlich habe ich mit großem Vergnügen Steinbeck, Faulkner und Caldwell gelesen. Auch die englischen Schriftsteller faszinieren mich – ich spreche hier nicht von den Klassikern, die ich in früher Jugend gelesen habe. Aber mir fallen keine anderen Bücher ein, die so schön und lohnend wären wie die meiner »Helden«. Bücher, Gedichte, die man immer wieder lesen kann.

Merkwürdigerweise finde ich kaum Geschmack an der modernen Lyrik. Obwohl ich Interesse an den »modernen« Dichtern habe. Vielleicht bin ich zu alt, um ihre Anspielungen und den verborgenen Sinn ihrer Werke zu verstehen? Nach Rilke gibt es keine Lyrik mehr, die angenehm in meinen Ohren klingt, die meine Seele berührt und die mir im Gedächtnis bleibt. Außer vielleicht der von Auden, dem Dichter, den ich nach Rilke am liebsten mag.

Gegen Ende seines Lebens erinnert man sich an die Freuden der Jugend: Nur die Freuden, die man bei der Lektüre großer Schriftsteller empfindet, kommen ihnen gleich. Ich spreche nicht von Dickens, von Baudelaire oder Rimbaud, um nur einige derer zu nennen, die mich beglückt haben. Ich spreche von Hemingway, Faulkner, Caldwell, Hamsun, Böll, Auden – und ich spreche von *all* ihren Büchern, nicht nur von einigen Seiten hier und da.

Ich bin keine eigentliche Spezialistin in dem, was man »Unterhaltungsliteratur« nennt, aber ich kenne John McDonald, Rex Stout, Ed McBain und andere Autoren, die uns unsere täglichen Sorgen vergessen lassen. Wir alle brauchen das, und oft bewundere ich ihre Formulierungen, ihr Erzähltalent. Auf ihrem Gebiet sind sie die unbestrittenen Meister. Wieviele schlaflose Nächte habe ich mit ihnen zugebracht. Und ich bin ihnen dankbar dafür. Meine Nächte sind lang, mit oder ohne Schlafmittel.

Dick Francis mag ich am liebsten. Da ich Pferde und Pferderennen liebe, ist er ein guter Freund geworden, obwohl ich ihm nie begegnet bin. Ich durchstöbere die Buchhandlungen auf der Suche nach seinen neusten Büchern, und wenn ich eines gefunden habe, gehe ich in aller Ruhe mit Dick Francis zu Bett.

Spionageromane dagegen interessieren mich nicht, ebensowenig wie Science-fiction. Aber natürlich lese ich auch Bestseller. Erica Jong zum Beispiel, obwohl ich die Beschreibungen des Geschlechtsverkehrs nicht mag. Meiner Meinung nach sind sie schlecht. Man kann sich endlos darüber auslassen, was dieser mit jenem wann, wie und warum tut, aber das hat nichts mit der eigentlichen Geschichte zu tun. Die großen Schriftsteller haben es nie für nötig befunden, derartige Szenen zu beschreiben. Sie waren fein genug, uns an ihren Liebesnächten teilhaben zu lassen ohne von »f...« zu reden oder auf dem Kommen und Gehen des Phallus zu insistieren.

Ich bin strikt gegen pornographische Literatur, aber sie scheint »sich zu verkaufen«. Heute vielleicht. Aber sind nicht auch früher Bücher verkauft worden? Jene Bücher werden sich mit Sicherheit nicht halten. In zehn Jahren wird man ihre Autoren vergessen haben. Und das geschieht ihnen recht. Sie machen im Handumdrehen ein Vermögen und legen es auf die hohe Kante. Nicht im Traum denken sie daran, für die Nachwelt zu arbeiten.

Mittelmäßige Menschen. Mittelmäßige Schriftsteller. Nach einem oder höchstens zwei Büchern, ist es mit ihnen vorbei. Die Quelle ist versiegt – wenn es denn je eine Quelle gegeben hat.

Noel Coward: eine »amitié amoureuse«

Wir bemühten uns umeinander wie zwei Liebende. Jeder ging auf die kleinen Launen des anderen ein, auf jeden noch so geringen Wunsch. Kein Streit, das vollkommene Einvernehmen. Kein Versuch, den anderen in die Schablone seiner eigenen Vorstellungen zu pressen. Wir gingen sozusagen »auf Zehenspitzen«.

In Hollywood sah ich den Film *The Scoundrel.*

Sobald meine Gefühle mit im Spiel sind, handle ich unglaublich schnell. Ich rief Noel Coward in seinem Landhaus in England an und nannte meinen Namen. Er hängte sofort wieder ein.

Die Telefonistin wählte die Nummer noch einmal, und ich sagte Noel Coward schnell ein paar Worte über seinen Film, zitierte einen Teil des Dialogs. Daraufhin erklärte er die Situation. Er fürchtete eine bestimmte Art von Spaßvögeln und hatte geglaubt, man wollc ihm unter meinem Namen einen üblen Streich spielen. Wir sprachen sehr lange miteinander und waren von Stund an Freunde.

Unsere Beziehung setzte mich immer wieder in Erstaunen, denn ich hatte völlig andere Interessen als er: Ich war weder brillant noch sonderlich geistreich, mochte daher keine Abendeinladungen, gehörte nicht in sein Milieu, hatte andere Gewohnheiten, scheute die Öffentlichkeit, sah die Welt nicht wie er, und trotz alledem waren wir unzertrennlich.

Er holte mich nach London, um im Café de Paris zu singen, etwas, das ich nie für möglich gehalten hätte. Am ersten Abend stellte er mich vor mit einem Gedicht, das er für diese Gelegenheit geschrieben hatte, dann kam ich, vom strahlenden Glanz des Ruhmes umgeben, die berühmte Treppe hinunter und direkt auf seine ausgestreckte Hand zu. Danach überließ er mir das Mikrofon.

Große englische Theaterschauspieler folgten seinem Beispiel und schrieben Einführungen. Jeden Abend stellte mich ein anderer in dem Night-Club vor, wo ich sang.

Eine Zeitlang konnte ich es kaum fassen.

Als Alec Guiness mich im Hotel Dorchester anrief und mich um grünes Licht für den Text bat, den er am selben Abend vortragen sollte, hielt ich das für einen Ulk, aber Alec Guiness kam selbst ins Hotel, zeigte mir seinen Text und sagte: »Könnten Sie wohl einen Revolver für mich auftreiben?« Er brauchte die Waffe für eine Westernparodie, die er vor meinem Konzert aufführen wollte.

Es gab keinen freien Platz mehr im Zuschauerraum, natürlich wegen mir und meiner prächtigen Kostüme (ich sang damals gar nicht sehr gut), aber auch wegen all der Schauspieler.

Das Ganze gefiel mir so sehr, daß ich das Angebot, im folgenden Jahr wieder aufzutreten, annahm. Diesmal kamen statt der Schauspieler große Schauspielerinnen und Politikerinnen wie Mrs. Bessie Braddock, die in einem einfachen Kostüm, mit Hammer und Sichel am Revers, vor die Zuschauer in Smoking und Abendkleid trat. In diesem Rahmen hatte sie damit einen erstaunlichen Erfolg.

Wir wurden Freundinnen. Später, bei einer Tournee durch England, machte sie es sich zur Gewohnheit, mich bei ihren Besuchen in Krankenhäusern und Altersheimen mitzunehmen und dann am Theater abzusetzen.

Noel Coward beobachtete all diese Unternehmungen mit einem vergnügten, triumphierenden Blick. Als ich mich – einige Zeit nach der Braddock-Geschichte – auf eine Fernsehsendung in London vorbereitete, erfuhr ich plötzlich am Abend vor dem Aufnahmetermin, daß die Worte eines berühmten Liedes, das ich singen wollte, vom Fernsehen beanstandet wurden. Noel Coward eilte mir zu Hilfe. Wir hatten dem Produzenten *I get a kick out of you* von Cole Porter vorgelegt, und alles war in Ordnung, wenigstens glaubten wir das.

Doch nein. Denn in der zweiten Strophe hieß es: *»I get no kick from cocaine.«* Ich weiß nicht, in welchem Jahr Cole Porter dieses Lied geschrieben hat, aber ich weiß genau, daß alle großen Stars des Show-Business es so, wie es war, gesungen haben.

Cole Porter war nicht mehr da, als die Herren vom Fernsehen mir erklärten, daß das Wort »Kokain« auf keinen Fall bleiben dürfte. Treu meiner Devise »nur keinen Ärger«, versuchte ich, ein Wort mit der gleichen Anzahl von Silben und dem gleichen Reim zu finden, aber ich bin nun einmal keine Dichterin.

Mit meiner Weisheit am Ende, rief ich in der Schweiz an und legte Noel Coward meinen Fall dar. Er sagte: »Warte, ich rufe dich zurück.« Ich wartete also und teilte der Fernsehdirektion mit, daß die alten Worte durch neue ersetzt würden. Daraufhin wurde mir erwidert, daß die Erben Cole Porters der Änderung zustimmen müßten.

So viele Hindernisse bei der Vorbereitung meines ersten Fernsehauftrittes, der in einem merkwürdigen, prächtigen, noch im Bau befindlichen Theater aufgenommen wurde. Nun, die größten Premieren finden in unsäglichen Bruchbuden statt, aber die Künstler sind optimistisch, sie sind dazu geboren, von unerwarteten Wundern gerettet zu werden.

Noel Coward rief mich zwanzig Minuten später wieder an: *»They say that smoking's insane.«* Reim und Versmaß stimmten. Wie immer kein Problem für ihn.

Er hat mich mehrmals gebeten, zu ihm in sein schönes Haus oberhalb von Montreux zu ziehen. Bei meinen Besuchen konnte ich immer nur ein paar Tage bleiben.

Wenn ich zu ihm fuhr, kaufte ich im Ort immer Tabak; sein Butler und ich rollten uns Zigaretten, aber Noel fand ihren Geschmack entsetzlich. »Ich wette, daß du nicht aufhören kannst zu rauchen«, sagte er eines Tages. »Natürlich kann ich das«, antwortete ich und drückte meine Zigarette aus. Er tat dasselbe. Für mich war es leicht, denn ich hatte keinen Grund zu rauchen. Aber für ihn war es schwerer.

Ich habe mein Wort gehalten und nie wieder geraucht, ein weiterer Beweis für meine Dummheit. Er tat es weiter bis an sein Lebensende.

Als ich noch rauchte, schlief ich den Schlaf der Gerechten. Von dem Tag an, als ich – bei dieser Diskussion mit Noel Coward – aufgehört habe, konnte ich nie wieder gut schlafen.

Ich kehrte nach Paris zurück. Schlaflose Nächte. Ich befolgte alle möglichen und nur erdenklichen Ratschläge. Ich legte mich mit den Füßen nach Norden, nach Süden, nach Westen, niemals jedoch nach Osten ins Bett. Schließlich war ich nur noch ein Nervenbündel.

Aber ich wollte um jeden Preis mein Wort halten.

Zu meinem großen Bedauern nahm ich schließlich Schlafmittel, denn ich mußte arbeiten und brauchte Schlaf.

Ich glaube nicht an die Geschichten der Wissenschaftler in den Krebsforschungszentren, denen zufolge das Rauchen für Lungenkrebs verantwortlich ist. Das ist dummes Zeug. Mein sehr lieber Freund, der große Tenor Richard Tauber, hat in seinem ganzen Leben keine einzige Zigarette geraucht und ist an Lungenkrebs gestorben, im Guy's Hospital in London. Ich erinnere mich genau, denn ich wollte seine Operationen bezahlen während des Krieges, als alle ausländischen Gelder, einschließlich meiner, gesperrt waren.

Man kann an zuviel Aspirin, zuviel Alkohol oder zu vielen Schlaftabletten sterben; jede Substanz kann einen dahinraffen, wenn man eine gewisse Dosis überschreitet. Warum also auf die Whisky- und Bourbon-Flaschen nicht schreiben: »Laut Gesetz vom . . .wird darauf hingewiesen, daß dieses Getränk zu einer Leberzirrhose führen kann.« Die Antwort ist einfach: Dieser Satz würde den Verlust von Millionen von Dollars bedeuten.

Mir scheint, die Zigarettenfabrikanten waren schlecht beraten, als sie sich dem Urteil der Universitäten beugten und sich darauf einließen, den verhängnisvollen Satz auf die Zigarettenpäckchen zu drucken.

Wenn man aufhört zu rauchen, braucht man einen Ersatz. Zu der Zeit, als ich noch rauchte, habe ich nie etwas getrunken. Nur zum Abendessen, mit Freunden, das war alles.

So seltsam das auch scheinen mag, die Leute, die mit dem Rauchen aufhören, meinen, einen Pakt mit dem Teufel geschlossen zu haben und glauben, daß *sie nie sterben werden.* In Wirklichkeit sterben sie an anderen Krankheiten – Darmkrebs, Magenkrebs, Bauchspeicheldrüsenkrebs etc. Der Krebs greift weiter um sich. Die Zigaretten für all dieses Unglück verantwortlich zu machen, ist eine große Ungerechtigkeit.

Da ich erhebliche Kraft aufbringen mußte, um das Rauchen einzustellen, werde ich sicherlich nicht wieder anfangen, aber das ist auch der einzige Grund. Rauchen ist nicht schädlich ... Ich würde gerne wieder einmal den Geschmack einer Zigarette genießen.

Der Tod ist unausweichlich, warum also so viel Aufhebens um die Art, wie man stirbt?

Unmäßigkeit ist natürlich auf allen Gebieten schädlich. Aber das ist auch alles.

Noel Coward beschloß, wieder zu rauchen, und er hatte recht.

Seine Mutter war tot, er hatte keine Kinder, er war nur für sich selbst verantwortlich und hatte also das Recht, seine letzten Jahre so zu verbringen, wie er wollte. Er haßte sein »Gebrechen«, wie er es nannte, und wir erfanden fortwährend neue Spiele, damit er vergaß, daß er nur mit großen Schwierigkeiten gehen konnte.

Eines Tages in New York sahen wir uns das Stück *Oh, Coward* an, und Noel mußte vor allen Zuschauern mehrere Stufen hinaufsteigen; wie gewöhnlich zog er das Ganze ins Lächerliche, aber sein Lachen zerriß mir das Herz.

Als er in Jamaika starb, war ich auf Tournee in Chicago. Ich trat damals in einer Art von Theatern auf, von denen er mir immer abgeraten hatte. Ich erfuhr die Nachricht am Telefon, zusammen mit Joe Davis – dem großen Beleuchtungsmeister, der meinen ersten Auftritt im Café de Paris vorbereitet hatte – und brach in Tränen aus.

Leiden ist egoistisch und bringt unsere Gedanken durcheinander. Das ist eine Tatsache; der empfindliche Egozentrismus von Noel Coward, der mir so vertraut war, hat mich nie daran gehindert, ihn aus einem gewissen Abstand heraus zu lieben.

Er konnte ohne mich leben, und ich konnte ohne ihn leben. Wenigstens taten wir so. Heute, nach so vielen Jahren, fehlt er mir mehr denn je. Niemand hier unten »lädt meine Batterien wieder auf«. Vollkommene Leere in einer öden Welt.

Aber diese Welt entsprach nicht seinen Vorstellungen. Er verließ sie ohne Bedauern.

Maler und Bildhauer

Es gibt Maler, deren Bilder mir spontan gefallen, und andere, die ich in meiner Jugend schätzen gelernt habe.

Am liebsten mag ich die Impressionisten.

Cézanne vergöttere ich. Er läßt immer Freiräume, die die Phantasie beflügeln. Mit leichtem Pinselstrich erschafft er Wälder und Bäume, und plötzlich sieht man die ganze Landschaft durch die Augen des Malers. Fast keine Farben – obwohl er mit seinem Pinsel Farbe aufträgt.

Ich möchte auch gerne von einem Bildhauer sprechen: Alberto Giacometti. Eines seiner Werke ist ein Hund, den ich einmal im Museum of Modern Art gesehen habe. In diesen Hund habe ich mich verliebt – obwohl ich normalerweise Hunde nicht besonders mag.

Eines Tages, als ich in Paris war, arrangierte einer meiner Freunde, Alex Liberman, eine Begegnung zwischen Giacometti und mir. Beide scheuten wir die Öffentlichkeit und trafen uns daher in einem Bistrot, fern aller Blicke der lästigen Fotografen. Wie üblich bekam ich den Mund nicht auf und blieb stumm sitzen; Giacometti nahm mein Gesicht in seine Hände und sagte: »Sie haben gar keinen Hunger, nicht wahr? Kommen Sie, unterhalten wir uns in meinem Atelier.«

Er arbeitete damals an Frauenfiguren, die so groß waren,

daß er auf eine Leiter steigen mußte, um an den Kopf zu kommen. Das Atelier war kalt und kahl. Er stand oben auf seiner Leiter, ich hockte unten, sah ihm zu und wartete darauf, daß er herunterkommen oder ein Wort sagen würde.

Schließlich redete er. Aber was er sagte, war so traurig, daß ich darüber hätte weinen mögen, wenn ich im richtigen Augenblick hätte weinen können. Als er wieder auf gleicher Höhe mit mir war, nahmen wir einander in die Arme.

Er schenkte mir eine herrliche »Mädchenfigur« - als solche bezeichnete er sie. Er wickelte sie in eine Zeitung. »Nehmen Sie sie mit nach Amerika und geben Sie sie Ihrer Tochter«, sagte er.

Ich befolgte seine Anweisungen aufs Wort. Mit der kleinen Figur auf dem Schoß flog ich über den Atlantik, wissend, daß ich Giacometti nicht mehr wiedersehen würde. Er starb viel zu früh an einer grausamen Krankheit. Wie alle großen Künstler war er ein trauriger Mann. Meine Bewunderung schien ihn zu rühren, aber obwohl ich es gerne gewollt hätte, konnte ich ihm in seinem Unglück nicht helfen.

Wir gingen in die Cafés am Montmartre und in Restaurants; er sah mir beim Essen zu. Sein Herz und sein Körper waren krank.

Heute tut es mir leid, daß ich die ganzen Schätze, die er mir anbot, nicht angenommen habe. Ich war, wie üblich, zu gut erzogen, um eine solche Fülle von Geschenken zu akzeptieren. Aber seine Liebe habe ich nicht zurückgewiesen – und daß die »Professoren« sich hier ja nicht einmischen! Ich kann nicht sagen, daß er mich bereicherte. Ich versuchte ihn zu bereichern. Aber ich hatte nur wenig Zeit. Zu wenig Zeit.

Komponisten

Strawinski

Ich verehrte ihn schon lange und glaubte nicht, daß ich ihm je begegnen würde. Aber ich hatte Glück, allerdings ohne mein Zutun, denn ich stelle meinen »Helden« nie nach.

Bei einem Diner, das der englische Schauspieler Basil Rathbone gab, saß Strawinski neben mir. So ruhig wie möglich erzählte ich ihm von meiner Bewunderung und sagte: »Sehr gut gefällt mir der Teil im *Sacre du printemps,* wo das junge Mädchen vor dem Mann davonläuft und schreiend im Wald verschwindet.«

Er sah mich einen Augenblick lang an und meinte dann: »Diese Szene gibt es nirgendwo in der Musik, die ich geschrieben habe, auch nicht in meiner Ballettmusik.«

Daraufhin sang ich ihm genau die Passage, von der ich gesprochen hatte, vor; er wartete geduldig, bis ich fertig war. »Wenn Sie glauben, daß diese Musik zu der Szene gehört, von der Sie gesprochen haben«, bemerkte er, »schön und gut; doch ich möchte noch einmal betonen, daß diese Szene im *Sacre du printemps* nicht vorkommt.«

Aber das konnte mich nicht entmutigen.

Ich liebte seine Musik weiter so, wie ich sie verstand und war nicht bereit, meine Interpretation zu ändern.

Großzügig wie er war, meinte er sehr viel später zu mir, daß er die besagte Szene, von der ich ihm erzählt hatte, gerne komponiert hätte.

Jedes Mal, wenn unsere Wege sich gekreuzt haben, und bevor er uns für immer verließ, haben wir uns wiedergesehen. Leider waren diese Gelegenheiten sehr selten.

Harold Arlen

Wie ich ihn liebe! Wie ich seine Musik liebe, wie ich seine Begabung liebe, seine Intelligenz!

Er und seine Kinder sind gute Freunde. Einmal hat er eines seiner Lieder auf die Wand im Kinderzimmer meiner Tochter geschrieben.

Er ist unendlich großzügig.

Als ich endlich den Mut hatte, eines seiner Lieder, *One for my Baby, One for the Road,* in London zu singen, kam er über den Atlantik, um mich zu hören . . . Ich war halb tot vor Angst, doch das Lied wurde aufgenommen, und das Ergebnis gefiel ihm.

Aber das ist noch nicht alles, er leiht mir auch Geld, wenn ich etwas brauche.

Er wurde sehr krank, und als ich aus Europa zurückkam, erfuhr ich, daß er in ein New Yorker Krankenhaus eingeliefert worden war. Die Ärzte, die an ein Geschwür geglaubt hatten, mußten bei der Operation feststellen, daß sie nichts machen konnten – und nähten ihn als gute Chirurgen einfach wieder zu.

Ich verbrachte zwei schreckliche Tage an seinem Krankenbett, während die Koryphäen der Universität in aller Ruhe ihr Wochenende genossen, außerhalb von New York, wo sie nicht zu erreichen waren.

Da ich nicht verwandt mit Harold Arlen war, war es

schwierig für mich, eine Entscheidung zu treffen oder irgendwelche Forderungen zu stellen. Ich fühlte mich furchtbar nutzlos.

Nachdem die Familie, die abwartete, ob »sein Zustand sich verschlechterte«, benachrichtigt worden war, rief ich von einer Telefonzelle Dr. Blackmore, den großen Spezialisten für Geschwüre an und bat ihn, sich bereit zu halten, was er auch tat – das Berufsethos ...

»Wenn wir in weniger als einer Viertelstunde die Blutung stillen können«, sagte er, »ist er gerettet«.

Es gelang ihm, und die Blutung hörte auf.

Ich rührte mich nicht von Harolds Bett. »Komm zurück, Harold, geh nicht fort, komm zurück«, murmelte ich in sein Ohr. Er hörte mich und war bald außer Gefahr.

Ich freundete mich mit der Krankenschwester an, einem wunderbaren Mädchen, das für seine unzähligen Transfusionen zuständig war. Am Ende des Tages, wenn man unmöglich mehr ein Taxi finden konnte, machten wir uns Arm in Arm auf den Nachhauseweg.

Harold Arlen, der sein Leben einem guten Einfall des Doktor Blackmore verdankt, lebt immer noch und ist wohlauf.

Ein großer Mann, ein großer Komponist, unerreicht und unerreichbar.

Künstler

Sinatra

Sinatra, der unbestrittene König des Varieté, ist, im Gegensatz zu dem, was gemeinhin über ihn gesagt wird, ein sehr liebenswürdiger Mann.

Eigentlich versteht sich das von selbst, denn so zu singen wie er, erfordert außergewöhnliche Sensibilität, echte Herzensbildung. Sein öffentliches »Image« hat die Presse geschaffen, es paßt überhaupt nicht zu ihm. Ich kenne ihn gut. Er braucht die Journalisten nicht. Er hat sie noch nie gebraucht, diese Typen, die ihre Nase in anderer Leute Privatleben stecken und alle Informationen auf Befehl verfälschen.

Sinatra hat gegenüber uns Frauen einen großen Vorteil: er kann sich schlagen, sich körperlich gegen die Journalisten wehren. Wir würden das auch gerne tun, aber für uns ist das viel schwieriger, obwohl einige Frauen den Mut dazu haben. Sinatra schlägt nur zu, wenn er dazu gezwungen ist, doch sein italienisches Temperament macht es ihm schwer, seinen Zorn zu verbergen.

Besonders auf den Flughäfen benehmen die Fotografen sich wie wilde Tiere. Sie versuchen die Leute im ungünstigsten Augenblick aufzunehmen. Ich werde nie den Tag vergessen, als ich um einen Rollstuhl gebeten hatte, weil ich nicht kilometerweit bis zu meinem Flugzeug gehen wollte. Ich litt an den Folgen eines schweren Unfalles und hatte keine Lust, mich unnötig anzustrengen. Doch nach dem Ansturm all der Fotografen und Journalisten, die sich im Flughafen drängten, beschloß ich zu laufen, um diese Horde loszuwerden. Mein Plan gelang. Die »Herren« hatten mich in einem Rollstuhl sehen wollen. Sie legten keinen Wert darauf, zu zeigen, wie ich zu Fuß zu meinem Flugzeug ging und verschwanden enttäuscht. Sinatra behandelt sie, wie sie es verdienen, und das macht er gut, wie alles, was er in Angriff nimmt.

Er geht an ein Lied heran wie ein Dichter an seinen Text. Seine Intonation, seine Atemtechnik, seine Arrangements sind berühmt, seine Professionalität, seine Großzügigkeit, seine Loyalität auch – alles an ihm ist berühmt. Dieses erlesene Genie kann auf die Journalisten verzichten.

Nat King Cole

Nat King Cole war das Gegenteil von Frank Sinatra. Er war ein schüchterner, bescheidener Mann.

Ich habe ihn in Las Vegas kennengelernt. Damals war ich noch neu in dem Beruf, in den ich so unvermittelt eingestiegen war.

Nat King Cole meinte, ich täte besser daran, nicht in dieser Stadt zu singen, ich sollte in Theatern auftreten, ins Ausland gehen, er riet mir, mit Südamerika anzufangen.

Wir sahen uns wieder, als er im Fairmont Hotel in San Francisco sang und ich einen Vertrag mit dem Geary Theatre hatte. Ich kam aus Texas und wußte nicht, daß in der Stadt sehr viele Musicals aufgeführt wurden und keine guten Musiker mehr zu bekommen waren.

Nat King Cole besuchte mich bei einer Probe. Er nahm mich zur Seite und gab mir einige Ratschläge: »Sie dürfen nicht mit zweitklassigen Musikern arbeiten, denn Ihre Arrangements sind schwierig. Zwei Dinge sollten Sie immer beachten: *Numero uno:* sich auf jedem Gebiet die besten Musiker angeln. *Numero due:* Ihren Impresario lange im voraus aussuchen, damit er die besten Musiker auch rechtzeitig für einen bestimmten Termin in einer bestimmten Stadt verpflichten kann.«

Während seine Vorstellung im Fairmont zu Ende ging, beeilte ich mich, um ihn noch *Joe Turner Blues* singen zu hören. Er hielt den Bühnenvorhang in der Hand und zog ihn zu, während er den letzten Refrain sang. Nat King Cole war ein wunderbarer Mann, der seine Gefühle nur sehr zurückhaltend äußerte, aber er war nie schüchtern, wenn er einen guten Rat geben konnte.

Ohne ihn wäre ich wahrscheinlich nie vom Night-Club zum Theater gekommen. Wie ungerecht, daß er so jung sterben mußte!

Ich glaube, daß Gott ihn liebte, auch wenn es mir unmöglich scheint, daß Gott die liebt, die jung sterben.

Meine Freundin Piaf

Entsetzt sah ich zu, wie sie Raubbau mit ihren Kräften trieb, wie sie drei Liebhaber auf einmal nahm, und ich kam mir vor wie die Kusine vom Land. Sie merkte das gar nicht. Sie war immer und ewig mit ihren Gefühlen beschäftigt, mit ihrem Beruf, mit ihrem Glauben an allerlei seltsame Dinge, mit ihrer Leidenschaft für die Welt im allgemeinen und für bestimmte Menschen im besonderen.

In meinen Augen war sie wirklich der Spatz, der kleine Vogel, dessen Namen sie trug, aber auch Jezabel, deren unstillbarer Durst nach Liebe ein Gefühl der Unvollkommenheit ausgleichen mußte, ihre »Häßlichkeit« – wie sie sagte –, ihren zarten, schmächtigen Körper, den sie in den Kampf schickte wie Circe, die Sirenen und Lorelei, diese Verführerin, die mit ihrer unvergleichlichen Lebenskraft alle Freuden dieser Welt verhieß. Sie machte mich schwindelig mit all ihren Liebhabern, die ich verstecken oder in verschiedene Zimmer ihrer Wohnung führen mußte.

Ich tat, was sie von mir verlangte. Ohne je ihr ungeheures Bedürfnis nach Liebe zu verstehen, leistete ich ihr gute Dienste. Sie mochte mich; vielleicht liebte sie mich. Aber ich glaube, sie konnte nur Männer lieben. Die Freundschaft war ein unbestimmtes Gefühl, dessen Schatten manchmal durch ihren Kopf und durch ihr Herz huschte. Sie hatte nie die Zeit, sich ausschließlich der Freundschaft zu widmen. Sie hatte recht, denn ihre Kräfte waren nicht unerschöpflich. Ich half ihr beim Anziehen im Theater und im *Versailles,* dem New Yorker Night-Club, in dem sie sang. Als das tragische Unglück geschah, nahm ich die praktischen Probleme ihres Lebens in die Hand. Wir sollten Marcel Cerdan vom Flughafen abholen; sie schlief, als ich erfuhr, daß sein Flugzeug über den Azoren abgestürzt und er tot war.

Ich mußte sie zur vorgesehenen Zeit wecken und ihr die Nachricht beibringen. Dann kamen die Ärzte und die Medikamente. Ich war sicher, daß sie die Vorstellung im *Versailles* absagen würde, aber als ich am Nachmittag mit ihr darüber sprach, wollte sie keinesfalls ihren Vertrag brechen. Ich mußte mich fügen, hielt es aber für absolut nötig, den Dirigenten zu bitten, zwischendurch eine Pause zu machen und die *Hymne à l'amour* fortzulassen. Dann stellte ich mit dem Beleuchter des Hauses die Scheinwerfer auf ein sanfteres Licht ein. Ich ging wieder zu ihr in die Garderobe: sie war ruhig und bestimmt. Sie hatte beschlossen, die *Hymne à l'amour* zu singen.

Wie alle anderen fürchtete ich vor allem eine Passage in diesem Lied: »*Si tu meurs, je mourrai aussi.* Wenn du stirbst, werde auch ich sterben.« Doch sie hielt durch. Sie absolvierte ihr Repertoire, als ob nichts geschehen wäre. Mehr noch, sie schien sich nicht einmal jenem harten Gesetz des Show-Business zu beugen, das da heißt, »die Show muß weitergehen«. Sie bediente sich gleichsam ihres Schmerzes, ihrer Trauer und sang noch besser als sonst.

An den nächsten Abenden saßen wir beide in ihrem dunklen Hotelzimmer und hielten uns über dem Tisch an den Händen; sie war untröstlich und versuchte mit allen Mitteln, Cerdan zurückzuholen. Plötzlich rief sie: »Da ist er – hast du seine Stimme nicht gehört?« Ich brachte sie ins Bett, wissend, daß diese wahnsinnige Verzweiflung wieder vorübergehen würde.

Und sie ging vorüber.

Lange nach diesen Ereignissen kündigte Edith Piaf an, sie werde heiraten. Auch diesen Sturm ließ ich über mich ergehen. Die Zeremonie mußte in einer Kirche in New York stattfinden, und ich sollte Trauzeugin sein; da ich nicht katholisch bin, besorgte Edith Piaf eine Ausnahmegenehmigung für mich. Sie kehrte ins Land ihrer Erinnerungen und ihres kindlichen Aberglaubens zurück, und an einem dunklen New Yorker Morgen half ich ihr beim Ankleiden. Als ich in ihr Zimmer kam, saß sie dem Brauch entsprechend nackt auf ihrem Bett. Der »Brauch« hing natürlich mit dem Glauben zusammen, daß auf diese Weise das Glück das junge Paar nie verlassen würde. Um den Hals trug sie eine Kette mit einem kleinen Smaragdkreuz, das ich ihr geschenkt hatte; sie wirkte verloren in diesem düsteren Zimmer, Tausende von Kilometern von ihrer Heimat entfernt.

Danach kehrte sie nach Frankreich zurück. Wir hatten ein zärtliches Verhältnis zueinander, aber Liebe war es wohl nicht. Ich habe ihre Haltung und ihre Entscheidungen immer respektiert.

Sehr viel später, als sie drogensüchtig war, habe ich ihr die Treue gebrochen. Das war mehr, als ich ertragen konnte. Ich kannte meine Grenzen, auch wenn ich verstand, daß sie die Drogen brauchte. Verstehen bedeutet nicht immer gutheißen. Was konnte ich tun? Alle meine Bemühungen, Edith zu helfen, stießen auf eine unüberwindliche Mauer: die Drogen.

Ich war untröstlich. Die Drogen waren damals nicht so gefährlich wie heute – es gab kein Heroin oder ähnlich abscheuliche Mittel –, aber immerhin handelte es sich um Drogen, und ich gab es auf, ihr zu helfen. Meine Liebe zu ihr blieb bestehen, doch sie war unnütz geworden. Sie war nicht allein. Wie zu erwarten, stand ihr ein ergebener junger Mann zur Seite.

Ich gab Edith Piaf auf wie eine verlorene Tochter – der man immer nachtrauert, die man immer beweint, die ich immer im Grunde meines Herzens tragen werde.

Rudolf Nurejew

Ich habe nie einen eitleren Menschen kennengelernt.

Er hat sicher gute berufliche Gründe dafür, und man würde seine Haltung vielleicht tolerieren, wenn er privat nicht ebenso eingebildet wäre wie auf der Bühne.

Ich lernte Nurejew durch meine Freundin Margot Fonteyn kennen. Nach ihren Auftritten trocknete ich die beiden ab hinter den riesigen, kalten »Kulissen« – wenn man hier überhaupt von »Kulissen« sprechen kann – des Pariser Sportpalastes.

Nurejew ist ein Einzelgänger und zugleich extravertiert – eine erstaunliche Mischung, die alle, die mit ihm in Berührung kommen, überrascht. Aber das ist ja gerade seine Absicht.

Ich habe Nurejew oft in London gesehen, denn wir waren Nachbarn. Er beklagte sich ständig über seine Beine, die er für »zu kurz« hielt, und meine Aufgabe bestand darin, ihm zu antworten, dies sei nicht der Fall, auf der Bühne sei er perfekt. Der große Tänzer Eric Bruhn war sein Guru.

Bruhn rührte sich nicht aus Nurejews Loge, und nur sein beifälliges Kopfnicken konnte letzteren wirklich zufriedenstellen. Da ich Bruhn nie habe tanzen sehen, kann ich über sein Talent nichts sagen und muß mich auf Nurejews Urteil verlassen. Er muß der Größte gewesen sein, obwohl er keineswegs wie ein Tänzer aussah. Er wirkte sehr ernst und schien mit Theater oder Tanz nichts zu tun zu haben.

Wenn ich Barischnikow sehe, denke ich immer an Nurejew und seine Zwangsvorstellung, zu kurze Beine zu haben. Barischnikow braucht sich über solche Dinge keine Gedanken zu machen. Er hat schöne, lange Beine und ein Gesicht wie ein junger Gott. Er hat keinerlei Minderwertigkeitskomplexe. Ich glaube, er verdankt dieses großartige Gleichgewicht der Tatsache, daß er die Frauen liebt.

Er ist kein Einzelgänger, auch nicht in seiner Kunst. Er ist gesund, Gott sei Dank!

Elisabeth Bergner

Elisabeth Bergner war das Idol von Millionen von Menschen und, vor dem *Blauen Engel,* auch dasjenige meiner Jugend.

Wie schon gesagt war sie zu den Anfängerinnen sehr nett, aber ich fürchtete sie.

Jedes Mal, wenn man einer bedeutenden Persönlichkeit gegenübersteht, verspürt man Angst. Jedenfalls ist das bei mir so. Das ist mir oft passiert. Und wenn die besagte Person auch noch eine große Schauspielerin ist, dann ist die Angst zehnmal so groß. Wie auch immer, in den späten zwanziger Jahren war Elisabeth Bergner eine Sensation auf allen Bühnen Europas. Sie war die Königin der »Bretter, die die Welt bedeuten«, wurde »oft kopiert und nie erreicht«.

Sie war eine beeindruckende Erscheinung, weder Mann noch Frau. Sie war die Bergner. Sie hatte eine ganz besondere Art, deutsch zu sprechen, mit einer ungewöhnlichen Betonung der Silben. Die Haarsträhne, die ihr in die Stirn fiel, die »Bergner-Locke«, wurde das non plus ultra der Mode. Sie brachte auch die ganz kurzen Haare auf, als die jungen deutschen Mädchen ihre Haare noch bis auf die Schultern wachsen ließen.

Elisabeth Bergner faszinierte ihr Publikum, verzauberte es wie eine Magierin.

Viele Jahre später, in Hollywood und in England, wurden wir Freundinnen.

Nach der »Spanischen Tänzerin«

Josef von Sternbergs Entschluß, unserer Zusammenarbeit ein Ende zu setzen – zu dem wohl auch die Direktoren des Studios beigetragen hatten –, war für mich der Anfang einer langen Serie mittelmäßiger Filme. Gegen meinen Willen. »Wenn du Hollywood jetzt verläßt«, sagte von Sternberg zu mir, »wird alle Welt glauben, daß du alles nur wegen *mir* getan hast. Du mußt weiter hier arbeiten.« Ich drehte die nächsten Filme, gelinde gesagt, ohne große Überzeugung.

Ruben Mamoulian wurde ein sehr guter Freund und nahm mich so, wie ich war. Andere auch. Der einzige Film, dessen ich mich nicht zu schämen brauche, ist *Sehnsucht (Desire)* von Frank Borzage nach einem Drehbuch von Ernst Lubitsch. Ich fand Gary Cooper weniger einsilbig als je zuvor. Er war auch endlich Lupe Velez los, die ihm während der ganzen Dreharbeiten zu *Marokko* nicht von den Fersen gewichen war.

Sehnsucht war ein guter Film geworden, der sich zudem als ein Kassenerfolg erwies, etwas, das ich inzwischen zu schätzen gelernt hatte. Das Drehbuch war ausgezeichnet, die Rollen hervorragend – das beweist wieder einmal, daß sie wichtiger sind als die Schauspieler. Aber noch bevor *Sehnsucht* sich an den Kassen durchgesetzt hatte, drehten wir (das ist im Filmgeschäft immer so) einen anderen, nicht sehr guten Film: *Engel (Angel),* Buch *und* Regie waren von Ernst Lubitsch. Als *Sehnsucht* auch in anderen Ländern in die Kinos kam, faßten wir wieder neuen Mut.

Der Garten Allahs

1936, als ich immer noch bei der Paramount unter Vertrag stand, wollte David Selznick einen Farbfilm nach einem Erfolgsroman von Robert Hichens machen. Er verhandelte mit der Paramount und »lieh« mich für die Dauer der Dreharbeiten aus.

Mit David Selznick hatte es eine ganz besondere Bewandtnis. Mit seinem außergewöhnlichen Wissen über das Räderwerk der Macht, seiner Kunst, dadurch zum Ziel zu gelangen, daß er seinen Gesprächspartnern einfach nur aufmerksam zuhörte, hatte er sich sein eigenes Reich geschaffen, in dem jedes seiner Worte ein Befehl war. Ich arbeitete sehr gerne für ihn, denn ich wußte genau, was er von mir erwartete. Natürlich war er nicht unfehlbar. Aber er konnte seine Fehler großzügig wiedergutmachen und war für seine eigenen Produktionen auch mit Geld immer sehr freizügig.

Selznick und ich hatten dieselben Ansichten. Wie ich verabscheute er grelle oder zu kräftige Farben. Klug wie er war, ließ er Ernest Dryden meine Kostüme entwerfen.

Das war eine schwierige Aufgabe für Dryden. Meine Rolle war die einer geheimnisvollen und zugleich ganz wirklichen Frau. Der Film spielte in der Wüste, und Selznick wollte keine Amazone, die in Hosen und Stiefeln herumlief. Die Idee, die Kleider in Sandfarben zu halten, gefiel ihm, und wir begannen, verschiedene Stoffe auszuprobieren, während Dryden weiter entwarf. Trotz aller Geschichten, die über diesen Film erzählt wurden, und obwohl Josh Logan und seine Anekdoten Mittelpunkt so mancher Party waren, bleibt *Der Garten Allahs* bis zum heutigen Tage der schönste Farbfilm, der je gedreht wurde.

Charles Boyer stellt einen Mönch dar, der sein Gelübde gebrochen hat, und ich ein seltsames Geschöpf mit unvorhersehbaren Reaktionen. Ich trug den lächerlichen Namen Domini Enfilden und suchte allem Anschein nach meinen »Seelenfrieden« in der Wüste. Ich fand es spannend, bei einem der ersten großen Farbfilme mitzuwirken.

Selznick legte großen Wert darauf, daß meine Rolle lebensecht war und hörte mir mit unendlicher Geduld zu, wenn ich ihm meine Ideen für die Kostüme erklärte: ich hatte nämlich beschlossen, nur Farbtöne auszuwählen, die auf den Wüstensand abgestimmt waren.

Dryden, ein sehr begabter Kostümbildner, stimmte mit mir überein, und wir schufen wunderschöne Kleider.

Zum ersten Mal in der Geschichte des Farbfilms wurden nur Pastelltöne verwendet, und die Aufnahmen waren herrlich – was viel heißen will, denn die großen Kameraleute des Schwarzweißfilms hatten sich ja bisher nie mit den besonderen Problemen der Farbe beschäftigt.

Ein junger Mann, Josh Logan, kam aus New York (damals hatte er die Funktion eines »Dialogregisseurs«). Später hat er dann in einem Buch unsere Erlebnisse beschrieben und Hunderte von Leuten auf Parties mit seinen Anekdoten über den *Garten Allahs* unterhalten. Diese Geschichten entsprechen nicht alle völlig der Wahrheit, aber sie sind recht amüsant.

Wir fuhren in die Wüste von Arizona, wo wir zusammen mit unzähligen Skorpionen in Zelten kampierten. Die Hitze war fürchterlich. Die Schminke lief uns über die Wangen, aber die größte Katastrophe war das Toupet von Charles Boyer.

Am frühen Nachmittag, wenn das Licht der noch sengenden Sonne bereits eine andere Farbe annahm, beeilten wir uns, mit den begonnenen Szenen fertig zu werden, bevor die gelben Strahlen nicht mehr zu fotografieren waren oder das Licht nicht mehr den Schattierungen vom Morgen entsprach. Dabei schenkte niemand dem Toupet von Charles Boyer besondere Aufmerksamkeit.

Eines Tages, als wir die große Liebesszene des Films drehten, beugte Boyer sich zu mir herunter und wollte mich gerade küssen, als sich plötzlich sein Toupet löste. Der Schweiß, der sich darunter angesammelt hatte, ergoß sich über mein Gesicht. Allgemeine Panik: Maskenbildnerinnen und Friseusen liefen aufgeregt durcheinander, die Sonne sank immer weiter herunter und wurde immer gelber. Der Kameramann rief: »Schluß für heute!«

Mr. Selznick schickte das ganze Team nach Hollywood zurück, wo wir neue Anweisungen abwarten sollten. In der Zwischenzeit wurde in einem riesigen Atelier die Wüste nachgestellt. Lastwagen brachten Sand von den Stränden am Pazifik, große Ventilatoren wurden installiert, um eine leichte Brise zu simulieren. Die Produktionsgesellschaft gab ein wahres Vermögen aus.

Schließlich mußten wir wieder antreten und die durch das widerspenstige Toupet verdorbenen Einstellungen sowie die folgenden Szenen noch einmal drehen.

Damals dauerte es mehrere Tage, bis man das Ergebnis all solcher Bemühungen auf der Leinwand sehen konnte. Wieder eine Katastrophe; das Urteil lautete: »Falsche Sandfarbe«. In der Tat hatte der Sand vom Stillen Ozean eine andere Farbe als der aus Arizona.

Wieder wurden wir nach Hause geschickt. Während wir warteten, wurde der »falsche« Sand fortgeschafft und durch den »richtigen« aus Arizona ersetzt. (Mr. Selznick war der größte Perfektionist, den ich je gesehen habe.)

Doch trotz aller Änderungen des Drehbuchs konnte er diesen Film nicht retten, der noch heute einer der schönsten Farbfilme ist . . . aus jener Pionierzeit.

Doch zu unserem großen Bedauern ist *Der Garten Allahs* auch nicht mehr als das. Wir haben alle unser Bestes gegeben, damit der Film gelingt, aber das Wunder ist nicht geschehen. Niemand kann voraussehen, was den Kritikern gefällt. Jede künstlerische Betätigung ist und bleibt nun einmal ein Pokerspiel.

Kostüme

Jeder, der sich auch nur ein bißchen in Fotografie auskennt, weiß, daß zwischen dem menschlichen Auge und dem Objektiv einer Kamera ein großer Unterschied besteht. Die großen Künstler, die die Kostüme der Filmstars entwarfen, kannten die Technik der Fotografie von Grund auf, kannten den Wert der Farben und die Wirkung eines jeden Materials, noch bevor die Kostüme in den Schneiderwerkstätten Form annahmen. Dennoch fanden vor Beginn der eigentlichen Dreharbeiten immer »Kostüm- und Schminkproben« statt.

Diese Proben zeigten dem Kameramann, welche Probleme auf ihn zukamen, so daß er die Beleuchtung entsprechend einstellen konnte.

Ich habe schon von Travis Benton erzählt, der sich bei der Paramount um alle meine Kostüme gekümmert hat. Bei Metro Goldwyn Mayer gab es Adrian, Irene und Karinska. Sie hatten ein so geübtes Auge, daß nach den »Kostümproben« selten größere Änderungen vorgenommen werden mußten. Zur Zeit der Schwarzweißfilme wollte man manchmal ganz sicher gehen und prüfte die Stoffe vor der Kamera, bevor die Kostüme in Auftrag gegeben wurden, denn trotz allem war die Farbe von entscheidender Bedeutung. Pastelltöne ersetzten ein reines Weiß; teefarbene Materialien wirkten wie Naturweiß.

Schwarz (und vor allem schwarzer Samt) war völlig unbrauchbar. Josef von Sternberg mußte sein ganzes Können einsetzen, um die schwarzen Kleider, die ich so gerne trug, aufzunehmen.

Als die Farbfilme aufkamen, gerieten diese Grundregeln völlig durcheinander. Die Studios fanden sich unter der Fuchtel einer Frau namens Madame Kalmus wieder, der damaligen Direktorin von Technicolor. Madame Kalmus war so stolz auf das neue Verfahren, daß sie grelle Farben für Dekoration und Kostüme forderte – ähnlich wie damals, als der Ton in die Welt des Stummfilms eindrang, alle Schauspieler anfingen zu schreien. Natürlich wurde auch ich um einen Farbtest gebeten. Ich wählte ein weißes Kleid, aber bevor irgend jemand einschreiten konnte, schlüpfte Madame Kalmus auf den Set und stellte eine Vase mit einer roten Tulpe neben mich.

Die Farben waren kräftig. Die Blautöne waren so intensiv, daß sie, ebenso wie der Himmel, bei Aufnahmen ausgeschlossen waren. Erst als die Möglichkeiten der Farbtechnik besser wurden, konnte man den Himmel wieder fotografieren. Doch der »Tanz um die Farbe« ging weiter, wie bei einem Kind, das ein neues Spielzeug entdeckt hat. Die Studios richteten neue Abteilungen ein, führten endlose Proben durch, und schließlich durfte auch das Schwarz aus seiner Quarantäne heraus.

Neue Make-ups wurden erfunden, geprüft, neu zusammengestellt und wieder geprüft. Auch die Lippenstifte waren dem schöpferischen Elan unterworfen. Die geschminkten Männer sahen aus wie Puppen. Doch nichts konnte den Siegeszug der Farbe aufhalten; alle bisherigen Erfahrungen und Kenntnisse schienen vorsintflutlich zu sein.

Die besten Kameraleute kannten sich mit dieser neuen Technik nicht aus. Die zweitklassigen Kameraleute hatten sich in ihrer Freizeit mit der Farbfotografie befassen können und nutzten das nun, um auf den Markt zu drängen. Ein heftiger Krieg brach aus. Schließlich fand man eine Lösung: die auf die Farbe spezialisierten Kameraleute würden die Kameras führen und die Scheinwerfer installieren, während die Asse der Schwarzweißzeit sich auf die Aufnahmewinkel konzentrieren und die Ausleuchtung vor allem der Gesichter der Stars bestimmen würden. Dieser Kompromiß brachte ziemlich dürftige Ergebnisse hervor, aber das war immer noch besser, als unerfahrenen Kameraleuten wichtige Dreharbeiten zu überlassen, nur weil sie sich mit der Farbe auskannten. Die Scheinwerfer blendeten dann die Schauspieler, denen erklärt wurde, dieses grelle Licht sei unbedingt notwendig. Die ersten unter diesen Bedingungen entstandenen Filme waren mittelmäßig; sie verdankten ihren kommerziellen Erfolg nur dem Reiz der neuen Technik. Gott sei Dank ging dieser Kelch an mir vorüber. Ich hatte das Glück, nie für die Paramount einen Farbfilm drehen zu müssen, an David O. Selznick war ich für den *Garten Allahs* ja nur »ausgeliehen« worden.

Bei Theaterkostümen stellen sich ganz andere Probleme als bei Kostümen für den Film. Sie sind nur für das menschliche Auge bestimmt. Das sollte die Sache vereinfachen, aber leider sind auch hier viele Hindernisse zu überwinden.

Die Tatsache, daß man dem Publikum direkt gegenübersteht, ist ein erheblicher Vorteil und zugleich ein beträchtliches Risiko.

Das erste Problem ist die Distanz. Nur einige wenige Glückliche sitzen in der ersten Reihe, die im übrigen recht weit von den Schauspielern entfernt ist. Folglich müssen deutliche Akzente gesetzt werden. Accessoires wie Ringe und Ohrringe sind so gut wie nicht zu sehen, alle Bemühungen um historische Genauigkeit sind in diesem Punkte nutzlos.

Auch die Bühnenbeleuchtung, die Farben und Formen verändern kann, stellt ein Problem dar. Anders als im Kino gibt es keine Großaufnahmen. Alles wird in der »Totalen« gesehen. Folglich kommt der Silhouette eine entscheidende Bedeutung zu. Die Bewegungen der Schauspieler müssen harmonisch sein, denn eine »zweite Aufnahme« ist nicht möglich.

In jeder großen Stadt bieten die Bibliotheken und Buchhandlungen zahlreiche Werke zu diesem Thema. Am besten läßt man sich jedoch von dem jeweiligen Stück inspirieren, um das Passende zu finden.

Die »historischen« Kostüme sind weniger problematisch als die modernen. Moderne Theaterkostüme sollten sich nie nach der aktuellen Mode richten, denn gerade Kleider sind sehr schnell wieder passé. Da ich nie wirklich eine Theaterschauspielerin war, habe ich mir meine Meinung aufgrund vieler Stücke gebildet, die ich in Europa, England und Amerika gesehen habe.

Bei jedem Konzertauftritt trug ich, wie gesagt, wahre Kunstwerke von Kostümen. Da ich mich nicht hinter einer imaginären Person verbergen mußte, konnten Jean Louis und ich uns traumhafte Gebilde ausdenken, ohne dabei den beim Theater üblichen Zwängen zu unterliegen. Die Kreationen von Jean Louis machten aus mir ein vollkommenes, ätherisches Wesen, das verführerischste, das es gab. Einige seiner Kostüme – eines prächtiger als das andere – habe ich aufbewahrt.

Ich bin sehr oft gefragt worden, woher meine Vorliebe für den weißen Frack und Krawatte komme, die ich bei einer Vorstellung in den fünfziger Jahren aufgebracht hatte. Es scheint nicht bekannt zu sein, daß dies eine sehr alte Idee ist. Schon 1900 trug eine Schauspielerin namens Vesta Tilly – 1910 gefolgt von Ella Shields, vor allem, wenn diese das Lied *Burlington Berty* sang – Männerkleider. Andere Künstler des britischen Varieté taten es ihnen bald nach. Aber das ist nicht der einzige Grund. Wenn ich oft im Frack aufgetreten bin, so auch deshalb, weil die besten Lieder für Männer geschrieben sind. Zum Beispiel wollte ich unbedingt *One for my Baby, One for the Road* von Harold Arlen singen. Nun ist es für eine Frau aber unmöglich, sich um viertel vor drei morgens in einer Bar aufzuhalten. Kein Problem dagegen für einen Mann. Das ist der Grund, warum ich versuchte, in Windeseile das Kostüm zu wechseln und mein Kleid mit einem Smoking zu vertauschen. Ich wollte nicht, daß das Publikum länger als eine oder zwei Minuten wartete; das war ein äußerst gewagtes Unternehmen, aber es gelang. Von diesem Tag an stand mir eine breite Auswahl an fröhlichen, lustigen, traurigen Liedern zur Verfügung. Ich bewahre sorgsam einen Brief von Allan Lerner auf, in dem er mir versichert, daß ich seiner Meinung nach besser als irgend jemand sonst *Accustomed to her Face* singe.

Am Ende der Vorstellung tanzte ich mitten in einer Reihe von mehreren Girls. In einigen Theatern mußte ich allerdings darauf verzichten, denn durch diesen Tanz wechselte die ganze Aufführung von der Kategorie »Konzert« in die Kategorie »Varieté«, eine Änderung, die für die Saalbesitzer zusätzliche Steuern bedeutete. Wenn sie darauf bestanden, ließ ich den Tanz also fort. Das machte mir überdies das Leben etwas leichter, denn mit meinen Musikern, meinen Beleuchtern, meinen Tonmeistern sowie zwölf Tänzerinnen und zwei Garderobieren zu reisen, bedeutete viel zusätzliche Arbeit. Dennoch trauerte ich dieser Nummer oft nach. Die Girls trugen schwarze »sexy« Höschen, schwarze Strümpfe, weiße Westen und Zylinder...

Sie bildeten einen herrlichen Kontrast zu meinem schwarzen Smoking. Auf der Bühne war alles schwarz, auch der größte Teil der Dekoration.

Ich reiste mit meinem eigenen rosafarbenen Bühnenvorhang, der bei bestimmten Nummern direkt hinter mir heruntergelassen und mit farbigen Scheinwerfern angeleuchtet wurde. Meine Bühnenkleider waren alle auf einen fleischfarbenen Stoff gestickt und leicht zu beleuchten, da kein störender Einfluß von anderen Farben ausging. Ob im Film oder auf der Bühne, immer habe ich gedeckte Farben den leuchtenden Farben vorgezogen, und die Fachleute, mit denen ich zusammenarbeitete, gaben mir darin recht.

Fotografen

Eine der wichtigsten Personen bei den Dreharbeiten ist der Atelierfotograf. Seine Aufgabe besteht darin, Werbeaufnahmen von den Dreharbeiten und den Stars zu machen. Dennoch werden die meisten Fotos, die im Umlauf sind, eigens in einem Studio gemacht.

»Marlene Dietrich war eine der Personen, die ich am liebsten fotografierte«, hat Davis Boulton über mich geschrieben. »Sie ist eine richtige Expertin. Sie kannte die Fotografie ebenso gut wie ich. Sie verlangte, daß ein einziger Scheinwerfer über ihr installiert wurde, so daß ihre hohlen Wangen zur Geltung kamen. Stars lassen sich nicht gerne fotografieren, wissen Sie.«

Meiner Meinung nach besteht das größte Talent eines Fotografen darin, seinem Gegenüber die Befangenheit zu nehmen, es in eine euphorische Stimmung zu versetzen, es dazu zu bringen, richtig zu »posieren« und den Ausdruck zu ändern – kurz, die Sitzung lebendig zu gestalten, und wenn er zu diesem Zweck leise Musik im Hintergrund laufen läßt.

Der Fotograf genießt dem Filmemacher gegenüber einen großen Vorteil: sein Modell bewegt sich nicht; es atmet nicht einmal. Keine komplizierte Beleuchtung, um die Bewegungen des Schauspielers abzudecken.

Dann kommt die Feinarbeit der Entwicklung und der Retusche. Letzteres ist eine Kunst für sich. Ich habe mich damit dank eines jungen Japaners bei der Paramount ein wenig vertraut machen können; stundenlang beobachtete ich ihn an seinem Arbeitstisch bei der Suche nach jeder kleinen Unvollkommenheit, die er dann mit seinem Pinsel ausbesserte. Normalerweise kümmern sich junge Assistenten um die Aufstellung und andere technische Probleme.

Ein großer Fotograf versucht vor allem, mit Rücksicht auf den Publikumsgeschmack das Bild zu erhalten, das er im Kopf hat. Er hat auch den ungeheuren Vorteil, Hunderte von Aufnahmen oder mehr machen (»Film kostet nichts«), die beste auswählen und in die ganze Welt schicken zu können, wo sie dann jahrelang immer wieder reproduziert wird und seinen Ruhm noch vermehrt. Es ist also nicht verwunderlich, daß diese Fotografen ein Ausbund an Höflichkeit und Charme sind, und daß keiner von ihnen auch nur die geringsten Skrupel hat, wenn es darum geht, an sein Ziel zu kommen. Alle sind sie bereit, ihre fotogene Seele für ein tadelloses Negativ zu verkaufen.

Aber ich liebe sie ohne Ausnahme und beneide sie aus mehr als einem Grund.

Meine Lieblingsfotografen sind Beaton, Steichen, Armstrong-Jones, Avedon und Greene.

Ich sollte einen weiteren Film für die Paramount drehen. Außerdem hatte ich mich bei der Columbia verpflichtet, unter der Regie von Frank Capra in einem Film über George Sand mitzuspielen. Plötzlich ein Dolchstoß.

Ein gewisser Brandt, Besitzer einer Kinokette, veröffentlichte in allen amerikanischen Zeitungen eine Anzeige: »Folgende Schauspieler und Schauspielerinnen sind *beim Box-office unerwünscht*«: in fetten Großbuchstaben standen dort die Namen Garbo, Hepburn, Crawford, Dietrich etc. Das war unser Todesurteil.

Dazu muß man erklären, daß die großen Studios damals eine bestimmte Geschäftspolitik verfolgten: jedesmal wenn ein Verleiher einen Film zum Beispiel mit der Garbo oder der Dietrich haben wollte, mußte er zugleich sechs mittelmäßige (oder ausgesprochen schlechte) Filme kaufen.

Die öffentliche Bekanntmachung erschütterte die Filmindustrie. Die MGM verhielt sich ihren Stars gegenüber loyal und bezahlte sie weiter, wollte aber kein Geld mehr in Filme mit ihnen investieren. Die Paramount war nicht so großzügig: sie entließ mich. Und die Columbia zog das Projekt über George Sand zurück.

Warum ein Risiko eingehen mit einem »beim Box-office unerwünschten« Star?

Ich kannte keine der großen Schauspielerinnen, die auf dieser schwarzen Liste standen und wußte nicht, wie ich reagieren sollte.

Ich packte also meine Siebensachen und kehrte zu meinem Mann und meinen Freunden nach Europa zurück. Zu sagen, ich sei verzweifelt gewesen, wäre übertrieben. Im Grunde war Hollywood mir vollkommen egal. Ich war hilflos, brauchte einen guten Rat, jemanden, der mich an die Hand nahm. Und ich hatte das Glück zu finden, was ich suchte.

Zuerst fuhr ich nach Paris, wo mein Mann arbeitete, und verbrachte zwei Wochen im Hotel Plaza Athénée. Wir regelten alle unsere Probleme, genossen ausgiebig die französische Küche und beschlossen dann, in den Süden zu fahren, sobald mein Mann Urlaub bekäme.

Wir flüchteten uns nach Antibes. Hier waren die Sorgen

schnell vergessen. Hier lagen wir mit den Freunden, den Chris-Craft, in der Sonne, badeten im Meer, lachten über alles und nichts; kein Ärger, keine Migräne mehr, vollkommene Freiheit. Wir hatten schon mehrere Sommer in diesem Hafen des Friedens verbracht. Aber der Sommer 1939 war nicht so wie die vorherigen.

Umgeben von meinem Mann, meiner Tochter, Erich Maria Remarque, Josef von Sternberg und einigen Freunden, fragte ich mich ständig: »Zu welcher Welt gehöre ich? Bin ich ein schlechter Star, ein erledigter Star oder einfach eine Null?« »Beim Box-office unerwünscht« hatte der Richterspruch jener Herren in Hollywood gelautet. Eigentlich war mir dieses Urteil gleich. Aber ich hatte dasselbe Gefühl wie zu Anfang meiner Karriere: wenn ich nun eine Enttäuschung war?

Seit langem lenkte von Sternberg meine »Karriere« schon nicht mehr. Ich war völlig mir selbst überlassen.

Wir verbrachten also herrliche Ferien. Die Familie Kennedy war da, und wir lebten wirklich in einem Paradies. Meine Tochter schwamm mit Jack Kennedy zur nahegelegenen Insel, sie hielten ihre Kleider über Wasser, so daß sie sich drüben anziehen und zu Mittag essen konnten.

Vom Ufer aus ließ ich diese ausgezeichneten Schwimmer (was ich nie gewesen bin) nicht aus den Augen und betete zum Himmel, sie möchten nicht ertrinken. Sie sind immer wohlbehalten angekommen. Zum Abendessen waren sie zurück, glücklich, durchnäßt, freudestrahlend. Was für ein Sommer! Wir wußten nicht, daß es der letzte sein sollte. Wir wußten nicht, daß er plötzlich zu Ende sein würde, mit Tränen und drohender Gefahr. Wir tanzten; es gab zwei Tische, einen für die jungen Leute und einen für uns Eltern. Manchmal wechselten wir die Plätze; eines Abends forderte Jack Kennedy mich zum Tanzen auf. Ich liebte alle Kennedy-Kinder, und diese Liebe hat nie aufgehört.

Im Laufe dieses Sommers 1939 erhielt ich wider Erwarten einen Anruf des Produzenten Joe Pasternak aus Hollywood: »Ich will es trotz allem riskieren, einen Film mit Ihnen zu drehen«, sagte er. »Jimmy Stewart hat bereits zugesagt, und ich hätte Sie gerne als seine Partnerin in dem Western *Der große Bluff.*« Ich antwortete: »Nein, um nichts in der Welt.« Doch Josef von Sternberg riet mir, das Angebot anzunehmen. Also verließ ich Antibes und fuhr nach Hollywood.

Ich wechsle das Studio

Es machte Spaß, den Film zu drehen, und wir freuten uns alle sehr über seinen großen Erfolg. Joe Pasternak war besonders glücklich darüber, denn er hatte die Filmindustrie herausgefordert und sah seine Bemühungen belohnt.

Nach dem *Großen Bluff (Destry Rides Again)* drehte er noch mehrere andere Filme mit mir. *Das Haus der Sieben Sünden* (*Seven Sinners*, 1940), dann *Die Freibeuterin* (*The Spoilers*, 1942) und *Pittsburgh* (1942) brachten der Universal viel Geld ein.

Joe Pasternak hatte ein Talent, alle Leute glücklich zu machen. Regisseure wie George Marshall und Tay Garnett unterstützten ihn dabei. Die Schauspieler dagegen waren keine große Hilfe.

Unangenehme Leute, die Schauspieler.

Zunächst John Wayne. Unbekannt, ohne einen Pfennig Geld, flehte er mich an, ihm zu helfen. Ich tat es. Ich telefonierte mit meinem Agenten, Charlie Feldman, der mir antwortete, Anfänger interessierten ihn nicht. Aber schließlich gab er meinen Argumenten nach.

Damals verdiente John Wayne etwa vierhundert Dollar in der Woche, von denen er mit seiner Frau und seinen beiden Kindern leben mußte. Ich tat mein Bestes, um Charlie Feldman zu beeindrucken, erfand lauter unglaubliche »Talente« für meinen Schützling. John Wayne war nicht gerade brillant, aber er war auch nicht schlecht und brauchte Geld. Über Charlie Feldman bekam er einen Vertrag mit der Universal, und ich drehte einige Filme mit ihm. Ich kann nicht sagen, daß er wirklich mein »Partner« war, denn seine Leistung hielt sich sehr in Grenzen – er sagte seine Sätze, und das war alles. Ich half ihm so gut ich konnte. Wayne war kein sehr gescheiter oder aufregender Typ. Er gestand mir, daß er nie Bücher las. Das hat ihn jedoch nicht daran gehindert, im Laufe der Jahre ein hübsches Sümmchen zusammenzutragen. Und es beweist, daß man nicht sehr intelligent sein muß, um ein großer Filmstar zu werden.

Als wir 1942 bei der *Freibeuterin* wieder zusammenarbeiteten, war er ein bißchen sicherer geworden, hatte aber immer noch nicht mehr Talent. Randolph Scott, der ebenfalls mitspielte, sorgte für die »schauspielerische Qualität«. Auch in *Pittsburgh*, den wir kurze Zeit danach drehten. Später wurde John Wayne ein wahrer Krösus und hatte großen Einfluß in Hollywood. Auf meine Hilfe konnte er nun verzichten. Er hat es geschafft, ohne ein einziges Buch aufzuschlagen.

Trotzdem, folgen Sie seinem Beispiel nicht! Lesen Sie!

Ich habe bereits erwähnt, daß alle unsere aus Europa geflüchteten Freunde zuviel Selbstachtung besaßen, um ohne Arbeit in Amerika bleiben zu wollen. Wir halfen ihnen Arbeit zu finden, soweit dies in unserer Möglichkeit stand, und Pasternak tat das Seine.

Von ihm kam die Idee, mich meinen nächsten Film mit René Clair machen zu lassen. Ich sträubte mich zuerst, nahm aber schließlich doch an, denn das Entscheidende war immer, unter allen Umständen seine Pflicht zu tun. Ich schrieb also in meinen Kalender: *Die Abenteurerin* unter der Regie von René Clair mit Bruce Cabot.

Letzterer war ein furchtbar dummer Schauspieler, unfähig, sich an seinen Text zu erinnern. René Clair, der kein Wort Englisch sprach, konnte ihm auch nicht unter die Arme greifen. Außerdem war Bruce Cabot im Gegensatz zu John Wayne sehr eingebildet. Er wollte sich nicht helfen lassen. Ich rang mich dazu durch, ihm Stunden zu bezahlen, damit er bei der Aufnahme wenigstens seine Sätze wußte. Eine großartige Leistung!

Das Team verabscheute René Clair (sicher aufgrund der Sprachbarriere), und zwar so sehr, daß die Techniker mich fast vom Set stießen, sobald es hieß: »Packt eure Sachen zusammen.« *Die Abenteurerin* war ein Reinfall. Ich spielte eine Doppelrolle (zwei Schwestern) und trug wie immer prächtige Kostüme, aber das reichte nicht.

Ich mochte René Clair nicht sonderlich, aber ich haßte ihn nicht so wie das übrige Team.

Der Regisseur, den ich am meisten verabscheut habe, war Fritz Lang. Ich wurde mir meiner Gefühle ihm gegenüber bewußt, als wir 1952 *Engel der Gejagten* drehten. Um mit Fritz Lang arbeiten zu können, mußte ich den ganzen Haß und die Auflehnung, die er in mir hervorrief, zurückhalten. Wenn Mel Ferrer nicht gewesen wäre, wäre ich wahrscheinlich mitten während der Dreharbeiten auf und davongegangen. Aber Mel war immer bei mir; er half mir durch diese mühseligen Tage. Fritz Lang gehörte zur »Bruderschaft der Sadisten«. Er verachtete meine Verehrung für Josef von Sternberg und versuchte, in meinem Herzen und in meinem Körper an die Stelle dieses Genies zu treten. Ich weiß das, weil er es mir gestanden hat.

Die teutonische Überheblichkeit, die er an den Tag legte, empörte mich zutiefst. Nur meine Berufsehre hinderte mich, den Vertrag zu lösen und die Arbeit abzubrechen.

Bevor der Aufruf erscholl: »Alles auf den Set!« verbrachte Fritz Lang Stunden damit, unsere Positionen auf dem Boden zu markieren; dabei durften wir gar nicht auf den Boden schauen. Er wollte nur um jeden Preis verhindern, daß die Schauspieler schneller waren als er selbst, und er schien ein diebisches Vergnügen daran zu finden, sie unermüdlich ihre Bewegungen wiederholen zu lassen.

Fritz Lang legte einfach alles, jeden Schritt, jedes Atmen mit einer sadistischen Genauigkeit fest, die Hitler alle Ehre gemacht hätte. Allerdings war Fritz Lang als deutscher Jude vor dem Nationalsozialismus nach Amerika geflohen. Er führte sich auf wie ein Tyrann. Er hätte nicht gezögert – davon konnten wir uns überzeugen – über Leichen zu gehen. Er war groß und machte weite Schritte, so daß wir ihm nur mit Mühe folgen konnten. Mel Ferrer, ein eleganter Mann, aber deutlich kleiner als Fritz Lang, gab sich unglaubliche Mühe, die Markierungen zu beachten und sich nicht von ihnen zu entfernen. Trotz meiner Größe war ich nicht in der Lage, es ihm gleichzutun. Aber das kümmerte Fritz Lang keineswegs. »Machen Sie weiter«, brüllte er mich an und ließ mich hundertmal dieselbe Geste wiederholen.

Ich hätte ihn auf der Stelle erwürgen können: er gab Anweisungen ohne Sinn und Verstand. Er tat alles, um mich für die Zeit verantwortlich zu machen, die er mit der Einstellung der Scheinwerfer auf meine neuen Positionen verloren hatte, aber ich wehrte mich wie ein Löwin. Da ich mit großen Regisseuren gearbeitet hatte, wußte ich, daß dieses Bedürfnis, die Bewegungen eines Schauspielers zu lenken noch bevor dieser seine Rolle hat einstudieren können, ein Zeichen für reinsten Dilettantismus war, im Fall von Fritz Lang allerdings eher für Sadismus.

Fritz Lang hatte einige erfolgreiche Filme in Deutschland und in den Vereinigten Staaten gemacht, ohne jedoch den internationalen Ruhm zu erlangen, nach dem er trachtete. Ich werde keine Träne um ihn weinen. Ich habe nichts verloren; ich empfand keine Freundschaft für diesen Mann; keine Tränen also. *Der Engel der Gejagten*, der Film, den ich mit ihm gedreht habe, ist und bleibt ein sehr mittelmäßiges Werk.

Danach drehte ich *Herzen in Flammen (Manpower)* mit George Raft und Edward G. Robinson. Raft war während der ganzen Dreharbeiten einfach wunderbar. Raoul Walsh liebte alle und jeden von uns, und wir dankten es ihm. Der Film war ein Erfolg. Ein Glücksfall für uns.

Lange schon hatte ich überlegt, was ich tun würde, wenn Amerika in den Krieg einträte. Ich war gut informiert und kannte meine Pflicht. Natürlich brauchte ich Geld, wie immer und sogar mehr als sonst. Ich hatte Zeit, noch einen Film zu machen und tat das auch. Aber währenddessen bereitete ich mich schon auf meine Abreise und einen langen Aufenthalt im Ausland vor – solange wie der Krieg dauern würde.

Am Tag der Mobilmachung war das schon bei der Machtergreifung der Nazis gegründete »Hollywood-Komitee« einsatzbereit. Seine Hauptorganisatoren waren Ernst Lubitsch und Billy Wilder.

Einem Kontaktmann in der Schweiz, einem gewissen »Engel«, schickten wir Gelder, die dazu bestimmt waren, Hunderte von Gefangenen aus den deutschen Konzentrationslagern zu befreien und nach Amerika zu bringen. Ich habe besagten Herrn Engel nie kennengelernt, aber er muß ein wunderbarer Mann gewesen sein. Er übernahm diesen Dienst an der Menschheit, ohne Rücksicht auf die Gefahren, mit denen das Unterfangen verbunden war. Zu Anfang, als die Konzentrationslager eingerichtet wurden, war es noch möglich, den Gefangenen zur Flucht zu verhelfen und sie dann in größter Heimlichkeit als Mönche oder Nonnen verkleidet in die Schweiz zu bringen, alles dank einer Geheimorganisation, die perfekt funktionierte. Waren sie wohlbehalten angelangt, wurden sie eingekleidet und aufgepäppelt. Sobald es ihnen besser ging, flogen sie nach Los Angeles.

Ich erinnere mich an einen großen populären Komponisten, Rudolf Katcher, der bei seiner Befreiung schwer krank war und kurze Zeit später starb. Er hat das in der ganzen Welt bekannte Lied *Madonna* geschrieben.

Doch die meisten unserer Schützlinge erholten sich schnell. Unsere Aufgabe bestand darin, ihnen Englisch beizubringen und dann eine Arbeit für sie zu finden. Lubitsch und Wilder versuchten, diesen Männern und Frauen in Amerika eine neue Chance zu bieten, und oft hatten sie Erfolg.

Am schwierigsten waren die Theaterleute. Sie waren noch ganz durchdrungen von ihrer früheren Bedeutung. Sie mochten uns Amerikaner nicht. Aber trotzdem ließen sie sich in den Vereinigten Staaten nieder, und wir bemühten uns, ihnen Arbeit zu beschaffen.

Ich erinnere mich an den Tag, als Rudolf Forster zu einer (von Lubitsch arrangierten) Probeaufnahme für die Rolle eines Königs in die Warner-Studios bestellt worden war. Er kam zu mir und sagte, der Thron gefalle ihm nicht, er weigere sich, die Probeaufnahmen zu machen.

Lubitsch hatte eine unendliche Geduld. Dennoch beschloß Forster nach einiger Zeit, uns zu verlassen und in das Hitler-Deutschland zurückzukehren. Seine Abreise entmutigte uns, denn wir hatten versucht, ihm sein Exil weniger schmerzlich zu gestalten. Wir hatten alles Menschenmögliche getan, um Rollen für ihn zu finden, aber dieser egozentrische Mensch wollte der Star bleiben, der er in Deutschland gewesen war.

Ich weiß nicht, was aus ihm geworden ist, nachdem er wieder in sein Land zurückgekehrt war. Da er kein Jude war, hat er dort vielleicht die Enttäuschung überwunden, in Amerika keinen Thron nach seinem Geschmack gefunden zu haben.

Gott sei Dank hatten wir nicht viele solcher Mißerfolge. Wir hatten auch einen Fonds eingerichtet, aus dem wir einige Kriegsopfer mehrere Jahre lang unterstützen konnten. Manche von ihnen hatten so sehr an Leib und Seele gelitten, daß es ihnen schwerfiel, sich an eine fremde Sprache und ein fremdes Land zu gewöhnen. Diese Flüchtlinge konnten nicht arbeiten wie die anderen. Trotzdem sollten sie ein bequemes Leben führen.

Mit der Zeit ging die Zahl der Flüchtlinge zurück. Die Verschärfung der Sicherheitsmaßnahmen in den Konzentrationslagern machte eine Flucht nahezu unmöglich. Nur sehr widerstandsfähige Männer, die beim Ausladen der Züge mit den neuen Opfern helfen mußten, konnten fliehen, wenn sie außerhalb der Lager, nicht zu weit von der Schweizer Grenze entfernt arbeiteten. Dorthin gelangten sie zu Fuß, versteckten sich am Tag und zogen in der Nacht weiter.

Die Schweizer verhafteten diese Flüchtlinge ohne Ausweispapiere und steckten sie in »Lager«. Aber diese hatten keine Ähnlichkeit mit den Schreckenslagern, die die Gefangenen hinter sich gelassen hatten. Dann befreite Herr Engel sie einen nach dem anderen und schickte sie nach Amerika – eine lange und mühselige Prozedur.

Einige dieser Unglücklichen zu retten, war unser Ziel und gab uns das Gefühl, nützlich zu sein. Die Organisation setzte ihre Tätigkeit fort, als die Vereinigten Staaten 1941 in den Krieg eintraten. Schnell wurden Truppenübungsplätze eingerichtet. Alle Künstler, die für Unterhaltung und Entspannung der Soldaten sorgen konnten, wurden auf

Tournee durch diese Lager geschickt. Wir reisten vor allem in Bussen, die Programme waren in aller Eile zusammengestellt worden, aber die Begeisterung der Künstler half, so manche Schwierigkeit zu überwinden. Große Komiker wie Jack Benny oder George Jessel leiteten Gruppen und traten auch selbst auf. Das Bewußtsein, auf heimatlichem Boden zu sein, gab ihnen ein Gefühl der Sicherheit. Diese Haltung änderte sich während des Krieges. Der nächste Schritt bestand darin, »Bonds«, eine Art Anleihe, zu verkaufen, um die Kriegsanstrengungen zu finanzieren. Bei solchen Reisen wurden wir von einer Gruppe Beamter der Finanzbehörde begleitet. Unsere Tourneen waren anstrengend. Sechs bis acht Auftritte am Tag und manchmal auch noch einige am Abend. Ich mußte in die Fabriken gehen und die Arbeiter auffordern, einen gewissen Prozentsatz ihres Lohnes dem Staat zu geben. Ich hielt den erhaltenen Instruktionen entsprechende Reden und ging sogar so weit, zwei Fabriken gegeneinander auszuspielen. Diese Strategie erwies sich als sehr ergiebig. Ich brachte ganz allein eine Million Dollar zusammen, die in die amerikanische Staatskasse floß.

All das sollte – jedenfalls in meinen Augen – dazu beitragen, den Krieg so schnell wie möglich zu beenden.

Ich arbeitete auch am Abend, in Nachtklubs, in denen ich mich mit dem Eifer eines Handelsvertreters und angespornt von meinen Leibwächtern aus dem Finanzministerium an ein halb betrunkenes Publikum wandte. Auf jede Laune der potentiellen »Bonds«-Käufer ging ich ein.

Das Finanzministerium hatte ein Abkommen mit den amerikanischen Banken getroffen, das den Zugang zu allen laufenden Konten ermöglichte, selbst mitten in der Nacht, um zu prüfen, ob die Schecks, die ich bekam, gedeckt waren oder nicht. Während dieser Prozedur mußte ich mich im Night-Club auf den Schoß des Spenders setzen und warten, bis die Finanzinspekteure zurückkamen und mir mit einem Kopfnicken bedeuteten, ob alles in Ordnung war – oder ob man uns übers Ohr gehauen hatte.

Eines Abends, in Washington, wurde ich ins Weiße Haus beordert. Ungefähr um zwei Uhr morgens war ich dort. Die Finanzangestellten blieben im Wagen.

Präsident Roosevelt stand – ja, trotz seiner Kinderlähmung stand er –, als ich in den Raum geführt wurde. Dann setzte er sich in seinen Sessel, sah mich mit seinen hellen Augen an und sagte: »Ich habe gehört, was Sie alles tun, um Bonds zu verkaufen. Wir sind Ihnen sehr dankbar dafür. Aber ich verbiete Ihnen ausdrücklich, Akquisition und Prostitution zu verwechseln. Von jetzt an werden Sie keine einzige Vorstellung mehr in diesen Nachtlokalen geben. Das ist ein Befehl.«

»Gut, Herr Präsident«, sagte ich, und es tat mir leid, daß ich nicht länger bleiben konnte; zur Not hätte ich wohl auch auf dem Fußboden geschlafen.

Ich wurde in mein Hotel zurückgebracht und arbeitete von nun an nur noch tagsüber, was mich jedoch nicht davon abhielt, mich auch auf der Straße zu produzieren. Das »Verkaufsfieber« hielt lange an.

Damals war ich zu erschöpft, als daß ich mich erinnern könnte, was danach geschah. Ich erhielt eine Medaille mit dem Dank des Finanzministeriums, eine prachtvoll gedruckte Urkunde, und damit war der Fall erledigt.

Mein Einsatz hinderte das besagte Ministerium allerdings bei Kriegsende nicht, eine Steuernachzahlung von mir zu verlangen. Obwohl ein Gesetz verbot, Mitglieder der Streitkräfte zu besteuern.

Aber kaum war ich entlassen und auf dem La-Guardia-Flughafen gelandet, als die Herren vom Fiskus auch schon über mich herfielen.

Es dauerte Jahre, bis ich alle Schulden abbezahlt hatte.

Ich hatte kein Geld mehr, aber das spielte keine Rolle. Die Steuerbehörden haben eine ungeheure Macht, gegen die es sich nicht lohnt zu kämpfen.

Sie saugen einen aus, und man ist diesen Vampiren gegenüber völlig wehrlos. Davon kann ich ein Lied singen.

Kismet

Bevor ich in die Armee eintrat, drehte ich *Kismet.* Über meine Rolle in diesem Film braucht man nicht viele Worte zu verlieren, aber ich brauchte Geld, von dem meine Familie während meiner Abwesenheit leben konnte.

Die große Kostümbildnerin Irene und ich verbrachten Stunden damit, über die Kostüme für die unmögliche Person, die ich darstellen sollte, nachzudenken.

Nun arbeitete ich zum ersten Mal in den Studios der Metro Goldwyn Mayer. Seit langem beneideten wir die Schauspielerinnen, die für diese Gesellschaft arbeiteten, denn sie genossen besondere Bedingungen; sie wurden von den Direktoren umschmeichelt und verwöhnt. Ich nahm Stunden für den »exotischen« Tanz, den ich aufführen mußte, halb auf meinen Fersen sitzend, was mich so zum Lachen brachte, daß ich aus dem Rhythmus kam. Irene und ich hatten eine Idee, die nicht ganz durchführbar war, die uns aber im ersten Augenblick ganz außergewöhnlich vorkam.

Es ging um eine Hose aus Hunderten von kleinen Goldkettchen, die bei jeder Bewegung leise klimpern und im Scheinwerferlicht glitzern würden. Das war *noch nie dagewesen.* Ich verbrachte Stunden im Stehen, während zwei Männer die Goldkettchen um meine Schenkel legten und mit kleinen Zangen zwischen meinen Beinen herumkrochen, um die einzelnen Glieder miteinander zu verbinden.

Die Arbeit gefiel ihnen! Ich dagegen war ganz einfach müde, mit meinen gespreizten Beinen.

Im Studio wurde nur noch von diesem außergewöhnlichen Einfall gesprochen, und dann kam der Tag, an dem ich, nachdem ich alle Tanzschritte noch einmal geprobt hatte, auf den Set trat. Es wurde – man beachte! – *Sacre du printemps* gespielt, und wie vorgesehen tat ich den ersten Schritt. Doch plötzlich hörte man nur noch »krack, krack, krack«, das Geräusch der Ketten, die eine nach der anderen, dann zwei, sechs aufeinmal zersprangen, bis ich schließlich ohne Hosen dastand ...

Allgemeine Panik. Ich wurde in ein Auto gestoßen und zu meiner Garderobe gefahren. Irene weinte an meiner Schulter.

»Wir müssen etwas anderes finden«, sagte ich, um sie zu beruhigen, »und die Ketten vergessen.« Aber Irene wollte meine Argumente gar nicht hören.

Ich wurde nach Hause geschickt und die arme Irene zum großen Boss Louis B. Mayer bestellt.

Plötzlich hatte ich eine glänzende Idee, etwas völlig Ungefährliches, etwas, das keine Komplikationen auslösen würde. »Gold«, dachte ich, »wie läßt sich auf der Leinwand ein Goldeffekt erzielen?«

Und ich verfiel darauf, meine Beine mit flüssiger Goldbronze zu bemalen.

Ich war nicht besonders stolz, ich hatte es nur eilig, Irene anzurufen, ihr zu sagen, daß ich die Lösung für unser Problem gefunden hatte und daß wir uns gleich am nächsten Morgen an die Arbeit machen könnten.

Am nächsten Morgen war sie um sechs Uhr in meiner Garderobe. Zwei mit Pinseln bewaffnete Maskenbildnerinnen malten mir eifrig die Beine an. Der ganze Raum roch nach Farbe, der Fußboden war mit Goldflecken übersät, aber die Wirkung war einfach fabelhaft. Irene lächelte wieder; um neun Uhr mußten wir im Atelier sein. Niemand hatte geglaubt, daß wir das Problem in weniger als vierundzwanzig Stunden lösen könnten.

Punkt neun Uhr stieg ich auf den Set. Das ganze Team rief »Ah!« und »Oh!« Die Fotografen bombardierten mich mit ihren Blitzen. Der Regisseur William Dieterle kam, nickte beifällig mit dem Kopf, und die Musik begann zu spielen. Ich tanzte, diesmal ohne den geringsten Zwischenfall: die Goldfarbe hielt. Nach einer Stunde wurde mir plötzlich sehr kalt, ich zitterte wie ein verwundeter Vogel. Heizöfen wurden gebracht, um mich wieder aufzuwärmen, vergebens. Trotzdem stand ich den Arbeitstag durch, braves Mädchen, das ich war. Der Studioarzt kam mich in meiner Garderobe untersuchen, während ich versuchte, mit Alkohol die Farbe von meinen Beinen zu entfernen. Er teilte mir mit, daß das Studio für den »vorliegenden Fall« nicht versichert sei, denn niemand hatte daran gedacht, in den Vertrag die Klausel aufzunehmen, die jetzt gebraucht wurde, falls die Farbe die Poren auf der unteren Hälfte meines Körpers nachhaltig verstopft hätte. (Das war der Grund, warum mir so kalt war.)

Ich beruhigte den Arzt, auf die Farbe wollte ich nicht verzichten. Wir hatten bereits einen Arbeitstag hinter uns und mußten weitermachen (denn ein Tag im Studio kostet ein Vermögen). Meine Beine waren inzwischen grün geworden, und ich verbarg mich hinter Sesseln und Vorhängen, bis der Arzt gegangen war.

Meine Erfahrung mit der Goldbronze ging auf meine Anfangszeit bei der Paramount zurück. Da ich auf der Leinwand blond aussehen sollte, jedoch nicht bereit war, mir die Haare färben zu lassen, benutzte ich Goldbronze, allerdings keine flüssige wie für meine *Kismet*-Beine, sondern ein einfaches Pulver, das ich in einem Spezialgeschäft gekauft hatte; wenn ich fertig frisiert war, stäubte ich es über meine Haare; so wirkten sie heller und bekamen einen Glanz, der auf andere Weise kaum zu erzielen war.

Ich höre noch die Einwände der Kameraleute: »Das wird man sehen! Die Farbe fällt auf Ihr Gesicht. Das wird man sehen!« Und ich sehe Gary Cooper vor mir, der sich nach einem leidenschaftlichen Kuß mit einer vergoldeten Nase wieder aufrichtet. Nun, man konnte es auf der Leinwand nicht sehen, und Gary Cooper, der nette Junge, mußte sich mehrmals am Tag die Nase »entstäuben«.

Wenn man ein Profi ist und etwas von Fotografie versteht, wird man immer Mittel und Wege finden, die Schwierigkeiten zu bewältigen. Die meisten Schauspielerinnen lassen andere sich um die Dinge kümmern, die nicht ausdrücklich in ihren »Kompetenzbereich« gehören. Ich nicht.

Als am Tag nach der großen Premiere der »goldenen Beine« die Muster bei der MGM eintrafen, waren alle beruhigt und gratulierten mir.

Ronald Colman war der Star dieses Meisterwerkes mit dem Titel *Kismet*. Ich habe ihn nicht wirklich gekannt. Er war ziemlich kühl und verschlossen. Und ich meine hier nicht die »englische Reserviertheit«, die ich kenne und schätze. Wir paßten einfach nicht zueinander.

Bevor ich – direkt nach diesem Film – zur Armee ging, bekam ich alle nötigen Impfungen, damit ich ohne Risiko ins Ausland fahren konnte. Mein geschwollener Arm tat weh, und ich verbarg ihn vor der Kamera, um die Schönheit des Filmgeschöpfes nicht zu zerstören. Ronald Colman schreckte vor jedem körperlichen Kontakt mit seiner Partnerin, also mir, zurück. Das Studio wechselte sogar den Regisseur während der Dreharbeiten, um ihn zu überreden, die Liebe, die ja in seinem Herzen brennen sollte, zum Ausdruck zu bringen. Als er sich schließlich ein Herz faßte, packte er mich natürlich bei dem Arm mit den ganzen Einstichen. Ich brüllte vor Schmerz.

Ich glaube nicht, daß *Kismet* dem Studio viel Geld eingebracht hat.

Sobald die Dreharbeiten beendet waren, verließ ich das Studio und meine geliebte Irene; ich ging für immer fort aus dem Hollywood, das ich kannte.

Im Gegensatz zu dem, was die Leute glauben, war Hollywood keine kleine familiäre Gemeinde, wo jeder jeden kannte. Hier merkte man kaum etwas vom Krieg. Die wenigen Verbindungen, die ich hatte, brach ich ab.

Ich ging leichten Herzens, sang- und klanglos, ohne ein Abschiedswort. Und das war mir ganz recht so.

Zweiter Teil

Der Krieg

»Ich hatte einst ein schönes Vaterland«
(Heinrich Heine)

Ein gewöhnliches Haus. Jeden Tag gehe ich dorthin. Ich gehe dorthin wie man ins Büro geht – eilig, um nicht zu spät zu kommen.

Ich habe einen Strich unter alle meine eigenen Pläne gezogen, unter alle meine Wünsche, alle meine Sehnsüchte, alle Zukunftsaussichten. Ich gehe dorthin und sitze herum. Ich warte. Alle warten. Die Leute sehen besorgt aus, einige sitzen, andere gehen auf und ab. Die Luft ist verraucht. Aus Lautsprechern kommen Ansagen.

Nummern werden aufgerufen, wie bei einer Lotterie. Männer stehen auf, gehen fort, kleben ihre Kaugummis an die Schwingtüren.

Wohin gehen sie? Keine Antwort. Hier bekommt man keine Antwort auf Fragen – aber jede Frage scheint auch überflüssig.

Kurz, auch ich warte darauf fortzugehen, aber ich bin nicht bei dem Schub, der jetzt aufbricht. Der überheizte Raum leert sich. Draußen wird es langsam dunkel. Der Tag geht zu Ende. Bevor ich gekommen bin, habe ich ein Bad genommen. Ich nehme immer ein Bad, bevor ich in dieses

Haus gehe. In die Nummer eins. Ich habe nie jemanden gekannt, in keiner Stadt, in keiner Straße, der in Nummer eins wohnte. Aber hier bin ich in Nummer eins.

Auch ich habe eine Nummer. Sie ist noch nie aufgerufen worden. Ich bin hier für den Fall, daß sie aufgerufen wird. Diesen Augenblick darf ich unter keinen Umständen verpassen.

Sobald ich aufgerufen werde, wird jemand mich übernehmen, mich an meinen Bestimmungsort bringen, und alle meine eigenen Pläne und Träume, die ich schon aufgegeben habe, werden zurückbleiben. Ich werde nicht mehr denken oder entscheiden müssen – weder für mich selbst, noch für andere. Man wird mich verpflegen, sich um mich kümmern, falls ich Schwierigkeiten bekomme. Das Leben wird einfach sein. Ich spüre es – während ich hier sitze, spüre ich es. Viel Kaffee und Zigaretten. In der Halle steht ein Kaffeeautomat; die Hitze läßt die Pappbecher schmilzen. Habe ich meine Nummer vielleicht überhört? Draußen ist es jetzt dunkel. »Gehen Sie nach Hause«, wird durchgegeben, »Schluß für heute. Kommen Sie morgen wieder.«

Die Straße ist wie eine andere Welt. Ich gehe. Ich entferne mich von Nummer eins. Zu Hause wird man mir dieselben Fragen stellen wie gestern, und ich werde dieselben Antworten geben. Ich werde schlafen, ein Bad nehmen und wieder Nummer eins aufsuchen. Das ist meine Arbeit.

Die Stimme, die mich jeden Tag anruft, ist hart. »Melden Sie sich in Nummer eins.« »Nummer eins.« Man hat mir beigebracht zu wiederholen.

Die Stimme, die diese Befehle ausspricht, ist ruhig und sitzt hinter einem Schreibtisch. Sie läßt mich aufspringen und im Eilschritt durch die Stadt laufen. Noch ein Bad. Das letzte. Ich habe noch nie so oft gebadet. Ich habe nie gelernt, daß man im Leben Vergnügen nicht auf Vorrat haben kann. Ich versuche ständig, mich damit abzufinden.

Abschied, Umarmungen, Küsse, wieder ein Bad. Noch einmal Liebesschwüre, über den Tod hinaus, bis in alle Ewigkeit. Ich muß eine Arbeit tun. Das beunruhigt mich. Ich habe dieses Gesetz aufgestellt. Ich allein. Das erklärt, warum es so schwierig ist.

Beeil dich und dann, warte. Warte. Aber beeil dich. Warten, bis man aufgerufen wird, wie bei einer Prüfung. Wir sind alle wieder Kinder. Das gleiche Gefühl. Die gleiche Angst. Aber auch die gleiche Entschlossenheit, es zu schaffen. Warum muß ich weinen? Aber ich weine ja gar nicht. Ich sage auf Wiedersehen. Ich reiße mich los aus der Umarmung meiner Familie. Ein Taxi. Zur Nummer eins. Fast habe ich das Gefühl, nach Hause zu fahren. Ich habe mich an diesen Ort gewöhnt. Der Rauch, die sitzenden Leute, kein Wort zu irgend jemandem. Wir warten auf die Befehle. Was für ein angenehmes Gefühl: auf Befehle warten. Wie, als wir Kinder waren und unseren Müttern, unseren Lehrern gehorchten. Die Sonntagsschule – stellt euch auf, geht vorwärts, bleibt stehen, singt, stellt euch auf, zu zweien. Keine Angst. Man braucht nur den Befehlen zu gehorchen. Das ist einfach. Holt Atem!

Das Taxi bezahlen. Zum letzten Mal das Wechselgeld nachzählen. Zum letzten Mal? Wer weiß? Vielleicht wird es morgen genauso sein wie heute? Aber das Geld muß man nachzählen. Es ist dunkel. Der Taxifahrer lächelt, laß ihm alles, was du hast.

Es regnet. Da bin ich nun in Nummer eins! Nimm mich, Nummer eins. Ich bin schon so oft gekommen, hier bin ich wieder.

»Wenn ihr bis auf die andere Seite des Hügels kommt, seid ihr in Sicherheit – einer unserer Jungs müßte drüben sein, ich glaube in der Nähe eines Stalls –, aber paßt auf, alles ist getarnt; wenn ihr zu zweit fahrt, stoßt ihr auf die Deutschen. Los jetzt, Kopf runter!«

Die Fahrt war beschwerlich – Kopf untenhalten, die Knie stießen gegen das Kinn, die Zähne schlugen aufeinander. Der Jeep fuhr mit Vollgas den Hügel hinauf. Wenn er plötzlich beschleunigte, wurde mein Kopf nach hinten geworfen. Meine Knochen krachten. Ich sah den Himmel, die niedrigen Wolken, die Wipfel der Bäume, die Erde. Und Helme, eine unregelmäßige Reihe von Helmen. Der Feind.

Plötzlich ein Zischen, eine Stiefelspitze in meinem Rükken. »In Deckung, dumme Gans!« Wir rasten mit halsbrecherischer Geschwindigkeit den Hügel hinunter. Ein Ruck, quietschende Bremsen und etwas wie ein riesiger Tausendfüßler scheint vom Himmel auf die Helme, die Schultern, die Rücken zu springen.

»Kriecht raus! Macht die Augen auf, verdammt! Kriecht raus, macht schon, bleibt unter dem Netz, Richtung Stall.«

Donnergetöse. Das Echo hallt von den Hügeln wider. Unsere Hände versinken im Schlamm. Wenn sie uns jetzt treffen! Was für ein Tod – auf allen vieren! Die Stalltür steht halb offen. Im Innern ist es still und dunkel. Atemgeräusche sind zu hören, ich fühle mich beobachtet. Nach einer Weile kann ich dunkle, schmutzige Gesichter mit Bärten erkennen, starre Blicke unter tief heruntergezogenen Helmen. Gewehre wie senkrechte Lanzen, auf denen sich das Licht eines Streichholzes widerspiegelt.

Neben mir zwei umgedrehte Kisten. Die Bühne. Die Männer rühren sich nicht. Beklommene Männer in Kampfanzügen. Der Kanonendonner wird immer lauter. Jemand bohrt seinen Finger in meinen Rücken. »Fangen wir an?« »Ja«, sage ich.

Wir müssen anfangen. Die Befehle sind streng: »Fangt an, sobald Ihr da seid. Macht es kurz. Der Stall steht unter starkem Beschuß.« Sie wollen nicht, was wir ihnen zu bieten haben. »Welcher Idiot hat dir diesen Befehl gegeben, Mädchen?« »Gut«, sage ich, »lassen wir es. Wir warten die nächste Feuerpause ab und fahren dann wieder.« Wir unterhalten uns flüsternd und rauchen. Unsere Worte zeigen, wo wir in der Finsternis sitzen. Kurzes Gelächter auf einer Seite. Ein Soldat erzählt eine Geschichte. Eine Note kommt sanft aus dem Akkordeon. Ich beginne zögernd, leise zu singen.

Ein freches Lied, das erzählt, was im »Nebenzimmer« geschieht. Köpfe drehen sich zu mir herum. Andere Augen begegnen meinen. Ich singe weiter mit leiser Stimme. Sie hören zu; halt sie, jetzt halt sie. »Was für ein Idiot . . .?« Halt sie, Mädchen, schnurre, gurre, lock sie, halt sie. Zehn Minuten Ablenkung, das ist alles, Mädchen. Das ist alles, was man von dir verlangt. Kannst du ihnen das bieten? Glaubst du, daß du dazu in der Lage bist?

»Der gute Wille allein reicht nicht«, hatte der General gemahnt. »Wenn Sie die Nerven verlieren, wenn Sie zusammenbrechen, dann schadet dieser gute Wille mir nur. Aber wenn Sie es schaffen – dann bravo. Den Soldaten wird es gut tun, zu wissen, daß Sie an der Front sind. Die Lage kann so schlimm nicht sein, wenn die Dietrich da ist, werden sie sich sagen. Wir werden schon nicht alle auf der Strecke bleiben. Einer solchen Gefahr würde der Alte sie sicher nicht aussetzen.«

»Ein Trugschluß«, meinte er. »Aber Sie sollen die Spannung lösen, das brauchen sie.«

»Ich habe keine Angst vor dem Sterben, Herr General, wohl aber davor, gefangengenommen zu werden. Ich habe den Rang eines Hauptmannes. Warum nur Hauptmann? Warum nicht General? Vielleicht haben die Deutschen erfahren, daß ich auf dem europäischen Kriegsschauplatz bin? Wenn sie mich erwischen, wird mein Rang sie kaum beeindrucken. Sie werden mich kahlscheren, steinigen, von Pferden durch die Straßen schleifen lassen. Wenn sie mich zwingen im Radio zu sprechen, Herr General, glauben Sie unter keinen Umständen, was ich sage.«

Der General lächelte, drehte sich um und holte einen Revolver aus der Tasche seiner Windjacke. »Hier, schießen Sie lieber, bevor Sie sich ergeben! Er ist klein, aber er tut seine Wirkung.«

»*No love, no nothing, until my Baby comes home* . . .« Die Erde bebt. Kanonendonner um uns herum. Das nächste Mal werden sie uns sicher erwischen. »*No fun, with no one* . . . *Plenty of sleep.*« Was nun? Befehle. Ich bin eine dumme Gans. Sie haben recht. Hier zu sitzen und dumme Lieder zu singen. »*I'm lonesome Heaven knows.*« Die Augen aller Soldaten sind auf mich gerichtet. Es wird immer dunkler. Die Donnerschläge scheinen jetzt in größeren Abständen zu folgen. Ich habe den Eindruck, ungeduldig darauf zu warten, daß das Gewitter abzieht, die Sekunden zwischen Blitz und Donner zu zählen, um die Entfernung zu bestimmen, bevor ich hinauslaufe und Drachen steigen lasse.

Schritte auf dem Stroh, Taschenlampen. »Macht, daß ihr fortkommt, schnell.« Ich berühre kalte Hände, feuchte Schultern, auf Wiedersehen, auf Wiedersehen. Unsere Stimmen klingen wie Kinderstimmen. Bis bald! Draußen nur halb erstickte Flüche, Stöße, um uns loszuwerden, bevor etwas passiert. Der Motor wird gestartet. Ein Heidenlärm über den Hügeln wie ein Rauchsignal. Vielleicht werden sie ihre Munition nicht auf einen einzigen Jeep verschwenden. Plötzlich bricht die Hölle los. Sie haben uns aufs Korn genommen – aber sie treffen uns nicht, schnell, schnell, hinter der Hügelkuppe sind wir in Sicherheit. Der Soldat am Steuer stöhnt vor Anstrengung, zusammengekauert, flucht vor sich hin. Jetzt fahren wir ruhig, der Wind ist kalt, er trocknet den Schweiß auf unserer Stirn. Wald, die Reifen fahren über weiche Blätter. Hinter uns, auf der anderen Seite des Hügels, wird gekämpft.

Plötzlich ertönt eine Stimme: »*Halt*!« Wer ist das? Niemand ist zu sehen. Bevor wir abfuhren, hatte man uns gewarnt: feindliche Infiltration, Fallschirmspringer hinter unseren Linien, tragen unsere Uniformen. »*Vorwärts und gebt euch zu erkennen.*« Eine amerikanische Stimme. Aber das heißt nichts. In solchen Dingen sind die Deutschen sehr gut. »*Einer von euch soll herkommen und sagen, wer ihr seid.*« Ein Gewehr wird auf uns gerichtet. Hände stoßen mich aus dem Jeep. »Gehen Sie, los.« Warum ich? Da stehe ich nun in einem französischen Wald in der Nähe von Pont-à-Mousson und gebe die Nummer meines Regiments, unsere Basis, unsere Namen an. Das Gewehr ist immer noch auf mich gerichtet.

»*Die Parole*?«

Der Himmel steh mir bei? Wie lautet die Parole? Ich habe nicht die leiseste Ahnung. Keiner von uns kennt sie. Es hat gar keinen Zweck nachzudenken – ich habe sie nie gewußt.

»Ich kenne die Parole nicht«, sage ich.

Das Geburtsdatum von Abraham Lincoln? Wie viele Präsidenten hatten die Vereinigten Staaten?

Die Stimme beginnt zu fragen; meine Antworten werden schon zeigen, ob ich wirklich Amerikanerin bin oder nicht. Wäre ich eine Spionin, wüßte ich mit Sicherheit alle Antworten. Aber ich weiß nur drei. Das Gewehr weist immer noch in meine Richtung. Wie eine Fledermaus schwirrt der Zweifel durch den Kopf des bewaffneten Mannes.

»Warum wissen Sie die Parole nicht?«

»Wir haben das Quartier vor Tagesanbruch verlassen; die Parole war noch nicht ausgegeben, sie ist uns nicht durchgegeben worden. Bitte, lassen Sie mich näher kommen, Sie werden sehen, daß wir nicht lügen; oder gehen Sie zum Jeep, da ist ein Typ aus Oklahoma, der Akkordeonspieler, und ein Mädchen aus Texas.«

»Leute vom Showbusiness, so! Dann sagen Sie mir, welches Lied Nummer eins auf der Hitparade war im Sommer und Herbst 1941, kurz vor Pearl Harbor.«

Mein Gott, wie soll ich diese Frage beantworten?

»Welcher Idiot hat euch hergeschickt? Ein Papiertiger? Ein Pantoffelheld? Ein Schaukelpferdgeneral?«

»Fragen Sie doch den Komiker«, sage ich, »vielleicht weiß der die Antwort!«

»Rühren Sie sich nicht von der Stelle«, befiehlt der Mann.

Zwei Reihen weißer Zähne lächeln mich unvermittelt an. Gute weiße amerikanische Zähne. Auf einmal ist mir die Parole egal. Ich bin müde. Es riecht nach Kiefern und Feuchtigkeit. Ich weiß nicht, ob ein Wind geht. Die Männer diskutieren noch. Hat der Komiker die richtige Antwort gewußt? Anscheinend, denn ich steige in den Jeep, und wir fahren weiter.

Es ist zu kalt zum Sprechen. Wenn man seine Nase in den Schal steckt, berührt der Rand des Helms den Mantelkragen und man atmet mildere Luft ...

»Wir sind da.« Ich öffne meine Augen. Komisch, wirklich sehr komisch ...

»Morgen früh, sechs Uhr.« Okay, okay!

Wir sind in Nancy ... Es ist dunkler als in einem Tunnel. Eisenbahngeschütze sind auf uns gerichtet, jede Nacht. Es hat gar keinen Zweck die Lichter zu löschen. Denn sie suchen sich ihr Ziel schon tagsüber aus. Aber schließlich ist Krieg, und wir müssen die Verdunkelung respektieren. Diese Kanonen! Man könnte meinen, sie kämen direkt aus einem anderen Krieg. Ihre Detonation macht einen verrückt. In den Zimmern Feldbetten für unsere Schlafsäcke. Das ist bequemer als auf dem Fußboden.

Wir trinken Calvados, ich übergebe mich auf der Toilette.

Ich werde mich trotz der Schwierigkeiten daran gewöhnen, denn es ist das beste Mittel, sich vor der Kälte zu schützen und einen Lazarettaufenthalt zu vermeiden. Ich trinke also weiter Calvados auf leeren Magen. Lieber übergebe ich mich, als daß ich krank werde. Und sonst, wovor habe ich Angst? Man hat Angst, und Schluß. Ein komisches Gefühl. Angst zu versagen. Angst aufgeben zu müssen, dieses Leben nicht ertragen zu können. Und alle würden mit einem Lächeln sagen: »Natürlich, natürlich, das war ja auch eine lächerliche Idee.« Ich kann meine Angst niemandem anvertrauen.

Ich muß meine kleine Künstlertruppe bei guter Laune halten, damit wir wiederum die GIs bei Laune halten können. Das ist unsere Aufgabe.

»He, Sie, wir haben Befehle für Sie bekommen: Sie sollen sich bei Forward Six melden. Der General will Sie sehen.«

Ich werde mir eine tüchtige Abreibung holen. Wir dürfen nicht nach Einbruch der Dunkelheit in Nancy ankommen. Aber wir können nichts dafür. Ich habe Migräne. Ich laufe hinter meinem Führer her. Seine Armbinde der Militärpolizei ist vom Regen ganz feucht. Er zeigt mir, wie ich zum General komme. In der Dunkelheit. Das ist mir lieber als überhaupt kein Hinweis. Ich werde schon zum General finden. Mein Französisch hilft mir sehr, wenn ich Einheimischen – Schatten, dunkler als die Nacht – begegne. Zweimal verlaufe ich mich, aber dann sitze ich schließlich auf einem niedrigen Diwan vor dem General Patton, der auf und ab geht – seine Stiefel knirschen, sein Gürtel knirscht, er wirkt wie ein für den Dorfplatz zu großer Panzer. Seine Vorhaltungen sind nicht schlimm, er legt sogar eine gewisse Nachsicht an den Tag; ich darf ihm die Probleme schildern, mit denen wir zu kämpfen haben. Er läuft hin und her und überlegt.

Patton hat nie von mir verlangt, in die Krankenhäuser zu gehen. Er wußte, daß »ich an der Front gebraucht wurde«, wie er sagte. Diese Entscheidung war mir nur recht, denn ich bin völlig ungeeignet, anderen Mut zu machen. Ich habe ein zu weiches Herz. Ich kann nur schwer meine

Tränen zurückhalten, und das merken die Verwundeten sofort. »Nicht, daß Ihre Freundinnen Ihnen nicht schreiben würden, aber die Feldpostboten brauchen eine gewisse Zeit, um die Verwundeten ausfindig zu machen.« Solche Lügen blieben mir in der Kehle stecken.

In den Feldlazaretten war das anders. Hier konnte man etwas tun, sich nützlich machen. Ich habe zuviel Achtung vor den Soldaten, um ihnen Märchen zu erzählen wie: »Der Krieg wird bald zu Ende sein«, oder »Sie sind nicht so schwer verwundet, wie es scheint«. Ich kann den Schmerz in den Augen der Bettlägerigen, die Verzweiflung in ihren Stimmen, ihre dünnen Arme um meinen Hals nicht ertragen. Vielleicht hatte Patton das begriffen. Solange ich bei der dritten Armee war, blieb ich jedenfalls an der Front.

Schläfrig sehe ich zu Patton auf.

»Also noch einmal meine Bedingung: Sie müssen vor Einbruch der Dunkelheit wieder in Ihrem Quartier sein.« Ich schlafe schon halb, versuche aber trotzdem meine Augen offen zu halten. »Ich werde dafür sorgen, daß Sie jeden Morgen vor Ihrer Abfahrt die Parole erfahren.«

Er geht knarrend über den knarrenden Fußboden, hebt mich wie eine Feder auf und läßt mich in seinem eigenen Wagen in mein Quartier zurückbringen.

Ich schlafe tief und fest bis zum Morgengrauen. Wir müssen los. Keine Parole. Aber Patton hatte es doch versprochen. Wieder fahren wir durch die Wälder, die Kälte schneidet uns ins Gesicht, heißer Kaffee erwartet uns an unserem Ziel.

Wir geben vier Vorstellungen am Tag, immer unter feindlichem Beschuß. Einige K-Rationen und Kaffee, immer wieder Kaffee. Es wird Abend. Keine Parole. Was sollen wir tun? Durch die Wälder zurück nach Nancy fahren. Und da sind wir wieder.

»Einer von euch raus und zu erkennen geben.«

Diesmal sind wir dran. Wieder werde ich aus dem Wagen gestoßen.

Der Typ mit dem Gewehr mustert mich. »Ach, Sie sind's, alles in Ordnung«, sagt er.

Ich begreife nichts. Er läßt uns durch. Wir kehren in unser Quartier zurück.

»Die Parole?«

»...«

»Wenn Sie sie nicht kennen, wie sind Sie dann nach Nancy hereingekommen?«

»Und wie heißt sie, diese Parole?«

»Richtig, ich habe ja Neuigkeiten für Sie: sie heißt *Cheesecake.*« (Dazu muß ich erklären, daß *Cheesecake* im amerikanischen Slang »Beine« bedeutet.)

General Patton hat sein Versprechen gehalten. Er hat viel Sinn für Humor und Verständnis für den Humor der GIs. Patton war ein großer Mann. Ich war noch bei ihm, als Tausende von deutschen Soldaten sich ergaben und es nicht genug Stacheldraht gab, um sie einzuzäunen. Sie hatten sich freiwillig in Gefangenschaft begeben, aber man mußte sie ja irgendwo hinstecken.

Patton rückte derart schnell vor, daß niemand, auch kein Befehl vom Generalstab, ihm Einhalt gebieten konnte. Schließlich wurde er von der Benzinversorgung abgeschnitten.

»Mir scheint«, meinte er zu mir, »ein amerikanisch-russisches Abkommen hat die Grenze festgelegt, wo Amerikaner und Russen aufeinandertreffen sollen.«

Der General Patton war im Begriff, diese Grenze zu überschreiten, was nur zu verständlich ist, wenn man dem Feind dicht auf den Fersen ist. Es ist schwer, mitten im Lauf stehenzubleiben, wenn man überall freie Bahn hat.

Aber er mußte stehenbleiben. Kein Benzin mehr. Er nahm mich (als Dolmetscherin) mit in die übelriechenden

Lager. Deutsche Generäle in Uniform grüßten ihn auf zwanzig Schritt Entfernung. Ich pendelte zwischen Patton und den Deutschen hin und her und übermittelte Informationen. Patton wollte alles wissen über Truppenbewegungen, die Anzahl der im Einsatz stehenden Soldaten, Panzer, über die Ausrüstung etc.

Jedes Mal, wenn ich ihn verließ, verabschiedete er mich sehr höflich. Ohne ihn wäre die dritte Armee niemals das gewesen, was sie war.

Den Revolver, den er mir gegeben hat, besitze ich immer noch. Als ich nach dem Krieg in La Guardia ankam, versteckte ich ihn. Wir mußten alle unsere kostbaren Luger abgeben, alle Waffen, die wir während des Krieges gesammelt hatten, aber wir taten es nur widerwillig und unter Zwang.

Wir waren in New York bei einem Hagelsturm gestartet. Wir hatten Verhaltensmaßregeln bekommen, falls wir notwassern müßten in dieser unvergeßlichen Nacht, einer unglaublichen Nacht, um nach all dieser Wartezeit abzufliegen.

In dem feuchten Rumpf bunt durcheinandergewürfelt und eng zusammengedrängt, waren wir mit unbekanntem Ziel aufgebrochen; unsere Anweisungen waren versiegelt. Erst nach dem Start durften wir die Umschläge öffnen und lasen: »CASABLANCA«.

Dieses Wort zerstreute alle unsere Befürchtungen. Es war tatsächlich Europa und nicht der Pazifik. Auch wenn wir fast sicher waren, daß wir bald nach Europa kämen, waren wir doch sehr erleichtert, schwarz auf weiß »Casablanca« zu lesen. Und wir stiegen empor durch die Hagelschauer.

Ich saß zum ersten Mal in einem Flugzeug. Ich weiß heute nicht mehr, ob das für meine Reisegefährten ebenso galt. Die Müdigkeit überwältigte uns – wir schliefen ein. Von Zeit zu Zeit wachten wir auf und wiederholten die Sicherheitsmaßnahmen: »Im Falle einer Notwasserung ist hier das Schlauchboot, wo ist das Funkgerät, hier, die K-Rationen, hier, die Leuchtraketen, hier ...« und so weiter.

Die in dem Flugzeug zusammengepferchten Soldaten hatten noch nie gekämpft – sie kamen frisch aus friedlichen Übungslagern, hatten bisher eine typisch amerikanische Nahrung genossen, auf amerikanischem Boden geschlafen, in weichen Betten. Im Schein der Feuerzeuge konnte man die Angst auf ihren Gesichtern sehen. Niemand sprach – nur das Dröhnen der Motoren war zu hören.

Casablanca. Ich kannte diese Stadt nur aus Filmen. Geheimnisvoll, phantastisch, wie ein Bild aus einem vor langer Zeit gelesenen Buch. Während dieses Fluges lernten wir – das heißt die Gruppe, der ich zugeteilt worden war – uns noch nicht näher kennen, aber später wurden wir schnell eine Familie. Danny Thomas, ein junger Komiker »mit Zukunft«, machte ständig Scherze, der Tenor schnarchte leise beim Schlafen, der Akkordeonspieler drückte seine Whiskyflasche an sich, und Lynn Mayberry, die Texanerin, war nach wenigen Stunden Schlaf immer hellwach. Damals gab es noch keine Düsenflugzeuge; die Reise war also sehr lang.

Abe Lastfogel, der das Fronttheater leitete, hatte sich besonders um unsere Gruppe gekümmert, um »eine gute Vorstellung« auf die Beine zu stellen, wie er gerne betonte. Er arbeitete Tag und Nacht; er war phantastisch. »Danny Thomas hat in Chicago einen sehr vielversprechenden Anfang gemacht«, erklärte er mir, »ich glaube, er wird einmal ein großer Star. Aber ich möchte ihn auch aus einem anderen Grund in Ihrer Gruppe haben: er ist ein prima Kerl. Wir,

Sie und ich, sind uns der Bedeutung Ihrer Aufgabe bewußt. Also: keine Schmierenkomödianten. Für Sie, aber auch für die Armee. Sie werden in Camp Meade vor der Zensur auftreten müssen, aber sobald wir grünes Licht haben, wird nichts mehr durchgesehen oder umgearbeitet.«

Abe Lastfogel sagte mir auch, daß Danny Thomas ein Engagement in einem Night-Club in den Vereinigten Staaten hätte und nur sechs Wochen bei uns bleiben könnte. Was mich betrifft, so war ich bereit, weiterzumachen, bis der Krieg zu Ende war. Ich sah keinen Grund, warum ich nach Amerika zurückkehren sollte, wenn ich einmal »an Ort und Stelle« war. Viele nahmen mir das nicht ab. Sie meinten, ich würde nicht lange durchhalten.

Das Programm war genau richtig. Danny machte seine Witze, ich sang ein paar Lieder, wir spielten zusammen einige Sketche, die von berühmten Leuten wie Garson Kanin und Burgess Meredith für unsere Zwecke geschrieben worden waren; wir zeigten den Trick mit der Gedankenübertragung, den ich schon während der Mobilisierung mit Orson Welles vorgeführt hatte. Die Texanerin Lynn Mayberry hatte ihre eigene Nummer. Wir konnten auf Lastwagen oder Panzern auftreten, denn wir brauchten keine Bühne; wir gaben vier oder fünf Vorstellungen am Tag und zogen wie die Nomaden im Jeep von einer Einheit zur anderen. Unser Akkordeonspieler war sogar ein richtiger Zigeuner. Ich habe den Klang des Akkordeons immer geliebt, und im Gegensatz zum Tenor fehlte mir das Klavier nicht.

Abe Lastfogel wußte immer wo wir waren. Weiß Gott durch was für ein Wunder er das herausfand. Er hatte die gewaltige Aufgabe übernommen, Hunderte von Vorstellungen für die Streitkräfte zu organisieren, die verschiedenen Talente zu kombinieren, die Künstler auszuwählen, sie auf ihre Aufgabe vorzubereiten und überdies die Verantwortung für ihre seelische Verfassung zu übernehmen; all das tat er mit einer ungeheuren Großzügigkeit; er widmete dieser Sache seine ganze Zeit und seine ganze Kraft. Noch heute sage ich: »Bravo, Mr. Lastfogel!«

Die Vorstellung wurde von der Zensurbehörde in Camp Meade genehmigt, und das Warten begann, denn zunächst einmal mußten wir in New York bleiben. Wir hatten Kodenamen.

Schließlich landeten wir in Casablanca. Keine Lichter auf der Landepiste. Heute, da ich ein bißchen mehr von der Fliegerei verstehe, würde ich Todesängste ausstehen, aber damals begnügte ich mich in meiner unglaublichen Naivität damit, es meinen Reisegefährten gleichzutun und mich anzuschnallen. Das Flugzeug setzte unsanft auf, und die Motoren kamen zum Stillstand. Soldaten stürmten in die Kabine. »Wer seid ihr? ... Zu welcher Einheit gehört ihr?« Die Männer vom Stützpunkt wußten nicht, was sie mit uns anfangen sollten. Wir störten sie.

»Warten wir ruhig hier«, sagte ich zu Danny Thomas und den anderen Mitgliedern der Truppe. »Wir wollen doch nach dieser weiten Reise nicht schon gleich bei unserer Ankunft Schwierigkeiten machen.« Danny war einverstanden. Wir warteten. Die Nacht war kalt, oder vielleicht schien sie uns nur kalt, weil wir müde waren. Schließlich tauchte ein Oberst auf und sagte, niemand habe gewußt, daß wir kämen, man suche jetzt aber ein Quartier für uns etc.

Wir verließen das Flugzeug und stiegen in Jeeps.

Ich wollte die französische Küste sehen. Ich wollte Frankreich sehen, das Land, das ich liebte, das Land, das vom Feind besetzt war, das Land, das wir befreien würden, wenn die Zeit gekommen war. Der Fahrer machte einen kleinen Umweg, und ich sah Frankreich. Die anderen verstanden meine Rührung nicht recht, aber sie waren still, während ich meine Tränen trocknete.

Wir besuchten die Stützpunkte in Nordafrika und kamen zuletzt nach Oran. Von dort aus ging es nach Italien. Inzwischen hatten wir uns auch besser kennengelernt. Danny spielte Bongo auf seinem Helm, erfand witzige Texte auf bekannte Melodien, Texte, die von unseren Erfahrungen erzählten; wir sangen, lachten, schliefen, aßen - und wir gingen in Deckung.

Als erstes lernt man, sich bei einer Schießerei sofort zu ducken. Alles andere ist einfach. Drei Dinge zählen: »Essen, schlafen, in Deckung gehen.« Meine Schienbeine sind voller Narben, Erinnerungen an all die GIs, die mich fluchend zu Boden geworden haben. Lange habe ich geglaubt, die Kugeln, die von den feindlichen Linien aus abgefeuert wurden, kämen aus unseren eigenen Reihen. Ich habe dazugelernt. Ich hatte mehr Angst um meine Zähne als um meine Beine. Gott sei Dank war immer ein GI in der Nähe, um mir einen Stoß zu geben.

Von allen Soldaten, denen ich begegnet bin, waren die GIs die tapfersten. Tapferkeit ist einfach, wenn man sein eigenes Land oder Heim verteidigt. Aber in ein fremdes Land verfrachtet zu werden, um für »Gott weiß was« zu kämpfen, seine Augen, Arme, Beine zu verlieren und als Krüppel nach Hause zu kommen, das ist etwas anderes. Ich habe diese Männer gesehen, während der Schlacht und nachher. Ich habe sie lange nach Kriegsende gesehen – wieder bei sich zu Hause in Queens, einem der New Yorker Viertel, wie sie auf ihren Krücken humpelten oder ganz ohne Beine vergnügt im Kreis ihrer Frauen und Kinder saßen.

Ich habe sie alle gesehen. Ich habe sie alle geliebt, lange nachdem die Welt sie vergessen hatte. In diesem Punkt habe ich ein ausgezeichnetes Gedächtnis, sind meine Erinnerungen unauslöschlich.

Wie oft habe ich solche Veteranen getroffen, Taxifahrer,

die mit mir sprachen und sich erinnerten: »Damals waren wir glücklicher.« Und ich bat sie, noch einmal um den Central Park zu fahren, damit wir weiter die Erinnerung an jene Jahre heraufbeschwören und wie früher unsere Zusammengehörigkeit spüren konnten.

Ich bedaure vor allem, daß man heute keine wirkliche Kameradschaft mehr kennt, dieses gegenseitige Vertrauen, das wir damals empfanden. Aber die besten menschlichen Eigenschaften kommen eben nur in Extremsituationen zum Vorschein. Heutzutage gibt es keine »Extremsituationen« mehr; Amerika ist einfach ein völlig verunsichertes Land, unfähig, sich von seiner angeblichen »Schande« der »Nixon-Ära« zu erholen. Politik ist immer unehrenhaft. Für mich ist an der großen »moralischen Krise«, die Amerika heimgesucht hat, nichts Besonderes. Als ob man vorher nie schlecht gehandelt hätte!

Sprechen Sie nie mit Soldaten, wenn Sie ein ruhiges und friedliches Leben ohne Alpträume und ohne schlechtes Gewissen führen wollen. Sprechen Sie nicht mit uns, denn wir haben keine Lust, uns Ihr lächerliches Gejammer anzuhören. Wir dachten, der Zweite Weltkrieg würde das Ende aller Kriege bedeuten. Als wir nach Kriegsende wieder in die Vereinigten Staaten zurückkehrten, wurden wir mit dummen Kommentaren empfangen. Wir durften nicht ohne Krawatte in ein Restaurant gehen – ganz gleich wie viele Orden die Uniformen der Fallschirmspringer aufwiesen. Ich war im El Morocco, im Champagnersaal, als solchen Männern, die in einem Krieg, der sie eigentlich nichts anging, Zivilisten verteidigt hatten, der Eintritt verwehrt wurde. Und diese Zivilisten vor ihren dicken Steaks, sie, die nie einen Krieg mitgemacht, nie Kanonendonner gehört hatten, blieben eiskalt, betrachteten uns als Parias, und ich muß gestehen, daß uns das gefiel. In wohlgezielten Worten sagten wir ihnen, der Teufel solle sie holen.

Es folgten die Jahre der »Wiedereingliederung«, wie es so schön hieß. Ich für meinen Teil brauchte lange, sehr lange, bevor ich mich »wieder eingegliedert« hatte. Ich lief durch die Straßen von New York – und konnte einfach nicht glauben, daß die Politiker uns Lügen auftischten, Lügen und immer wieder Lügen. Wir trafen uns in den Straßen von New York, ich kümmerte mich um die Soldaten – pardon, die Veteranen –, bezahlte ihre Hotelzimmer, versuchte, ihre Not zu lindern. Die Regierung scherte sich den Teufel darum. Anders als wir es den Soldaten nach den Vorstellungen in Europa hatten versprechen müssen, gab es keine Arbeit für sie. Die Veteranen zogen durch die Straßen.

Die Bürokratie – der ewige Feind im eigenen Land.

Kein einziges Versprechen wurde gehalten.

Warum fühlte ich mich verantwortlich? Während der harten Kämpfe in den Ardennen hatte ich den Soldaten versichert, daß bei ihrer Rückkehr Arbeit auf sie warte. Ich machte ihnen dieselben Hoffnungen wie mir selbst und überzeugte sie – befehlsgemäß.

Ohne daß ich es merkte – das passiert oft –, erfroren mir Hände und Füße in der schrecklichen Kälte der Ardennen. Meine Hände wurden dick wie Bälle. Man empfahl mir, sie mit einer Art Gelee zu bestreichen, unter dem die geschwollenen Finger aussahen wie Klauen eines seltsamen Tieres. Das machte mir nicht viel aus, denn ich war eine unverbesserliche Optimistin. Ich wußte nichts von den Spätfolgen solcher Erfrierungen. Schwieriger war es, meine Füße zu behandeln. Doch wir trugen weite, bequeme Kampfstiefel, die den Schmerz erheblich linderten.

Heute noch bekommen meine Hände eine merkwürdige Farbe, wenn sie warm werden; ihre Haut ist fein wie die eines Kinderpopos. Manchmal merke ich, daß jemand mich während eines Diners beobachtet; mir wird bewußt, daß meine Hände auf dem Tisch kein sehr schöner Anblick sind, und ich verstecke sie schnell.

Doch während des Krieges zählte all das nur wenig. Das einzig Wichtige war, seine Arbeit zu tun – und gut zu tun. Wenn ich die Bücher lese, in denen Schauspieler von ihrer Arbeit erzählen und wie sie auf Tournee durch die Vereinigten Staaten gegangen sind trotz Fieber oder Halsschmerzen, muß ich unwillkürlich lächeln. Was ist an einer »Vorstellung« schon so wichtig? Nun, Schauspieler sind komische Leute.

Nicht so Danny Thomas! Er ist ein prima Kerl – offen, gescheit; er ist nicht nur begabt, sondern auch ein Mann und ein Gentleman – etwas sehr Seltenes! Er brachte mir alle Geheimnisse seiner Kunst bei.

Wir hatten wie gesagt unsere Aufführung geprobt, und ich fühlte mich sicher mit meinen Nummern. Doch in Italien stand ich plötzlich vor Tausenden von Soldaten, die rings herum auf den Hügeln saßen und mich mit Zurufen und Pfiffen bombardierten. Das stand nicht im Programm, und ich wußte nicht, wie ich darauf reagieren sollte.

Danny brachte mir bei, nicht aus der Fassung zu geraten und unser Publikum zum Schweigen zu bringen. Er brachte mir auch das Gespür für den Rhythmus bei, wie man einen Lacher auslöst und ihn wieder stoppt, wie man angesichts all dieser verzweifelten Burschen reagiert, die einen demütigen wollen, weil man nicht kämpft. Diese Feindseligkeit war am schwierigsten zu überwinden. Danny konnte das hervorragend.

Er rettete sogar unseren Tenor vor beißendem Spott, einen sehr netten Kerl, der herrlich *Besame Mucho* sang, aber von den GIs ausgebuht wurde, sobald er auf die Bühne trat. Aus einem uns unbekannten Grund war Danny der Mobilisierung entgangen.

Danny hielt uns alle bei Laune, auch mich. Als er uns verließ, warteten wir auf Ersatz, aber sein Nachfolger konnte ihm nicht das Wasser reichen. Das lag nicht an ihm. Denn wer konnte schon Danny Thomas ersetzen? In meinen Gedanken und in meinem Herzen jedenfalls niemand.

Er hinterließ uns seine Anweisungen, die wir treu befolgten. Noch lange nach seiner Abreise erinnerten wir uns an seine Worte und Hinweise. Seine Art zu singen und auf dem Helm Bongo zu spielen fehlte uns sehr; wir machten weiter und sagten uns oft: »Jetzt hätte Danny dies oder jenes gesagt«, aber wir waren nicht mit dem Herzen bei der Sache und vermißten ihn sehr. Ich glaube nicht, daß er das wußte.

Ich habe einmal versucht, es ihm zu erzählen, aber da standen zu viele Leute um uns herum, und er konnte mir nicht zuhören. Würde er mir jetzt zuhören? Das frage ich mich. Die Zeit verändert Dinge und Menschen. Er ist glücklich und hat eine große Familie – Gott segne ihn.

Danny war unersetzlich, aber wir überlebten dennoch diesen schrecklichen Winter und blieben bis zum Ende des Krieges in Europa.

Wir schliefen irgendwo in einem Stall; plötzlich spürte ich, wie Hände mich schüttelten, hörte Stimmen: »Es sind Achtachter.« Das sagte mir nichts, aber ich wußte, daß etwas nicht stimmte.

»Sie sind ganz in der Nähe, die Achtachter zielen auf uns – haut ab, los, haut ab.« Wir krochen aus unseren Schlafsäcken – Gott sei Dank waren wir ganz angezogen – und rannten davon. Aber wohin? Jemand brüllte, wir sollten laufen. Also liefen wir. Ein Jeep, nichts wie hinein, Helme stießen aneinander, schnell, um Himmels willen schnell, die Achtachter zielen auf uns, was ist passiert, wieso sind die Linien durchbrochen? Die Front der ersten Armee war doch solide. Beeilt euch, los, schnell. Richtung Reims.

»Nach Reims?« fragte ich. »Aber das liegt doch weit hinter uns.«

»Hat dich jemand nach deiner Meinung gefragt? Nein? Also, dann mach schon.«

Wir setzten uns also in Bewegung, nachdem ich meine ganzen Sachen im Stall zusammengesucht hatte, alle meine Kostüme. Wenn ich gewußt hätte, daß die feindlichen Truppen unsere Linien durchbrochen hatten, hätte ich nicht im Traum daran gedacht, meine Kleider mitzunehmen, aber wir begriffen nicht, was los war, wir hielten das alles schlicht für einen Alarm, wie wir schon viele erlebt hatten.

Wir kamen durch. Aber die siebenundsiebzigste Division, lauter blutjunge Kerle, die gerade aus Amerika gekommen waren, wurde vernichtet. Da trat McAuliffe auf den Plan, tat seinen berühmten Ausspruch »Nuts« und schaffte es, die Deutschen zurückzuschlagen und uns zu retten – wenn ich »wir« sage, meine ich nicht nur einzelne Menschen, sondern die Nationen, die Alliierten.

Die zweiundachtzigste Division, Luftlandetruppe unter dem Kommando von General Gavin, kam, und alles war wieder unter Kontrolle. Aber es hatte viele Verluste gegeben, viele Verletzte und Amputationen, und eine Flut von Briefen wurde über den Atlantik zu den Familien geschickt.

Da wir in Reims keine Instruktionen erhielten, fuhren wir weiter ins Hauptquartier nach Paris; nach einigen Tagen wurden wir wieder auf Tournee geschickt.

Der Krieg ging weiter. Ich erinnere mich nicht mehr an die Orte und Städte, durch die wir kamen. Aber ich erinnere mich, daß ich mich eines Tages im Hinterland bei Forward Ten melden sollte – das war der Kodename des Oberbefehlshabers. Ein Soldat weicht nur widerwillig zurück. Ich begann also zu diskutieren, aber die einzige Antwort, die ich bekam, lautete: »Befehl ist Befehl.«

Die Begegnung fand im Hürtgenswald statt. Der General

Omar Bradley saß in einem Wohnwagen im Wald, als ob er mich erwartete. Überall an den Wänden hingen Karten; der General war sehr blaß und schien müde.

»Ich kann Ihnen wohl vertrauen«, sagte er.

»Vielen Dank, Herr General«, antwortete ich.

»Morgen werden wir in Deutschland einmarschieren, und Sie gehören momentan zu der Einheit, die als erste deutsches Gebiet betreten wird. Ich habe das Problem mit Eisenhower besprochen, und wir halten es für besser, Sie würden im Hinterland bleiben und zum Beispiel Krankenhäuser besuchen. Wir wollen nicht, daß Sie in Deutschland gesehen werden; falls Ihnen etwas zustößt, könnten wir keine Verantwortung übernehmen und der Kritik, die sich sofort erhöbe, nicht einmal widersprechen.«

Ich war verblüfft. »Und aus diesem Grund haben sie mich herkommen lassen?« fragte ich.

»Ja«, sagte er, »die Lage ist sehr ernst. Den Deutschen wäre es nur allzu recht, wenn Sie ihnen in die Hände fallen würden; das wäre eine Katastrophe.«

Ich redete mit Engelszungen auf ihn ein, flehte ihn an, tat alles nur Erdenkliche, um sein Herz zu erweichen.

Hier muß ich einen sehr wichtigen Punkt erwähnen: alle Generäle sind einsam. Die GIs können mit einheimischen Mädchen im Gebüsch verschwinden. Nicht so die Generäle. Tag und Nacht werden sie geschützt, wird jede ihrer Bewegungen überwacht. Nie und nimmer können sie irgend jemanden in einem Heuschober oder anderswo küssen oder »auf den Rücken legen«. Sie sind hoffnungslos allein.

Der General Bradley erlaubte mir schließlich, mit nach Deutschland zu gehen. Seine einzige Bedingung waren zwei Leibwächter, die mich Tag und Nacht bewachen sollten. Die beiden Soldaten, die dazu abkommandiert wurden, waren begeistert. So ein Glück! Sie hatten geglaubt, ihr

Leben aufs Spiel setzen zu müssen, und nun durften sie sich für den Rest des Krieges an meine Fersen heften.

Wir drangen nach Deutschland ein, und zu unserer großen Überraschung fühlten wir uns überhaupt nicht bedroht, verspürten nicht die geringste Angst. Die Leute auf der Straße dachten nur daran, mich zu umarmen, sie baten mich, mich bei den Amerikanern für sie einzusetzen, sie hätten gar nicht freundlicher sein können. Alle hießen mich in meinem Land willkommen, obwohl ich auf der anderen Seite stand.

Für die amerikanische Armee galten andere Vorschriften als für die französische und die britische Armee. So durften die Deutschen zum Beispiel nicht in die Nähe der amerikanischen Quartiere kommen. Die Franzosen dagegen ließen ebenso wie die Briten ein Zusammenleben zu.

Wir waren in einem kleinen deutschen Häuschen einquartiert, dessen Bewohner mich um Hilfe baten. Sie konnten ihre Kuh nirgendwo anders unterbringen: würde man ihnen erlauben, sie füttern zu kommen? Sie glaubten, ich hätte Wunderkräfte und könnte alle ihre Probleme lösen. Wir rückten sehr schnell vor, wir hatten nicht die Zeit, uns um die Kühe eines jeden Bauern zu kümmern.

Oft mußte ich auf den Dorfplätzen das Wort ergreifen, um den Leuten zu sagen, sie sollten nach Hause gehen, ihre Fensterläden schließen und die Straßen nicht verstopfen, damit unsere Panzer ungehindert durchfahren konnten. Da die nachfolgenden Truppen mit unserem Durchbruch nicht hatten Schritt halten können, stand nämlich kein Dolmetscher zur Verfügung. Jedes Mal wurde ich nachher gefragt, was ich gesagt hätte, denn nach einigen Minuten waren die Straßen leer. Ich antwortete: »Ist das nicht gleich? Sie haben dem Befehl doch Folge geleistet, oder?«

In Aachen – einer zum größten Teil zerstörten Stadt (und in ebendiesen Vierteln wohnten wir auch) – und danach auf unserem ganzen Weg durch Deutschland hatten wir keine Probleme. Meine beiden Leibwächter verlebten eine herrliche Zeit.

Aber in Aachen bekamen wir Filzläuse. Lassen Sie sich von niemandem weismachen, Filzläuse würden nur von anderen Menschen übertragen. Und glauben Sie ja nicht, daß sie nicht laufen könnten. Ich habe sie laufen sehen.

Eines Tages hieß es, Duschen würden installiert, und auch die Frauen könnten sie im Austausch gegen »einige Gefälligkeiten« in Anspruch nehmen. Die besagten »Gefälligkeiten« sahen folgendermaßen aus: zwei Eimer Wasser – ein Blick; drei Eimer Wasser – zwei Blicke; vier Eimer Wasser (die man unbedingt brauchte, wenn man sich die Haare waschen wollte) – einige Küsse und beliebig viele Blicke.

Wir waren zu allem bereit. Die Aussicht auf Wasser und Seife nach so langer Zeit genügte, um uns alle Schüchternheit, alle Sittsamkeit vergessen zu lassen.

Bei dieser Gelegenheit entdeckten wir unsere Filzläuse. Sie juckten nicht. Sie waren einfach da, offensichtlich mit ihrem Schicksal zufrieden, und sie störten uns nicht. Wir machten sie ausfindig. Schwarze Punkte. Leicht zu sehen. Lynn Mayberry, unsere dunkelhaarige Texanerin, lief in ihr Zelt, untersuchte sich, kam zurück und schrie, auch sie habe welche.

Unser Problem bestand nun darin, sie loszuwerden. Wir hatten keinen Arzt an der Hand, da wir zu schnell vorrückten. Nach einigen Tagen kam ich auf einen »genialen Gedanken«.

Ich glaube, ich habe selten eine so dumme Idee gehabt.

»Wenn ich meine Nummer mit der Gedankenübertragung mache und einen Typ auf den Lastwagen hole, bitte ich ihn, nach der Vorstellung in mein Zelt zu kommen, und dann werden wir ihn um Rat fragen«, schlug ich vor.

Nichts war logischer, als einen Soldaten zu fragen, oder?

Wenn man erkennen will, welche Person für einen Zaubertrick geeignet ist, muß man allerdings auf bestimmte Zeichen achten. Da ich bei diesem Kunststück den Zuschauern ziemlich nahe kam, wählte ich so oft wie möglich einen Soldaten mit Brille. Die Leute mit Brille sind nicht so dreist wie die Männer, die keine tragen. Will sagen, wenn ich um sie herum ging, packten die Typen ohne Brille mich kurz entschlossen und ließen mir nicht die Zeit, meine Nummer ordentlich zu beenden. Die Brillenträger dagegen waren weniger aggressiv, eher zur Zusammenarbeit bereit und halfen mir, die Vorstellung gut zu Ende zu bringen.

Bei einem unserer vier täglichen Auftritte kam der Augenblick, einen Brillenträger auszuwählen. Aber im Licht der untergehenden Sonne war weit und breit keine Brille zu sehen.

Ich ertrug mein Ungemach mit Geduld. Drei Tage vergingen.

Schließlich, am vierten Tag, bemerkte ich undeutlich und sehr weit weg am Hang etwas, das wie eine Brille aussah. Die Sonne ging langsam unter, und ich sagte: »Sie da – nein, nicht Sie – Sie, ja Sie, würden Sie bitte herkommen und mir bei diesem Zauberkunststück helfen?«

Der Mann, der sich erhob, war sehr groß. Er sprang auf die Ladefläche des Lastwagens, als ob er eine zehn Zentimeter hohe Stufe hinaufsteige. Während ich mich mit lauter Stimme an ihn wandte, konnte ich ihm zwischendurch leise zuflüstern: »Kommen Sie nachher in mein Zelt, hinter dem Lastwagen, nach der Vorstellung.« Er zuckte nicht einmal mit der Wimper.

Ich kehrte in mein Zelt zurück, teilte meinen Schutzengeln mit, es käme noch ein Besucher und wartete. Das Zelt lag im Dunkeln. Nur ein Lichtstrahl drang zwischen den Planen am Eingang hindurch. Ich blieb stehen und betrachtete die eigentümlichen, von den Pailletten meines Kleides, die das Licht auffingen, auf den schmutzigen Stoff geworfenen Zeichnungen, Bilder, die sich mit dem Rhythmus meines Atems veränderten.

Plötzlich tauchte eine riesige Silhouette am Zelteingang auf.

»Madam«, sagte eine Stimme.

Der Mann hatte seine Brille abgesetzt.

»Guten Abend«, sagte ich, »ich danke Ihnen, daß Sie gekommen sind.«

Er schwieg: ich nahm meinen ganzen Mut zusammen: »Ich weiß nicht, wie ich es Ihnen sagen soll.« Dann wartete ich.

»Sie wissen nicht, wo wir hingehen könnten?« fragte er schließlich.

»Nein, das ist es nicht. Ich möchte Ihnen nur sagen, daß ich Filzläuse habe.«

Blitzschnell erwiderte er: »Das stört mich nicht.«

»Sie verstehen nicht.«

»Also, worum geht es dann?«

»Was kann ich tun, um sie loszuwerden?«

»Ist das wirklich alles, was Sie wollen?«

»Ja.«

Da kam er auf mich zu. Von nahem wirkte er noch größer. Er war ein Texaner. Die Texaner sind ein ganz besonderer Menschenschlag. Die Lichtreflexe der Pailletten spielten auf seinem Gesicht. Er schien wütend.

»Haben Sie kein Läusepulver bekommen? Man kann es sich jederzeit holen.«

»Ich weiß, aber ich dachte, es wäre nur gegen gewöhnliche Läuse.«

Und er, immer wütender: »Tun Sie davon was drauf, und waschen Sie sich nicht.«

Schweigen.

»Und wenn Sie wissen wollen, wie sie sterben«, stieß er hervor, »das Pulver lähmt ihre Kiefer, und sie krepieren vor Hunger!«

Ich blieb wie angewurzelt stehen; er drehte sich auf dem Absatz um, bückte sich und schob die Eingangsplane beiseite. Ich mußte am selben Ort noch eine weitere Vorstellung geben und hoffte, ihn wiederzusehen, aber er war für immer verschwunden. Er war sicher empört; als Texaner war er eine solche Unterhaltung mit einer Frau wohl nicht gewohnt, vor allem nicht mitten in einem Wald in Europa, während all seine Kameraden darauf warteten, daß er ihnen eine so naheliegende und doch ganz unwahrscheinliche Eroberung haarklein beschriebe.

Wir blieben ziemlich lange in Aachen. Wir wohnten in einem stark zerbombten Haus; Badewannen ragten ins Leere, aber es gab wenigstens ein Dach, unter dem wir unsere Schlafsäcke ausbreiten konnten. Ein Dach hat etwas Beruhigendes.

Der Krieg in Europa zeichnete sich durch endlose Regenfälle aus. Überall war Schlamm, überall Feuchtigkeit, die in die Kleider kroch – und dann gab es Ratten.

Die Ratten haben eisige Pfoten. Man liegt auf dem nackten Boden in seinem Schlafsack, die Decke bis zum Kinn hinaufgezogen, und diese Biester laufen einem über das Gesicht, ihre Pfoten, kalt wie der Tod, jagen einem einen Heidenschreck ein.

Da einen auch noch die Bomben – sind es V1 oder V2? – das Fürchten lehren, weiß man nicht mehr ein noch aus.

Die Ratten in Aachen ließen uns keine Ruhe. Sie kamen jede Nacht. Ich streute um meinen Schlafsack herum eine Art Wall aus Läusepulver, vergebens ... auf diese Weise wurde ich höchstens die Filzläuse los – und meinen texanischen Freund.

In der Armee gab es eine texanische Division. Mein Gott, waren sie stolz auf ihre Herkunft! Wenn sie eine Stadt einnahmen, brachten sie den Kindern bei, die Vereinigten Staaten seien ein Teil von Texas. Aber so stolz und überheblich sie auch waren, sie leisteten verdammt gute Arbeit im Krieg. Nirgendwo sonst findet man solche Männer. Und daß mir niemand das Gegenteil behauptet!

Einmal habe ich zu einem texanischen Soldaten gesagt: »Sie sind schön«, und er hat mir geantwortet: »Madam, das dürfen Sie zu einem Mann nie sagen.« »Und was darf ich zu einem Mann sagen?« »In Texas«, meinte er, »höchstens, daß seine Hose ihm gut paßt.« Nun, das stimmt: ihre Hosen passen ihnen gut.

Sie sind vertrauenerweckende, dynamische Menschen. Texas ist ein riesiger Staat. Das erklärt, warum so viele Soldaten in der texanischen Division waren. Ruhm und Ehre ihnen allen! Ich umarme sie und sende ihnen meine ganze Liebe, von ferne, durch Raum und Zeit. (Ich glaube es gibt ein Foto, auf dem ich, irgendwo in Europa, zusammen mit dieser texanischen Division zu sehen bin.)

Aber zurück zu den Ratten. Unser Aufenthalt in Aachen zog sich in die Länge. Die Schwestern vom Roten Kreuz halfen uns so gut sie konnten. Sie hatten Krapfen gebakken, und wir verteilten sie mit ihnen an befreite Kriegsgefangene und Überlebende aus den Konzentrationslagern.

Überall Ratten. Wir legten jetzt vor dem Einschlafen feuchte Tücher über unsere Gesichter, damit diese Biester woanders hinliefen. Sie mochten »fremde« Kälte nicht, sie mochten nur ihre eigenen kalten Pfoten in ihrer eigenen kalten Umgebung.

Apropos Ratten ... Eines Tages traten wir in einem richtigen Kino in Aachen auf. Es war kalt wie gewöhnlich. Der Besitzer des Saals kam und fragte mich, ob ich gerne eine Tasse heißen Kaffee hätte.

Die anderen sagten alle: »Nimm das nicht an, der Kaffee könnte vergiftet sein.«

»Nein, das würden sie niemals wagen«, antwortete ich und trank den Kaffee.

Dann fragte ich den Mann: »Warum haben Sie mir diesen Kaffee angeboten? Sie wissen doch, daß ich auf der anderen Seite stehe.«

»Natürlich weiß ich, daß Sie auf der anderen Seite stehen, aber« – und er seufzte – »aber Sie sind auch der *Blaue Engel.*«

All das wegen eines Films!

Überall in Deutschland konnte ich die gleiche Reaktion feststellen. Die Deutschen hatten mir vielleicht nicht vergeben, aber sie kannten mich, baten mich, ihnen bei der Lösung ihrer Probleme zu helfen, etwas, woraus man ihnen wirklich keinen Vorwurf machen kann.

Ich bin als Deutsche geboren, und ich werde stets Deutsche bleiben, ganz gleich, was auch immer behauptet worden ist. Ich mußte meine Staatsangehörigkeit wechseln, als Hitler an die Macht kam. Andernfalls hätte ich das nie getan. Amerika hat mich in seinen Schoß aufgenommen, als ich kein Vaterland mehr hatte, das dieses Namens würdig war, und ich bin ihm dankbar dafür. Ich habe in diesem Land gelebt, habe seine Gesetze anerkannt. Ich bin eine gute Staatsbürgerin geworden, aber im Grunde meines Herzens bin ich Deutsche.

Deutsche in meiner Seele? Wo ist sie denn, diese Seele? Deutsche durch meine Erziehung. Das kann ich nicht leugnen, die Spuren sind nicht zu übersehen. Die deutsche Philosophie und die deutsche Dichtung sind meine Wurzeln.

Ich hätte nie gedacht, daß Wurzeln wichtig sind. Heute weiß ich, daß sie es sind. Man kann seine Wahlheimat lieben, weil man ihr dankbar ist – und wenn man sich nach und nach von ihren Wurzeln durchdringen läßt, von den

Werten ihrer Einwohner, von ihren wahren Zielen, ihrem Humor, ihren Gefühlen. So wachsen neue Wurzeln, neben den alten.

Wir beendeten unsere Tournee in Aachen wie geplant und kehrten dann in unsere Kaserne zurück, um zu melden, daß alles befehlsgemäß ausgeführt sei. Aber der Krieg war noch lange nicht zu Ende. Da wir nur das fünfte Rad am Wagen waren, wurden wir wie viele andere, Zivilisten und Soldaten, hin und hergeschoben.

Roosevelt starb, und wir mußten traurige Soldaten trösten, Amerikaner, die von dem Ereignis ebenso überwältigt waren wie wir selbst.

Mir kam es zu, die Nachricht mitten in einer Vorstellung bekanntzugeben. Ich war an schwierige Aufgaben gewöhnt. Wenn man viele Menschen sterben sieht, wird man härter, innerlich und äußerlich. Wir brachen die Vorstellung ab, und ich ging zu den Soldaten, die schweigend vor mir am Abhang des Hügels saßen. Wir redeten lange, bis die Nacht hereinbrach, dann zerstreuten wir uns, um unseren Pflichten nachzugehen.

Wir kamen bis hinauf nach Holland, wo noch mehr V1 und V2 niedergingen als bisher. Diese Raketen waren etwas ganz anderes als die normalen Bomben: sie schlugen ohne Vorwarnung ein. Man konnte unmöglich voraussehen, wo sie herunterkommen würden und sich nicht vor ihnen schützen. Nur unser Optimismus ließ uns durchhalten. Nur die Hoffnung hielt uns aufrecht – die Hoffnung und der Calvados. Er ließ uns das Leben in rosigen Farben sehen; er brachte uns auch den Schlaf.

Im Norden traten wir vor britischen Truppen auf. Wir wandelten unsere Späße etwas ab, denn im Gegensatz zu den Amerikanern haben die Engländer »eine etwas längere Leitung«, wie man so sagt. Die hatten sie allerdings mit Sicherheit nicht auf dem Schlachtfeld.

Die Kanadier waren die schnellsten von allen. Ihnen waren wir vor allem in Italien begegnet. Jedesmal, wenn es Ärger gab und es hieß, die Kanadier würden uns zu Hilfe kommen, freuten sich alle (einschließlich des Generalstabs). Sie waren zuverlässig. Sie verbanden die besten amerikanischen mit den besten britischen Eigenschaften. Sie legten den britischen Stoizismus an den Tag, wenn sie mit einer unmöglichen Mission betraut wurden. Und sie fluchten nicht so wie die Amerikaner.

1944 erlebten wir traurige Weihnachten – und die Rückkehr der Filzläuse. Aber wir hatten uns jetzt an sie gewöhnt und wußten, wie wir sie wieder loswurden. Dennoch waren wir traurig. Wegen Weihnachten *und* wegen der Filzläuse. Alle fühlten sich niedergeschlagen, ausgelaugt. Es fiel uns schwer, mit der gleichen Begeisterung wie früher aufzutreten. Obwohl ich viel gelernt hatte, war ich immer noch nicht so gut wie Danny Thomas. Doch wir mußten die Soldaten glücklich machen. Sie glücklich machen.

Die deutsche Gegenoffensive war zurückgeschlagen, und wir rückten weiter vor. Aber wie lange würde dieser Krieg noch dauern?

Schon in frühester Kindheit hatte ich gelernt, daß Gott auf keiner Seite mitkämpfte. Es hatte also gar keinen Zweck zu beten. Trotzdem gab es vor jeder Schlacht Gebete, alle möglichen Beschwörungen, inszeniert von allen möglichen Predigern.

Wir nahmen an diesen Zeremonien teil, und ich sah, wie die Soldaten starr auf ihren Plätzen standen und nicht glauben konnten, was sie hörten. »Ihr werdet kämpfen.« Auch ich konnte nicht daran glauben, aber ich zählte nicht.

Die jüdischen Predigten waren am überzeugendsten, denn das Alte Testament sagt: »Auge um Auge, Zahn um Zahn.« Das ist eine wirkungsvolle Abschiedsrede für einen Mann, der sich zu einem großen Schlachtfest aufmacht. Ich habe mich immer gefragt, wie die Christen es anstellen, bestimmte Gebote (»... halte auch die andre Wange hin«) in Einklang mit dem Krieg zu bringen.

Aber alle gingen, ob mit oder ohne Predigt.

Seitdem habe ich jeden Glauben an Gott, an ein »Licht«, das uns führt, oder irgend etwas dieser Art aufgegeben. Bereits Goethe hat gesagt: »Wenn Gott diese Welt geschaffen hat, dann müßte er seinen Plan ändern.« Wahrscheinlich handelt es sich um einen schlecht durchdachten Plan.

Das Durcheinander ging weiter bis zu dem Tag, an dem wir den Krieg gewonnen hatten. Alles war zu Ende; wir schliefen in Ställen, zogen durch Dörfer. Wir warteten auf Anweisungen, die nie kamen. Wieder einmal, wie zu Anfang all dieser Ereignisse, warteten wir. Wir waren erschöpft, mutlos. Überall um uns herum dreckige, jämmerliche Gestalten, die darauf warteten, nach Hause entlassen zu werden.

Einige wurden nach Hause geschickt, andere in den Pazifik. Dort ging der Krieg noch weiter. Und wir, wir blieben einfach sitzen. Wir hatten unsere K-Rationen, Kaffee, Schlafsäcke – und wir warteten auf Befehle. Wir schliefen. In diesen Tagen konnten wir wieder ruhig schlafen. Wir waren sicher, daß draußen jemand wachte.

Als der Krieg in Europa zu Ende war, mußten wir alle repatriiert werden. Dafür wurde eine Organisation großen Umfangs geschaffen. Tausende von Flugzeugen, um Tausende von Soldaten wieder in ihre Heimat zu bringen. Eine Luftarmada, um Ausrüstung, Unterlagen etc. zurückzuschaffen.

Wir warteten, bis wir an der Reihe waren.

Wir hörten Radio – Nachrichten aus dem Pazifik –, wir sprachen von unserer düsteren Zukunft. Wir hielten durch. Die Tatsache, daß wir uns selbst überlassen waren, war schwer zu ertragen. Kein Scherz konnte unser Unbehagen vertreiben. Es war Mai, aber unser Quartier in Chatou war eisig. Wir waren uns unserer Bedeutungslosigkeit bewußt und erwarteten von niemandem »Befehle«.

»In Zweierreihen aufstellen!« Vertraute Geräusche, dann endlich: »Ziel: Flughafen La Guardia, New York, Gruppe Nummer soundso bereithalten.« Wir waren weiß Gott bereit.

In dem Flugzeug, das uns in die Vereinigten Staaten zurückbrachte, sprachen wir kein Wort. Diese Männer hatten den Krieg gewonnen, aber sie konnten sich nicht darüber freuen. Heimtückisch geisterte der Krieg im Pazifik durch alle Köpfe. Das Flugzeug war zum Bersten voll, wir hatten kaum Platz für unsere Beine und Füße. Nichts zu essen. Kein Lachen, keiner der üblichen Scherze. Zum letzten Mal waren wir alle zusammen, aber schon weit entfernt von den anderen, wie Zivilisten.

Der Rückflug war lang und stiller, als wir je geglaubt hätten. Die Sieger kehren in ihre Heimat zurück! Wie lächerlich ... Wir fuhren einfach nach Hause und hofften, daß uns unterwegs nichts passierte. Doch tief im Innern waren die Männer froh, sie konnten es nur nicht zeigen. Sie dachten an ihre Kameraden, die sie in einfachen Gräbern zurückgelassen hatten; sie waren verbittert. Die Amerikaner sind ein naives Volk. Seit dem Sezessionskrieg haben sie keinen Krig mehr auf ihrem Boden erlebt. Sie kennen ihn nur aus Geschichtsbüchern. Sie reagieren wie Kinder, wenn sie einer wirklichen Tragödie gegenüberstehen. Ihre Naivität macht sie beinahe zu Heiligen.

Wir landeten in La Guardia. Es regnete – natürlich! Niemand war da, um uns zu empfangen. Wir schleppten uns ab mit unserem Gepäck, wurden von Kopf bis Fuß durchsucht und mußten unsere kostbare Kriegsbeute abgeben. Dann fanden wir uns ohne einen Pfennig Geld am Taxistand wieder und wußten nicht wohin.

Wer in den Vereinigten Staaten kein Geld hat, ist das Hinterletzte, Abschaum der Menschheit. Wir konnten noch so oft erklären, daß wir aus dem Krieg zurückkämen; das war den Leuten egal. Niemand hörte uns zu. »Wir haben zu tun, macht, daß ihr weiterkommt.«

Schließlich beschwatzte ich einen Taxifahrer und versprach ihm das größte Trinkgeld seines Lebens, wenn er bereit wäre, uns in das Hotel Saint Regis zu bringen. Dort stieg ich immer ab, wenn ich in New York Station machte.

Der Fahrer glaubte mir. Er fuhr uns zum Saint Regis.

»Guten Tag, Miss Dietrich. Guten Tag. Guten Tag.«

»Können Sie das Taxi für mich bezahlen? Ich habe keinen einzigen Dollar.«

»Selbstverständlich. Sie brauchen nur einen Blankoscheck zu unterschreiben. Ein großes Trinkgeld für den Chauffeur?«

»Ja, ein großes Trinkgeld.«

»Eine schöne Suite wie immer?«

»Ja. Und dann brauche ich etwas Bargeld.«

»Natürlich. Schreiben Sie den Scheck aus, und ich werde das Geld in Ihre Suite bringen lassen.«

Da standen wir nun mit unserem verdreckten Marschgepäck am luxuriösen Empfang des Saint Regis. Der Krieg war noch nicht zu Ende, aber hier hatte man den Eindruck, daß niemand je davon gehört hatte.

Da die Hotelangestellten meine Finanzlage nicht kannten, akzeptierten sie den Scheck, den ich ausstellte. Ich schrieb: hundert Dollar. Ich weiß nicht, warum ich nicht eine höhere Summe eingetragen habe. Ich bin wahrhaftig unfähig zu handeln, wenn niemand mir sagt, was ich tun soll, und wir waren schon so lange aus Amerika fort, daß hundert Dollar mir wie ein Vermögen vorkamen.

Wir gingen hinauf, und meine Kameraden nahmen einer nach dem anderen ein Bad. Ich bestellte zu essen. Ein köstliches amerikanisches Essen, das meine Gäste erquickte, als sie aus dem Bad kamen. Wir beschlossen, noch vor Sonnenuntergang auseinanderzugehen, denn alle wollten vor Einbruch der Dunkelheit nach Hause fahren.

Der Abschied war sehr traurig, aber es gab keine Tränen oder Seufzer – wir hatten zuviel erlebt.

Ich blieb allein in meiner Suite des Saint Regis zurück und wartete darauf, daß ein Zimmermädchen die Badewanne sauber machte, so daß auch ich ein Bad nehmen könnte, das erste nach vielen Monaten. Mein Gott, fühlte ich mich einsam! Es war zu früh, um nach Los Angeles zu telefonieren und eine ungünstige Zeit für die Büros in New York.

Und was würde ich ihnen überhaupt erzählen? Daß ich aus dem Krieg zurück war? Wer interessierte sich schon für den Krieg?

Das Telefon klingelte; es war mein Agent, Charlie Feldman. Ich hatte versucht, ihn zu erreichen, während die anderen badeten.

»Bitte stellen Sie keine Schecks aus«, sagte er. »Sie sind alle ungedeckt.«

»Das konnte ich nicht wissen«, antwortete ich.

»Hängen Sie ein, lassen Sie mich nachdenken, ich rufe Sie wieder an.«

Ich nahm ein Bad und legte mich hin, sah zur Decke und wartete – worauf? Ich hatte plötzlich keine Wurzeln mehr. Wo waren sie geblieben? Im Krieg, der in Europa gewütet hatte?

Ich war völlig durcheinander. Ich hatte mich bereits eingewöhnt, niedergelassen und war amerikanische Staatsbürgerin geworden, und nun mußte ich mich umstellen, wieder eingliedern. Ich meine, ich kam nach Amerika zurück, in ein Land, das nicht im Krieg gelitten hatte, ein Land, das nicht wußte, was seine Soldaten dort drüben auf fremdem Boden durchgemacht hatten. Mein Haß auf die »sorglosen« Amerikaner rührt aus dieser Zeit.

Man kann sich unschwer vorstellen, daß ich im Herbst und Winter 1945 nicht sehr beliebt war.

Je mehr Soldaten vom Pazifik zurückkamen, desto weniger Arbeit gab es in den Vereinigten Staaten. Wir liefen durch die Straßen, alles brachte uns auf. Wir hatten keinen Lebensinhalt mehr. Ich spreche nicht von mir selbst, sondern von der Sympathie, die ich für diese Männer empfand. Für uns alle war es eine schwere Zeit. Für uns, die wir mit unseren ganzen Gedanken bei ihnen waren.

Die Krankenhäuser (um dorthin zu kommen, mußte man durch ganz New York bis in die Vorstädte fahren) waren voll belegt mit verwundeten Soldaten – die wir streichelten, beruhigten, denen wir vorlasen und wieder einmal, wie früher, versprechen mußten, daß man ihre Wunden heilen würde. Wieder dieselben Lügen, dieselben Dialoge der Art: »komm, tanz mit mir . . .«; am schlimmsten waren die Amputierten; es war völlig sinnlos zu sagen »bald werden wir wieder tanzen«, aber sie lächelten.

Traurige, traurige Erfahrungen der Nachkriegszeit.

Ich brauchte ein ganzes Jahr, um mich »wieder einzugliedern«, ich, die ich ohne jede Verletzung davongekommen war, einmal abgesehen von meinen erfrorenen Händen und Füßen. Ein ganzes Jahr der Verzweiflung und des Zorns, ein Jahr, in dem ich Beleidigungen einstecken mußte, die zwar meist unbeabsichtigt waren, aber um so empörender, als sie von wohlgenährten Bürgern der Vereinigten Staaten kamen, die überhaupt nicht wußten, was außerhalb ihres Landes geschah. Damals glaubte ich naiverweise, daß jeder Amerikaner von Bomben, Zerstörung und Tod gehört hätte, mußte aber entdecken, daß das nur bei wenigen der Fall war. Sie wollten vor allem nicht an die Existenz des Krieges erinnert werden.

Ich spreche nicht von den Familien der Soldaten, die an der Front gekämpft hatten, sondern von Leuten, die niemals Krieg erlebt haben, deren täglicher Trott nie vom Krieg erschüttert worden ist, die immer ihren inneren Frieden bewahrt haben.

Dieser Ausdruck »innerer Frieden« erinnert mich an ein Erlebnis während des Krieges. Ich war in Italien, genauer: in Neapel, im Hotel Parco.

Ein Freund von mir, der Schauspieler Jean-Pierre Aumont, hatte über den Dienstweg Kontakt zu mir aufgenommen, und ich erhielt die Erlaubnis, den französischen Streitkräften, zu denen Aumont gehörte, einen Besuch abzustatten.

Am Vortag kam er mich in seinem Jeep abholen. Er verbreitete einen merkwürdigen Geruch.

»Ich habe unter einem Panzer neben einem toten senegalesischen Soldaten geschlafen«, erklärte er, »du mußt schon entschuldigen«.

Wir machten Wasser heiß, brachten es in mein »Zimmer mit Bad«, und er konnte zum ersten Mal seit Wochen wieder baden.

Jean-Pierre Aumont war ein sehr gut erzogener junger Mann, sehr gebildet, mit einem außergewöhnlichen Sinn für Humor.

Noch vor Tagesanbruch fuhren wir los. Er ist Steinbock, und ich bin Steinbock, darum wußten wir, was wir taten, jedenfalls glaubten wir es zu wissen. Jean-Pierre Aumont hatte eine Karte dabei. Aber bald, nach wenigen Stunden, blieben wir stecken. Der Jeep konnte weder weiter vor noch zurück.

Als echter Franzose und echter Soldat, der er war, sagte er: »Lassen wir ihn hier stehen.« Von weitem war das Grollen des Kanonendonners zu hören.

Wir ließen also unseren festgefahrenen Wagen stehen

und marschierten in Richtung auf den Fluß zu, den wir überqueren mußten, um zu unserem Ziel zu gelangen. Vor uns erstreckte sich ein riesiger Landstreifen. Weiße Bänder bewegten sich leise im Wind. Losgelöst von ihren Stangen schaukelten sie wie Wäscheleinen. Wir wußten, daß dies ein Minenfeld war und der einzige Weg zum Fluß. So weit unser Blick reichte, waren alle Brücken gesprengt. Wie sollten wir nun ans andere Ufer kommen?

»Hör zu, Jean-Pierre«, sagte ich zu meinem Gefährten, »du bist jung und hast dein ganzes Leben noch vor dir. Also gehe ich am besten vor, und du trittst in meine Fußstapfen. Dann fliege ich in die Luft, bevor du deinen Fuß auf diese Teufelsdinger gesetzt hast.«

Sie hätten uns sehen sollen, wie wir im Niemandsland miteinander diskutierten. Denn natürlich diskutierte er, Jean-Pierre. Er sagte etwa: »Ich gehe als erster, und du gehst in meiner Spur.« Gesagt getan, er zeigte mir, wie man es machte.

Rückblickend kommt die Szene mir sehr komisch vor: eine Deutsche und ein Franzose, die sich in Italien verlaufen haben und sich gegenseitig an Höflichkeit überbieten, um zu entscheiden, wer nun als erster in die Luft fliegen wird.

Natürlich setzte er sich an die Spitze. Wir überquerten das Minenfeld und dann den Fluß, indem wir von Felsblock zu Felsblock sprangen. Als wir am anderen Ufer ankamen, waren wir völlig durchnäßt. Artilleriefeuer, ein Heidenspektakel. Wir wußten nicht, wo wir waren. Noch ganz außer Atem sahen wir uns an, und ich sagte: »Bleib hinter mir; wenn irgend jemand kommt, kümmer' ich mich drum. Freund oder Feind, ich kümmer' mich um ihn.«

In der Dämmerung plötzlich Motorenlärm. »Bleib hinter mir«, sagte ich wieder zu Jean-Pierre Aumont, aber er hörte nicht auf mich.

Zu unserer Linken, hinter der Straßenkurve, immer noch dieser Motorenlärm. Unmöglich zu erkennen, wer das war. Wir warteten.

Plötzlich sahen wir die Zeichen auf dem Jeep, der auf uns zukam; wir winkten, und er hielt an. Zwei Soldaten der amerikanischen Armee. »Was wollt ihr? Wer seid ihr?« Und zu mir gewandt: »Sind Sie Krankenschwester, oder was?«

»Ich bin Marlene Dietrich«, sagte ich. »Wir haben uns verlaufen. Könnten Sie uns den Weg nach Neapel zeigen?«

»Wenn Sie Marlene Dietrich sind«, erwiderte der Fahrer, »dann bin ich General Eisenhower. Los, steigt ein!«

So kehrten wir nach Neapel zurück, und Jean-Pierre Aumont stieß mit leeren Händen wieder zu seiner Einheit.

Wir haben nie mehr über diese Geschichte gesprochen. Da wir beide Sinn für Humor haben, würden wir heute wohl nur darüber lachen können. Doch viele Tragödien haben uns das Lachen vergällt.

Jean-Pierre ist in erster Linie ein Mann und dann ein Schauspieler. Wenn alle lebenden Schauspieler so gut wären wie er! Der Beruf des Schauspielers ist nichts für einen Mann. Doch Jean-Pierre hat ihn geadelt, nun, da die Großen, Raimu und Gabin, nicht mehr sind.

Außer Jean-Pierre Aumont habe ich keinen berühmten Schauspieler während des Krieges getroffen.

Einige amerikanische Schauspieler meldeten sich freiwillig; wir nannten sie »Neunzig-Tage-Wunder«, denn sie erhielten sofort den Rang eines Offiziers.

Die meisten Schauspieler kämpften nicht. Einige taten es, aber nicht sehr viele. Wir fragten uns oft, was sie ihren Söhnen erzählen würden. Dann machten wir uns keine Gedanken mehr darüber. Mit allem ging es bergab. Alles endete in der bitteren Enttäuschung der Krieger. Kein *Glory, Glory, Hallelujah!* um sie zu empfangen.

Doch die Namen einiger Männer – Patton, McAuliffe, Taylor, Gavin (die »kämpfenden« Generäle) und General Bradley (der Kopf, der den Krieg führte) – stehen jetzt in den Geschichtsbüchern.

Amerika wollte für den Frieden eintreten und machte es sich daher zum Ziel, den Krieg zu gewinnen; niemand kann bestreiten, daß ihm dies gelang. Amerika verlor seine besten Männer, aber es besiegte die Nazis. Die Amerikaner stellten sich ihnen entgegen, ohne recht zu verstehen, wofür sie kämpften, sie taten einfach ihre Pflicht. Man darf nicht vergessen, daß sie alle einberufen waren – daß sie also nicht kämpfen wollten, sondern kämpfen mußten – und zwangsweise in einen Krieg hineingezogen wurden, über den sie nichts wußten.

Wir kamen durch unzählige deutsche Städte und Dörfer. Am Ende des Krieges landeten wir in Pilsen in der Tschechoslowakei.

Überall dieselbe Geschichte, überall dasselbe Elend. Elend auf beiden Seiten. Und keine Aussicht auf Rettung außer dem »Ende des Krieges«, auf das jeder wartete.

Der Krieg endete in allgemeiner Trauer. Beim Ende des Ersten Weltkrieges war ich noch zu jung, als daß ich mich daran erinnern könnte. Aber ich stelle mir vor, daß es nicht sehr viel anders war. Dieselbe Verzweiflung, dieselbe Niedergeschlagenheit, dasselbe Klagelied: »Sagt mir, oh, sagt mir doch, warum ich in den Krieg gezogen bin?«

Derselbe Aufruhr in den Köpfen aller Krieger. Dieselbe Angst vor der Zukunft, die Angst nach Hause zurückzukehren und entdecken zu müssen, daß Frau und Kinder Fremde geworden sind. Die Angst, wieder allein zu sein, wie vorher, keine Kameraden mehr zu haben, Kummer und Tränen nicht teilen zu können. Wieder Familienoberhaupt zu werden und der harschen Kritik der Ehefrauen ausgesetzt zu sein, die die Rolle ihrer Männer hassen, vorher jedoch alles getan haben – in diesem Land, das lange vom Krieg verschont geblieben ist –, um den Mann »einzufangen«, dem sie nun täglich Vorwürfe machen, wenn irgend etwas, Eisschrank oder Zentralheizung, nicht funktioniert.

Wie soll der Soldat, der aus dem Krieg zurückkehrt, mit seiner Frau und seinen Kindern sprechen, wenn diese den ganzen Tag lang vor dem Radio oder dem Fernsehen verbringen?

Unzählige Ehen und Verlobungen sind durch den Krieg auseinandergegangen. Abwesenheit stimmt die Herzen nicht zärtlicher. Im Gegenteil.

Viele Soldaten, mit denen ich mich unterhalten habe, haben mir erklärt, sie hätten die Erstbeste geheiratet, damit, falls sie getötet würden, irgend jemand die Witwenrente von der Regierung bekäme. So kann man verstehen, daß es nach der Rückkehr des Mannes keinen Kontakt mehr zwischen den Eheleuten gibt. Und keine Traurigkeit. Für solche Ehen gibt es keine Zukunft, keine Hoffnung.

Das ist alles, was ich über den Krieg zu sagen hatte. Nichts sehr Wichtiges im Vergleich zu dem, was bereits geschrieben worden ist. Der Blickwinkel einer Ameise, gewissermaßen.

Nach meiner Repatriierung in die Vereinigten Staaten (ich habe die schmerzlichen Umstände dieser Rückkehr bereits erwähnt) spielte ich wieder, um Geld zu verdienen. Ich war nicht die einzige, die unter der Nachkriegsdepression litt, aber ich bin schlecht und recht damit fertig geworden dank der Hilfe von Mitchell Leisen *(Golden Earrings)* und Billy Wilder *(Eine auswärtige Angelegenheit)*. Ich habe mich finanziell wieder erholt und einige – hoffentlich nicht allzu schlechte – Filme gedreht. Wie immer tat ich, was man von mir erwartete. Und noch mehr, wie mir damals schien.

Billy Wilder war nach Paris gekommen, um mich zu

überzeugen, in seinem Film die Rolle einer Nazi-Frau zu spielen. Am Telefon hatte ich abgelehnt. Ich wußte damals nicht, daß man Billy Wilder nicht entkommen kann.

Die Handlung von *Eine auswärtige Angelegenheit* hing eng mit Ereignissen aus dem Zweiten Weltkrieg zusammen. Wilder drehte in Berlin alle Einstellungen, in denen seine Hauptdarsteller nicht vorkamen. Dann fuhr er nach Paris, wo ich mich damals aufhielt, um mir sein Projekt zu erklären.

Natürlich konnte ich ihm nicht widerstehen.

Ein neues Abenteuer

Eines Tages, als ich gerade in New York war, bat meine Tochter mich, ihr bei ihrer Wohltätigkeitsarbeit zu helfen und an einer großen Galaveranstaltung im Madison Square Garden teilzunehmen.

Berühmte Leute sollten auf Elefanten reiten. Doch das war nichts für mich. Nicht, daß ich irgend etwas gegen Elefanten hätte, aber ich wollte lieber etwas anderes tun. So übernahm ich schließlich die Rolle des Conférenciers.

Die Firma Brooks fertigte alle Kostüme den Anweisungen entsprechend an. Ich fügte hier und da noch eine Kleinigkeit hinzu und »erfand« die kurzen Hosen, die später »hot pants« hießen; ich sah wunderbar aus, mit meinen Stiefeln, meiner Peitsche und dem ganzen Rest.

Ich lernte meinen Text, kündigte die Nummern an, und alles lief hervorragend.

Diese Vorstellung war der Beginn eines neuen Abenteuers: ich trat nun »leibhaftig« auf, nicht mehr nur auf Zelluloid. Das gefiel mir sofort, und ich habe diese Meinung während meiner neuen Karriere nie geändert. Mein erstes Angebot bekam ich aus Las Vegas von einem außergewöhnlichen Mann, Bill Miller, der damals das »Sahara« leitete. Bill Miller bot mir eine so horrende Gage, daß ich gar nicht ablehnen konnte. Ich umschmeichelte Harry Cohn, den großen Boss der Columbia, und bat ihn, sein Kostümatelier benutzen zu dürfen.

Später wurden alle meine Kostüme von Jean Louis entworfen und von Elisabeth Courtney, der Frau mit den geschickten Fingern, angefertigt. Ich folgte ihnen in allen Dingen. Ich weiß nicht mehr, wie viele Kostüme wir machten. Ich habe sie alle aufbewahrt und hole die, die ich noch trage, so vorsichtig aus dem Schrank wie ein Baby aus der Wiege.

Ich hänge sehr an ihnen. Auf Tournee habe ich mich immer selbst um die notwendigen Näharbeiten gekümmert. Die Nadeln kamen aus Frankreich (nur dort gibt es Nadeln von so guter Qualität) ebenso wie der Faden, doch oft benutzte Elisabeth auch eines meiner Haare zum Nähen. Ich mußte – manchmal bis zu zehn Stunden hintereinander – still stehen, denn der größte Teil der Arbeit wurde getan, während ich das Kleid trug. Natürlich war der Reißverschluß ebenfalls in Paris angefertigt. Alle meine Kleider haben einen Reißverschluß. Glauben Sie nur ja nicht die Geschichten, in denen es heißt, ich habe mich allabendlich in mein Kleid einnähen lassen. Das kann überhaupt nicht stimmen, denn das Kleid würde sofort zerreißen. Jeder, der etwas vom Nähen versteht, weiß das und wird solchem Geschwätz keinen Glauben schenken. Der Stoff, aus dem meine Kleider sind, heißt oder besser hieß »Soufflé«; Bianchini stellte ihn eigens für uns her, und heute gibt es ihn nicht mehr. Dieser Stoff war genauso duftig, wie sein Name es versprach. Er war genau das Richtige für unsere Zwecke: ich war angezogen und schien doch nackt zu sein.

Die Stickerei, die eine schöne Japanerin namens Mary besorgte, war ein Kunstwerk für sich. Wir verbrachten Stunden damit, sie zu entwerfen und ebensoviel Zeit in dem Raum, wo junge Mädchen an großen Rahmen stickten. Jede Perle, jede Paillette hatte ihren bestimmten Platz.

Es stimmt, daß Jean Louis und ich (mit Elisabeth, die anschließend ihr Urteil abgab) endlose Diskussionen darüber führten, wo ein Diamant, ein Spiegelstückchen oder eine Glasperle hinkommen sollten. Elisabeth markierte die betreffende Stelle dann mit einem winzigen roten Faden.

Keiner von uns hat in all diesen Jahren je die Mühe und die vielen Stunden bereut, die wir auf diese Kreationen verwandten. Wir liebten unsere Arbeit und waren stolz auf das Ergebnis. Viele Leute haben versucht, es uns nachzumachen, aber diese Imitationen blieben, wie so oft, weit hinter dem Original zurück.

Elisabeth lebt nicht mehr, und das ist ungerecht. Sie war jung, begabt, freundlich, liebevoll; das Schicksal hat es nicht gut mit ihr gemeint. Sie liebte mich ebenso wie ich sie. Sie flog mit mir nach Las Vegas, um mir beim Ankleiden zu helfen. Sie begleitete mich, brachte mir das Nähen bei und alle Kniffe dieses Berufes, der eine wahre Kunst ist. Nach einigen Jahren war ich eine ausgezeichnete Schneiderin. Ich arbeitete nur mit der Hand, nie auf einer Nähmaschine, jenem geheimnisvollen Apparat, den ich – offen gesagt – auch nie nötig gehabt habe.

Das erste Mal blieb ich vier Wochen in Las Vegas und schwamm im Glück.

Bis jetzt habe ich nur von den Kostümen gesprochen, und zwar aus einem ganz bestimmten Grund. In meinen Augen war meine äußere Erscheinung von entscheidender Bedeutung, denn ich machte mir keinerlei Illusionen über meine Stimme. Natürlich hatte ich früher bereits in einigen Filmen gesungen, aber da hatte sich alles in ruhigen Aufnahmestudios abgespielt, und wenn die eigentlichen Dreharbeiten anfingen, zählte das Bild weit mehr als der Ton. Es kam vor allem darauf an, während des Liedes auf die Kreidezeichen am Boden zu achten, was gar nicht so leicht ist, wie es scheint.

Und das ist noch nicht alles: man muß nicht nur auf die Zeichen achten, sondern auch die Lippen dem Text des Liedes entsprechend bewegen, das im Atelier abgespielt wird und einige Tage zuvor in einem Tonstudio aufgenommen worden war. Zuerst erkennt man in dem ohrenbetäubenden Lärm seine eigene Stimme nicht wieder; dann sagt man sich, daß man dieses Lied schon sehr viel besser gesungen hat; schließlich versucht man, alle diese Gedanken zu vertreiben, um sich zu konzentrieren und die Lippenbewegungen auf das Gebrüll aus den Lautsprechern abzustimmen.

Gewöhnlich sitzt ein Mann auf einem hohen Hocker ganz in der Nähe der Stelle, auf die man zugehen muß. Wenn die Aufnahme fertig ist, wenden alle Köpfe sich ihm zu, um zu sehen, ob er den Kopf schüttelt – und man vielleicht alles noch einmal machen muß. Es ist der Toningenieur, verantwortlich für eine »perfekte Synchronisation«. Da bereits der kleinste Fehler verhängnisvoll ist, muß man wieder bei Null anfangen, bis der Mann auf seinem Hocker zustimmend mit dem Kopf nickt.

Wenn man auf die Zeichen am Boden achtet, den Blick auf einen bestimmten Punkt richtet und sich zugleich bemüht, seine Lippenbewegungen auf den Ton (ein einziger Brei nach der zwölften Aufnahme) abzustimmen, fragt man sich, warum man nicht lieber zu Hause geblieben ist, anstatt Filme zu machen.

Es ist nicht schwer zu begreifen, daß es im Vergleich dazu ein Vergnügen ist, auf der Bühne zu stehen. Keine Kreidezeichen, kein »Kopf nach links und Blick auf Punkt Nummer 31 richten«, keine Schwierigkeiten mit der Synchronisation der Lippen.

Trotzdem achtete ich weiterhin sehr auf das Licht. Joe Priveteer half mir dabei. Er kam nach Las Vegas und machte viele Jahre lang die Beleuchtung für alle meine

Vorstellungen. Das Interesse an meinem Auftritt war jedoch zweitrangig. Ich durfte nämlich »nicht länger als zwanzig Minuten auf der Bühne bleiben, damit die Gäste wieder an ihre Spieltische zurückkehren konnten«; ich sang also etwa acht Lieder, alle aus meinen Filmen, mehr nicht. Die Anwesenden applaudierten wie verrückt, und in meiner Naivität dachte ich, alles wäre perfekt. Es war perfekt. Jahr für Jahr wurde ich wieder nach Las Vegas engagiert. Eine herrliche Zeit. Keine Sorgen. Viel Geld. Das Glück.

Da trat eines Tages ein Mann in mein Leben, der mich in den siebten Himmel hob.

Da ich eine »russische Seele« besitze (was bedeutet, daß ich leicht etwas hergebe, das mir am Herzen liegt), bot ich meinen damaligen Arrangeur und Dirigenten, Peter Matz, Noel Coward an, der gerade seinen ersten Vertrag in Las Vegas unterzeichnet hatte und das übliche Orchester durch ein Klavier ersetzen wollte. Ich erklärte ihm, seine Idee sei heller Wahnsinn und brachte ihn dazu, sich einmal mit Peter Matz zu treffen. Noel Coward war begeistert von ihm, schnappte ihn mir einfach weg und nahm ihn in seine Dienste.

Peter Matz teilte mir die Neuigkeit am Telefon mit. Ich mußte erst einmal schlucken und fragte ihn dann: »Und ich, was soll ich jetzt tun? Ich muß in zwei Wochen in Las Vegas anfangen.«

»Ich kann Noel nicht im Stich lassen«, sagte er. »Das müssen Sie verstehen.«

»Verstehe, verstehe.«

»Ich rufe Sie später wieder an«, meinte er und hängte ein.

Immer muß ich die Verständnisvolle sein. Das erwarten alle von mir. Warum weiß ich nicht. Das Verständnis, das ich bewiesen habe, hat mir nie geholfen, meine Probleme zu lösen.

Peter rief mich wieder an und sagte: »Ich kenne jemanden, der nach Los Angeles fliegt. Dort wollen Sie doch auch hin, oder?«

»Natürlich, ich habe ja einen Vertrag unterschrieben.«

»Wenn es mir gelingt, diesen Mann noch am Flughafen zu erwischen – ich weiß nämlich nicht, wo er in Los Angeles absteigt –, werde ich ihm sagen, er möchte sich mit Ihnen in Verbindung setzen.«

Ende der Unterhaltung.

Ich stieg ins Flugzeug, richtete mich im Beverly Hills Hotel ein, und wenn ich vom Schlage derer gewesen wäre, die Nägel kauen und Trübsal blasen, was Gott sei Dank nicht der Fall ist, wäre es wohl dabei geblieben. Eines Tages sah ich, wie eine männliche Gestalt vor meiner Tür stehen blieb. Es klopfte. Der Mann stellte sich vor: »Ich heiße Burt Bacharach, Peter Matz hat mich hergeschickt.«

Ich bat ihn herein und musterte diesen Unbekannten. Er war jung, sehr jung und sehr schön, und ich hatte noch nie so blaue Augen gesehen. Er ging direkt zum Klavier (in meiner Suite steht immer eines) und sagte: »Was für ein Lied singen Sie zuerst?«

Burt Bacharach

Ich stolperte über einen Sessel, griff nach meinen Noten und wandte mich zögernd zu ihm um: »Ein Lied, das Mitch Miller für mich geschrieben hat: *Look me over closely.*«

»Geben Sie es mir.« Er blätterte die Seiten um und sagte: »Sie mögen diese Art Arrangement nicht zu Beginn, oder?«

Ich fühlte mich sehr dumm, was ich damals auch war, jedenfalls wenn es um Arrangements ging. Ich stammelte: »Und wie stellen Sie sich dieses Lied vor?«

»So«, antwortete er.

Und er begann zu spielen, als würde er die Melodie seit jeher kennen, aber in einem Rhythmus, der mich überraschte.

»Kommen Sie, versuchen Sie es einmal.«

Ich versuchte es. Burt Bacharach hatte eine unendliche Geduld. Er sagte, ich solle »mich tragen lassen«. Natürlich wußte ich nicht, was er damit meinte, aber ich machte meine Sache ganz ordentlich und verbarg meine Schwächen so gut ich konnte. Er spielte ein Lied nach dem anderen, schrieb sich manchmal etwas auf und sagte dann: »Morgen um zehn Uhr, einverstanden?«

Ich nickte, und er ging. Ich fragte ihn nicht einmal, wo er

wohnte und hätte nicht gewußt, wo er zu erreichen gewesen wäre, wenn er am nächsten Tag nicht wieder vor der Tür gestanden hätte. Doch ich war sicher, er würde wiederkommen – was ich nicht wußte, war, daß er der wichtigste Mann in meinem Leben werden sollte, nachdem ich die Entscheidung getroffen hatte, mich ganz der Bühne zu verschreiben.

Damals war der Name Burt Bacharach in der Öffentlichkeit nicht bekannt. Nur die Aufnahmestudios kannten ihn. Mein Vorschlag, seinen Namen in Las Vegas in leuchtenden Buchstaben neben meinen zu schreiben, wurde abgelehnt. Doch nach einer Weile konnte ich den Direktor überzeugen.

Nach einer Weile gefiel ich auch Burt Bacharach . . . mein oberstes Ziel bis zu dem Tag, an dem er mich verließ. Der Beifall, die Rufe und Zugabenforderungen der Zuschauer in aller Welt waren mir nicht sehr wichtig, auch nicht, wie oft ich herausgerufen wurde (an einem Abend waren es neunundsechzig Mal). Es genügte mir, ihn anzusehen, und in seinen Augen las ich, ob mein Auftritt gut oder mittelmäßig gewesen war. Eine schlechte Vorstellung habe ich nie gegeben – in diesem Punkt konnte ich ihm vertrauen. Aber an manchen Abenden nahm er mich in seine Arme und sagte: »Großartig, Baby, ganz großartig.«

Von nun an lebte ich nur noch für die Konzerte und für ihn.

Das war die tiefgreifendste Veränderung in meinem Berufsleben. Nachdem ich in eine Welt geworfen worden war, über die ich nichts wußte, hatte ich plötzlich einen Lehrmeister gefunden. Mit der Energie eines ausbrechenden Vulkans gestaltete Burt Bacharach meine Nummer neu und verwandelte sie in ein richtiges Konzert. Im Laufe der Zeit wurde dann eine erstklassige »One-Woman-Show« daraus.

Wir traten nun nicht mehr in Night-Clubs auf, sondern in

Theatern überall in den Vereinigten Staaten und in Lateinamerika. Wir spielten in Kanada und schließlich am Broadway. Meine One-Woman-Show am Broadway war eine große Herausforderung für Burt Bacharach. Er engagierte die besten Musiker von New York. Auch meine alten britischen Freunde White und Lovelle machten mit. Es war mir gelungen, eine Arbeitserlaubnis für sie zu bekommen, weil sie uns gut kannten und somit nicht allzuviele Proben notwendig waren – ein entscheidender Punkt in den Vereinigten Staaten. Die Theaterdirektoren wollen immer eine perfekte Vorstellung, aber mit den Proben sind sie knauserig.

Mit einem Orchester aus fünfundzwanzig Musikern zu proben, braucht einfach seine Zeit. Zumal die Arrangements von Bacharach nicht einfach waren. Das hatte mit dem Großteil der gängigen Instrumentierungen nichts mehr zu tun. Die Premiere fand im Lunt-Fontaine-Theater statt. Da die Plätze für die ersten vierzehn Tage bereits ausverkauft waren, verlängerten wir um zwei Wochen.

Wir hatten einen Bombenerfolg, bekamen glänzende Kritiken. Alle Sitzplätze waren bis zum letzten Abend ausgebucht. Da das Theater bereits für die nächste Show vermietet war, konnten wir nicht noch einmal verlängern.

Nach unserem letzten Auftritt standen wir in der dunklen Halle des Lunt-Fontaine-Theaters. Die Lastwagen mit der Dekoration für die neue Aufführung parkten draußen, während die Fahrer aßen. Trauriger Abschied. Nur Schauspieler wissen, was es bedeutet, ein Theater zu verlassen, seine Sachen zu packen und zu gehen. Das ist nicht leicht.

Ich wickelte meine Kleider in Seidenpapier, viel Seidenpapier, legte sie in Schachteln (ebenfalls eine Spezialanfertigung) und versah diese mit großen Gummibändern, damit sie sich nicht öffneten – und auf gings zum nächsten Theater.

Ich trat später noch einmal am Broadway auf, im Mark Hellinger Theater. Wenn man mich heute fragt, warum ich danach nicht mehr wiedergekommen bin, antworte ich immer, daß ich eine herrliche Zeit dort verbracht habe und man die guten Dinge im Leben nicht übertreiben soll.

Ich habe den Broadway geliebt. Das Publikum geliebt. Zweimal in der Woche gab ich mit großem Erfolg eine Matinee, obwohl Noel Coward mir davon abgeraten hatte. Ich mag die »Frauen mit Hut«, wie er sie nannte. Vielleicht begreifen sie seine hochgestochenen Dialoge nicht, aber mich und meine einfachen Lieder verstanden sie sehr gut.

Burt Bacharach machte aus *Where have all the flowers gone?* von Pete Seeger ein herrliches Lied. Ich hatte es von einer Gruppe singen hören, was mich aber nicht sehr beeindruckte. Doch meine Tochter bestand auf diesem Lied und kümmerte sich mit Bacharach um das Arrangement. Ich sang *Where have all the flowers gone?* zum ersten Mal 1959 in Paris, auf französisch; im folgenden Jahr wurde es auf französisch, englisch und deutsch aufgezeichnet.

Den deutschen Text schrieb ich mit Hilfe von Max Colpet, dem ich alle meine Autorenrechte überließ. Dieses Lied bildete nun den Abschluß meiner Vorstellung; danach wurde ich immer mehrmals vor den Vorhang gerufen.

Ich singe es anders als Seeger, denn ich wiederhole zum Schluß noch einmal die erste Strophe, was meiner Meinung nach das tragische Schicksal der Gefallenen noch betont.

Auch die Passage über die Gräber wirkt in meiner Version dramatischer. Die Instrumentierung von Burt Bacharach beginnt mit einer einzigen Gitarre, dann kommt ein Instrument nach dem anderen hinzu, bevor die letzte Strophe wieder nur von einer Gitarre begleitet wird. Jedesmal wenn ich diese Idee bewunderte, lachte er und erklärte, das sei Beethoven schon vor ihm eingefallen.

Wir machten lange und weite Reisen. Burt Bacharach war begeistert, denn er hatte noch nicht viel von der Welt gesehen. Ich wusch seine Hemden und Socken, ließ seinen Smoking zwischen zwei Vorstellungen im Heizungsraum der Theater trocknen, kurz, ich kümmerte mich um ihn wie um meinen Retter. Er ließ alles gutgelaunt geschehen, aber nach jedem Auftritt gab er vollkommen objektiv sein Urteil ab. Er dirigierte die Orchester, die für uns spielten, mit der ihm eigenen Geduld, aber auch mit Bestimmtheit. Das fiel ihm nicht schwer, denn alle Musiker merkten sofort, daß er seine Partitur und alle Instrumente bestens kannte. Die Liebe, die sie ihm entgegenbrachten, verschmolz mit der meinen.

Burt Bacharach besaß auch noch andere Kenntnisse, die glaube ich erwähnt werden sollten: sein bewundernswertes Wissen über den Klang. Unermüdlich lief er durch die riesigen Säle, in denen wir auftraten, hörte sich die Saiteninstrumente an, eilte zurück zur Bühne, stellte Mikrofone ein und diskutierte mit den Tonmeistern (die ihn ebenfalls liebten), bis er den gewünschten Effekt erzielt hatte.

Außerdem war er klug genug zu wissen, wann er aufhören mußte. Wenn er merkte, daß aus dem Orchester nichts mehr herauszuholen war, sagte er: »Das wärs für heute«, und wir spürten, daß er fast zufrieden war.

Ich weiß nicht, wie viele Jahre dieser Traum währte. Ich weiß nur, daß er Rußland und Polen liebte, weil die Geigen dort »hervorragend waren« und man den Künstlern ganz besondere Achtung entgegenbrachte; auch in Israel, wo man die Musik ebenfalls sehr verehrt, fühlte er sich wohl. Es gefiel ihm in Edinburgh und in Paris, und für die nordischen Länder hatte er ein besonderes Faible. Ich glaube, das hatte etwas mit den schönen Skandinavierinnen zu tun, und ich zog ihn oft damit auf.

Ihm gefielen *alle* diese Reisen ohne Ausnahme. Auch

Lateinamerika, wo wir eine meiner besten Platten aufnahmen, *Dietrich in Rio*. Abends stieg er auf die Hügel in der Umgebung von Rio, um den Trommelschlägen, die aus der Stadt emporstiegen, zuzuhören; er war unermüdlich, wenn er sah, wenn er lernte, aufnahm, einordnete und sein Gedächtnis fütterte mit den Klängen des Landes, in dem er sich – manchmal nur kurze Zeit – aufhielt.

Er fuhr wegen einer Aufnahme nach Westberlin, verbrachte aber alle seine Abende in der Ostberliner Oper und hörte berühmte Musiker. Er hatte keine Angst. Damals wagten sich nur wenige Amerikaner auf die andere Seite der Mauer.

Doch Burt Bacharach hatte sicher nicht die einmaligen Tage vergessen, in denen er mit einem der schönsten Mädchen aus Leningrad die Newa hinunterfuhr und in einem Zimmer wohnte, in dem Prokofjew geschlafen hatte.

Er erinnerte sich sicher an die Liebe, an die Bewunderung all derer, die uns begleiteten, an die Enttäuschungen, besonders in Deutschland, wo alles wundervoll hätte sein können, wo mich jedoch immer die Haßliebe störte, die ich dort antraf. 1960 wurde ich im Rheinland boykottiert, und man spuckte mir ins Gesicht – trotzdem mußte ich meine Vorstellung geben und stand sie mit Burt Bacharachs Hilfe und meiner eigenen deutschen Hartnäckigkeit auch durch.

Die meiste Zeit war ich mit ihm im siebten Himmel. Und wer das Gegenteil zu behaupten wagt, möge den ersten Stein werfen, auf mich und meine verzehrende Liebe.

Bis jetzt habe ich nur von dem Künstler Burt Bacharach gesprochen. Als Mann verkörperte er alles, was eine Frau sich nur wünschen kann. Er war rücksichtsvoll und zärtlich, tapfer und mutig, stark und aufrichtig; aber vor allem war er bewundernswürdig, ungeheuer zartfühlend und liebevoll. Und er war verletzlich. Seine Loyalität kannte keine Grenzen.

Wieviele solche Männer mag es geben? Für mich war er der einzige.

An dieser Stelle möchte ich von einem Vorfall erzählen, der sich in Wiesbaden zutrug. Ich sang *One for my Baby,* rittlings auf einem Stuhl sitzend, im Frack, nur mein Gesicht war beleuchtet, von einem einzigen Scheinwerfer. Am Ende des Stückes, während der letzten Takte zog ich mich von dem Scheinwerfer gefolgt in die Kulissen zurück.

An jenem Tag ging ich wie gewöhnlich ab, hatte die Größe der Bühne jedoch falsch eingeschätzt, kam zu weit nach links und fiel von der Bühne. Ein komisches Gefühl, wenn man plötzlich keine Bretter mehr unter den Füßen hat. Da meine linke Hand in der Hosentasche steckte, prallte ich mit der Schulter auf den Boden. Es gelang mir, wieder auf die Bühne zu steigen, ich sah den Stuhl, auf den der fassungslose Beleuchter seinen Scheinwerfer wieder gerichtet hatte, setzte mich und hörte ein eigenartiges kleines Geräusch (Schweißtropfen, die auf meine gestärkte Hemdbrust fielen); ich konnte mich beim besten Willen nicht mehr an den Anfang des Liedes, das ich singen sollte, erinnern. Plötzlich ein Gongschlag in meinen Ohren. Ich fragte mich, woher dieser Lärm wohl kam. Allmählich verstand ich, daß das Burt Bacharach war, der immer wieder dieselbe Klaviertaste anschlug, um mich in die Wirklichkeit zurückzuholen. Er spürte instinktiv, daß ich im Begriff war, dasselbe Lied noch einmal zu singen. Was ich natürlich auch tat. Danach sang ich noch zwei weitere Lieder sowie das Finale, bei dem ich mit meinen zwölf Mädchen tanzte. Meine linke Hand hatte ich nicht aus der Hosentasche genommen.

Am selben Abend ging ich mit Josef von Sternberg, der mit seinem Sohn gekommen war, essen, und erst als ich wieder in meinem Zimmer war, begriff ich, daß diese schmerzhafte »Schramme« vielleicht etwas Ernsteres war. Ich rief meine Tochter in New York an.

Ich muß erklären, warum ich bei jeder Schwierigkeit immer zuerst meine Tochter anrufe. Meine Tochter weiß alles, was sie wissen will oder wissen muß. Darüber hinaus ist sie eine ausgezeichnete Schauspielerin, sie hat vier Söhne und einen Mann, sie kocht, sie kümmert sich um den Haushalt und unternimmt weite Reisen. Ich kenne niemand anderen, der meiner Meinung nach den Titel einer »Mutter Courage Junior« verdiente, die gute Samariterin der Leidenden, ein liebendes Herz, auf dessen Liste ich ganz obenan stehe, zusammen mit ihrem Vater, für den sie sorgte, wenn ich im Ausland arbeitete.

Obwohl sie in New York war und ich in Wiesbaden, gab sie mir also den Rat, in das Krankenhaus der amerikanischen Luftwaffe in der Stadt zu gehen ... Fragen Sie mich nicht, woher sie von der Existenz dieser Klinik wußte. Ich wundere mich schon lange nicht mehr über ihr beinahe unheimliches Wissen.

Nach einer schlaflosen Nacht fuhren Bacharach und ich in dieses Krankenhaus. Das Urteil lautete: ein gebrochener »humerus«, was uns sehr zum Lachen brachte. Aber Burt lachte gezwungen. Als er mit dem Arzt aus dem Röntgenraum kam, war er blaß. Der Arzt, der wie alle Ärzte der Luftwaffe gut aussah, erklärte, es handle sich um eine »typische Fallschirmspringerverletzung«. Ich dachte an die vielen Male, die ich mit ganzen Divisionen von Fallschirmspringern zu tun gehabt hatte, und fragte mich, warum ich nie einen mit einem Gipsverband gesehen hatte. Daher verkündete ich: »Ich brauche keinen Gips, nicht wahr?«

»Nun«, antwortete der Arzt, »während des Krieges mußten wir uns damit begnügen, den Arm an den Oberkörper zu binden und dadurch die gebrochene Schulter ruhig zu stellen. So heilte der Bruch ganz von allein.«

Ich hatte gehört, was ich hören wollte. Ich wartete, bis die Röntgenaufnahmen getrocknet waren und verließ dann den Raum mit einem sehr zögernden Burt. Wir stiegen in das Auto, das uns in eine andere Stadt bringen sollte. Burt stand mir zur Seite, als ich den Gürtel meines Regenmantels um meinen Arm und meinen Oberkörper band, und wir machten uns auf den Weg.

Er stand mir die ganze Zeit zur Seite.

Niemals sagte er: »Brechen wir die Tournee doch ab.« Er wußte, daß ich keine einzige Vorstellung absagen wollte. Er hat sich wohl seine eigenen Gedanken gemacht, aber darüber sprach er nie.

Er drängte mich nicht, aufzugeben oder meine Entscheidung rückgängig zu machen. Er war mein »höchster Gebieter«, eine Bezeichnung, die ihm vielleicht nicht gefallen hätte, aber so war es nun einmal.

Das erste Konzert, das ich mit nur einem Arm gab – den anderen mit einem unter Pailletten und Diamanten verborgenen Stoffstreifen fest an meinen Körper gebunden – war eine wahre Katastrophe. Ein einziger ausgestreckter Arm wirkt dramatisch, während zwei ausgestreckte Arme völlige Verlassenheit ausdrücken, ein Flehen um Beistand und Verständnis.

Nach diesem ersten, mißglückten Konzert besprachen Burt und ich das Problem, und mit seiner Hilfe fand ich eine Lösung. Ich lernte zu singen, ohne mich meiner Arme zu bedienen, lernte, die Bewegungen des einen Armes unter Kontrolle zu halten, und das ging besser, als ich dachte.

Der Bruch heilte gut. Wenn ich mich nach vorne beugte, konnte ich mich sogar mit dem Unterarm frisieren, doch die Schulter durfte ich noch nicht bewegen.

Wir waren natürlich alle versichert. Mein Produzent ebenso wie ich. Aber ich wollte die Tournee nicht absagen und die Versicherungsprämie kassieren. Ich telefonierte mit meinem Produzenten, Norman Grantz, der damals mit unserer geliebten Ella Fitzgerald in Lateinamerika war. Er erlaubte mir, meine Tournee abzusagen, wann immer ich wollte, aber ohne die Versicherungsprämie zu verlangen.

Wir spielten weiter und beendeten unsere Tournee unter »tosendem Beifall« in München (hier entstand die Platte *Wiedersehen mit Marlene*).

Ich mußte nach Hause fahren, aber ohne Burt Bacharach, der noch einige Tage in Deutschland blieb, um die Aufnahme zu beaufsichtigen. Am Telefon erzählte er mir, wir hätten vierundsechzig Vorhänge bekommen, und die Techniker würden sich entschuldigen, weil sie nicht genug Bänder eingeplant hatten, um sie alle aufzunehmen.

Das fanden wir sehr lustig, denn vierundsechzig Vorhänge waren viel zu lang für eine Platte, aber wir waren dem Münchner Publikum dankbar. Zum Erstaunen der besten Spezialisten heilte meine Schulter innerhalb von drei Wochen. Ich war in meinen Bewegungen immer noch ein wenig eingeschränkt, aber mein Ellbogen ließ sich jetzt so weit beugen, daß ich mir die Haare waschen konnte.

Man muß schon ein Genie wie Burt Bacharach sein, um allein, wenn die Musiker bereits nach Hause gegangen sind, das richtige Verhältnis zwischen den einzelnen Instrumenten und der aufgezeichneten Stimme zu finden.

Eines Tages in Berlin sammelten wir nach einer Einspielung – die Orchestermusiker waren bereits gegangen – die Noten ein und merkten plötzlich, daß wir ein Lied vergessen hatten aufzunehmen. Wir hatten die Instrumentierung nicht mitgebracht. Burt Bacharach lief aus dem Aufnahmeraum, traf noch einige Musiker in den Fluren an, holte sie wieder zurück, improvisierte eine Instrumentierung auf einem Blatt Papier, probte unermüdlich und ließ das Ergebnis dann aufzeichnen. Es war ein Lied von Friedrich Hollaender, *Kinder, heut Abend,* witzig, voller Energie und

Lebensfreude. Wir arbeiteten bis nach Mitternacht daran, bis jeder zufrieden war.

Nach dieser Episode fuhren wir nach Israel, wo wir wieder großen »Ruhm« ernteten. Burt Bacharach fühlte sich in diesem Land ebenso wohl wie ich.

Schließlich war diese denkwürdige Tournee zu Ende, und wir lagen einander weinend in den Armen.

Israel, die großen Städte, die Kibbuzim! Wieviele Erinnerungen haben sich in mein Gedächtnis eingeprägt! Da einige meiner Lieder einen deutschen Text hatten, mußte ich sie entweder fortlassen oder um Erlaubnis bitten, sie singen zu dürfen.

Die deutsche Sprache war damals nämlich den Künstlern, die in Israel auftraten, verboten, und ich hatte mich darauf vorbereitet, auf französisch oder spanisch zu singen, nur von Burt Bacharach am Flügel begleitet. Ich war also sehr überrascht, als ich erfuhr, daß das Publikum mich aufgrund meines Engagements gegen das Hitlerregime in meiner Muttersprache singen hören wollte. Ich trug alte Volkslieder vor, Schlager aus den zwanziger Jahren, fröhliche, traurige, sentimentale Lieder, und als ich zum Schluß ein hebräisches Lied sang, kannte die Begeisterung keine Grenzen.

Dieses Lied hatte ich im Flugzeug von einer Stewardess gelernt, die es mir auf dem Weg nach Tel Aviv wieder und wieder vorgesungen hatte, während Burt Bacharach sich Notizen machte. Das israelische Orchester übertraf alle unsere Erwartungen, vor allem die Streicher waren hervorragend. Wir traten in dem herrlichen Frederick-Mann-Auditorium auf und in den größten Theatern von Jerusalem und Haifa. In den Kibbuzim standen uns ein Klavier, ein Schlagzeug und eine Gitarre zur Verfügung; wir zogen durch die Schützengräben, gefolgt von einem Schwarm von

Kindern, die keine Straßen kannten. Wenn wir an dem Ort der Veranstaltung ankamen, warteten wir, bis es Abend wurde und die Kämpfe aufhörten.

In den großen Städten gab es immer irgendwo ein geöffnetes Restaurant, so daß wir nach meinem Konzert noch essen gehen konnten. Trotz der schweren Zeiten, die das Land durchmachte, wurden wir überall mit viel Liebe aufgenommen.

Das Wort »Liebe« erinnert mich an Rußland. Die Russen lieben, singen und trinken wie kein anderes Volk. Nach dem Ersten Weltkrieg wurde meine Heimatstadt Berlin regelrecht überschwemmt von Russen, die ihr Vaterland nach der Revolution verlassen hatten. Als sie ihr ganzes Geld ausgegeben hatten, eröffneten sie Geschäfte; die Frauen machten Hüte, und uns junge Mädchen, die wir damals waren, faszinierte ihre Geschicklichkeit und ihre romantische, exzentrische Lebensanschauung.

Von Natur aus sentimental, hielt ich mit den Russen, die ich kannte, engen Kontakt, sang ihre Lieder, lernte ein wenig ihre Sprache (die schwierigste, die es gibt) und gewann viele russische Freunde. Später verstärkte mein Mann, der fließend russisch sprach, noch meine »Russen-Manie«, wie er es nannte.

Dank meines neuen Berufes öffnete Rußland mir seine Tore. Dieses Land hielt eine phantastische und ergreifende Überraschung für mich bereit ...

Meine Musikmappen mit den Noten für mein Konzert und für viele andere Lieder, die ich nicht immer singe, gebe ich nie aus der Hand, ebensowenig wie meine Kleider. Ich nehme sie mit ins Flugzeug, schiebe sie unter den Sitz oder halte sie unter einer Decke auf meinem Schoß – kurz, von diesen Noten trenne ich mich nie. Ihr Verlust wäre für uns alle eine wahre Katastrophe.

Ich war also die Hüterin des Schatzes. Ich achtete darauf, daß alles in Ordnung war, daß die Noten auf die Pulte gestellt wurden. Das war meine heilige Pflicht, meine persönliche Verantwortung.

Moskau. Nach vielen Proben waren wir endlich bereit; ich stand hinter den Kulissen und wollte gerade auf die Bühne treten. Der Vorhang war noch nicht auf. Burt Bacharach stand auf der Bühne. Er unterhielt sich vor der Vorstellung gerne mit den Musikern, und wenn er ihre Sprache nicht konnte, verständigte er sich mit ihnen über die Musik.

Plötzlich gingen die Lichter im Orchestergraben aus. Alle Lichter. Die Notenpulte standen völlig im Dunkeln, das Zeichen, den Vorhang aufzuziehen, war bereits gegeben. Burt eilte auf mich zu und sagte, ich solle den Vorhang wieder zuziehen lassen, die Musiker könnten keine einzige Note mehr lesen.

Der erste Geiger stürzte auf mich zu. Auf deutsch sagte er: »Lassen Sie den Vorhang nicht zuziehen. Wir können die Noten auswendig. Wir brauchen kein Licht.«

Er kehrte schnell zu seinem Platz zurück, und ich winkte Burt zu; die Vorstellung konnte beginnen.

Der Mann hatte nicht gelogen: die Musiker kannten jede Note, und das Orchester war großartig. Nach der Vorstellung, bei Wodka und Kaviar, umarmten Burt und ich jeden einzelnen von ihnen.

Ich gab immer große Essen für meine Mitarbeiter, zu denen auch ihre Frauen und Angehörigen eingeladen waren. Da man aus Rußland kein Geld mitnehmen darf, gab ich zur großen Freude unserer russischen Freunde alles an Ort und Stelle aus.

Das war meine erste Reise. Andere, ebenso vergnügliche folgten.

Die Bühne war ein Paradies für mich ...

... natürlich, denn durch meinen Beruf lernte ich Joe Davis kennen, der die Gabe besaß, auch die kahlste und schmutzigste Bühne in eine Märchenwelt zu verwandeln. Selbst wenn wir in Flugzeughallen auftraten, diesen düstersten Schuppen, erzielte Joe Davis manchmal mit einer einfachen Taschenlampe eine traumhafte Wirkung, indem er sich weit von mir entfernt auf den Boden setzte. Joe Davis ist der unbestrittene und internationale Meister der Bühnenbeleuchtung. Seine Wünsche sind mir Befehl. Ich gebe allen seinen Launen nach, lasse ihm jeden Willen. Joe Davis gibt nie auf, gibt sich nie mit Kompromissen zufrieden. Die Techniker aus der Truppe verehren ihn. Wenn wir am Ende einer Tournee alle auseinandergehen, wollen sie immer unbedingt ein Abschiedsfest für ihn geben. Auch ich verehre ihn, und seine Freundschaft ist mir teuer.

An Polen, wo wir mitten im Winter waren, habe ich eine traurige Erinnerung. Die Theater waren schön, aber die Spuren, die der Krieg hinterlassen hatte, waren noch nicht ausgelöscht, zerstörte Städte, Trostlosigkeit überall ...

In Warschau wohnten wir in dem einzigen Hotel, das noch stand. In jedem Theater, in dem wir auftraten, waren Garderoben für uns hergerichtet worden, damit wir uns umziehen konnten. Es war bitter kalt, aber die Polen waren alles andere als das. Sie liebten unsere Vorstellungen. Wenn ich aus meinem Zimmer kam, knieten auf dem Flur Frauen, die mir Hände und Gesicht küßten. Sie sagten, sie wüßten, daß ich während der Hitlerzeit an ihrer Seite gekämpft hätte, und erzählten mir, daß sogar die Gefangenen in den Konzentrationslagern von meinem Engagement wußten und daß es ihnen wieder Hoffnung gegeben hätte. Sie überschütteten mich mit ihren Erinnerungen und ihren Küssen. Und ich mußte weinen.

Ich besuchte das Denkmal zur Erinnerung an den Warschauer Aufstand und weinte wieder. Ich war schon so lange von Haß erfüllt, und als ich nun an der Stelle stand, wo sich früher das Ghetto befunden hatte, tauchte dieser

Haß den Rest der Welt in Dunkelheit und schnürte mir die Kehle zu. Ich spürte die schwere Schuld der ganzen deutschen Rasse viel stärker als während der Naziherrschaft, die mich aus Deutschland vertrieben hatte.

Apropos Tränen oder besser Traurigkeit – ich möchte noch einmal auf Burt Bacharach zurückkommen. Als er berühmt wurde, konnte er mich auf meinen Reisen durch die Welt nicht mehr begleiten. Ich verstand das sehr gut und habe ihm nie irgendwelche Vorwürfe gemacht.

Von diesem verhängnisvollen Tag an habe ich nur noch wie ein Automat gearbeitet, mich bemüht, die wunderbare Frau, die er aus mir gemacht hatte, zu imitieren, und es gelang mir einige Jahre lang auch, weil ich immer an ihn dachte, mich immer nach ihm sehnte, ihn immer hinter den Kulissen suchte – und immer gegen das Selbstmitleid ankämpfte. Sobald er etwas Zeit hatte, arbeitete er noch an der Instrumentierung meiner Lieder, aber als Dirigent und Pianist war er so unentbehrlich, daß ich ohne ihn nicht mehr sehr viel Freude am Singen hatte.

Als er mich verließ, hatte ich Lust, alles hinzuwerfen. Ich hatte meinen Führer verloren, meine Stütze, meinen Lehrer, meinen Meister. Ich war nicht verbittert und bin es auch heute nicht, aber ich war verletzt. Ich glaube nicht, daß er je gemerkt hat, wie sehr ich ihn brauchte. Dazu war er zu bescheiden. Unsere Trennung hat mir das Herz gebrochen; ich hoffe nur, daß es ihm nicht genauso ergangen ist! Ich möchte nicht, daß ihm etwas fehlt, jetzt, nachdem er so viele Lorbeeren geerntet hat. Und doch waren wir eine richtige kleine Familie, wenn wir zusammen reisten und ununterbrochen lachten; das wird ihm vielleicht etwas fehlen.

Nun machte ich mich allein wieder auf Reisen, kehrte immer wieder in die Länder zurück, die ich liebte. Oft habe ich in Paris gesungen: im Olympia und im Espace Pierre

Cardin; dort wurde mir ein so fürstlicher Empfang bereitet, daß ich sofort ein zweites Engagement annahm; unter solchen Umständen kann ich einfach nicht nein sagen! Ich liebte natürlich Paris (seit langem), aber ich liebte auch Cardin, sein Organisationstalent und seine Großzügigkeit. Er kümmert sich sehr um die Leute, die für ihn arbeiten.

1961 kam der Regisseur Stanley Kramer nach Las Vegas und bat mich, in *Urteil von Nürnberg* mitzuspielen. Danach habe ich keinen Fuß mehr in ein Filmstudio gesetzt. Hollywood meinte, der ganze Film würde schon von mir getragen, und daher bekam ich keine gleichwertigen Partner. Daß Spencer Tracy im Vorspann von *Urteil von Nürnberg* stand, hat sicher zu meiner Entscheidung beigetragen. Damals ging es ihm gesundheitlich nicht sehr gut, unsere Arbeitszeit richtete sich also nach ihm: vormittags zwischen zehn und zwölf und nachmittags von zwei bis drei.

Spencer Tracy war ein sehr einsamer Mann, jedenfalls dem Anschein nach. Ich verstehe nicht, wie man sich einsam fühlen kann, wenn einen Liebe und Freundschaft mit Katharine Hepburn verbinden, obwohl ... Vielleicht schöpfte Spencer Tracy seine Kraft aus der Einsamkeit. Er war der Einzelgänger par excellence, und zwar lange bevor dieser Typ Mode wurde.

Ich kann heute *Urteil von Nürnberg* ebensowenig beurteilen wie während der Dreharbeiten, aber wenn dieser Film auch nur einigermaßen gut ist, so verdankt er dies Spencer Tracy. Er war das »Gütezeichen«. Ein wundervoller Mann, Tracy, und ein wundervoller Schauspieler dazu!

Unleugbar war er ein Mensch, der viel gelitten hat und für den der Tod eine Erlösung gewesen sein muß. Er hätte ein angenehmeres Dasein verdient, aber Egozentriker haben meist kein einfaches Leben. Und niemand war wohl egozentrischer als Spencer Tracy.

Er machte mir Angst. Im Vergleich zu anderen Männern, die ich kannte, hatte er einen sehr bissigen Humor. Mit einem Blick, einem einzigen Wort konnte er einen tödlich verletzen. Ich liebte ihn aus diesem Grund und weil er befehlen konnte. Er weigerte sich, die Arbeitszeiten des Studios einzuhalten. Er arbeitete, wann er wollte, und jeder – auch ich – wartete geduldig auf die festgesetzte Stunde, wie Rennpferde, die auf den Startschuß lauern, um loszupreschen. Ich fand, daß er mit seiner Forderung vollkommen recht hatte, und daher rebellierte ich nie.

Wir spielten in einer guten – aber ohne großes Talent geschriebenen – Szene zusammen, in der es um eine Tasse Kaffee ging. Ich zitterte, wenn ich meinen Satz sprechen mußte, zitterte vor Angst, den Ton der Unterhaltung nicht zu treffen und die Leute an der falschen Stelle zum Lachen zu bringen. Aber Spencer Tracy machte uns die Sache leicht.

Nach dem *Urteil von Nürnberg* habe ich also keinen Film mehr gedreht.

Ich war zu beschäftigt mit meiner Karriere als Sängerin und mit meinen Verpflichtungen in aller Welt. Doch vor allem haßte ich die Einschränkungen bei den Dreharbeiten. Ich zog die Bühne bei weitem vor. Die Freiheit, sich auszudrücken, wie man will, keine Kameras und kein Regisseur, der einem ständig in den Ohren liegt. Auch kein Produzent etc. Mit einem Wort, die Bühne gefiel mir. Und ich bin ihr treu geblieben.

Ein weiterer Vorteil der Bühne gegenüber dem Film – wenigstens in meinen Augen: ich komme ohne Verkleidung und falschen Schein aus; ich brauche keine »leichten Mädchen« zu spielen, die lange mein Spezialfach auf der Leinwand waren. Ich wähle selbst meine Lieder aus und singe so, wie die Worte es mir nahelegen.

Als ich Gilbert Bécaud erzählte, daß ich gerne *Marie-Marie* singen würde, sah er mich an und lächelte. »Das ist ein Lied für einen Mann«, meinte er. »Es wäre nicht das erste Mal, daß ich ein ›Männerlied‹ singe«, erwiderte ich. Trotz dieser Antwort war er nicht wirklich überzeugt von meiner Idee, aber er erlaubte mir, *Marie-Marie* in mein Repertoire aufzunehmen.

Als ich ihn zusammen mit Burt Bacharach besuchte und er das Band mit Burts Instrumentierung hörte, standen ihm Tränen in den Augen. Ich singe dieses Lied auf französisch, deutsch und englisch. Es ist eines meiner Lieblingslieder. Vorab erkläre ich immer in der jeweiligen Landessprache, daß es sich um einen Gefangenen handelt, der an sein Mädchen schreibt. Damit ist alles klar.

Wenn ich viele Männerlieder singe, so deshalb, weil der Text wesentlich bedeutungsvoller und dramatischer ist als bei den Liedern, die für Frauen geschrieben sind. Natürlich gibt es auch ... »Unisex«-Texte! Doch *Whoopee* zum Beispiel singe ich nur im Frack. Es wäre zumindest unpassend, bei diesem Lied ein Kleid zu tragen. Dasselbe gilt für *Let's take it nice and easy*. Ein großartiges Lied für einen Mann – aber nicht ganz angebracht für eine Frau. Eigenartig, daß bestimmte Worte im Mund einer Frau unschicklich klingen, im Mund eines Mannes dagegen witzig.

Wenn ich eine Vorstellung ohne diesen blitzartigen Kostümwechsel (mein Rekord sind zweiunddreißig Sekunden) gebe, muß ich auf viele der schönsten Lieder in meinem Repertoire verzichten. Doch einen Smoking anzuziehen, während das Publikum wartet, dann um die Bühne herum zu laufen und überraschend von der anderen Seite aufzutreten, erfordert viel Arbeit und die Hilfe erfahrener Garderobieren. Das war auch gar nicht immer möglich, denn in manchen Theatern war es hinter den Kulissen für einen so akrobatischen Kostümwechsel viel zu eng.

Doch auch die Konzerte, bei denen ich nur in meinen Frauenkleidern auftrat, waren gut. Ich sang viele einfache, sentimentale Lieder, und das kam gut an.

Ich bin keine »Mikrofonesserin«, im Gegensatz zu den meisten anderen Varietésängerinnen, von denen manche sich regelrecht hinter diesem Instrument verstecken. Die Position des Mikrofonständers ist immer genau festgelegt: Ich überprüfe sie vor jedem Auftritt, um zu sehen, ob Abstand und Höhe im Verhältnis zu meinem Gesicht stimmen. Jedesmal, wenn ich das Mikrofon in die Hand nehme und auf der Bühne umhergehe, halte ich es immer ziemlich niedrig und passe auf, daß ich mein Gesicht nicht verdecke.

Es gibt ein französisches Lied, das ich mehr als alle anderen liebe und das ich immer neben dem Flügel stehend sang, das Mikrofon in der Hand: *Je tire ma révérence.* Es ist ein altes Lied, das den Ruhm von Jean Sablon begründet hat. In Amerika, wo das Publikum bekanntermaßen für diese Art Lieder nicht viel übrig hat, hörten die Leute in andächtiger Stille zu. Ich übersetzte nicht einmal die Worte, begnügte mich mit dem Originaltext und einfacher Klavierbegleitung und kündigte nur an: »Nun ein Abschiedslied.«

Erste Schritte beim Fernsehen

Ich verließ für einige Zeit jenes wahre Paradies, das das Varieté für mich bedeutete, denn ich hatte mich schließlich überzeugen lassen, für einen amerikanischen Produzenten und die Firma, die meine Show finanzierte, eine Fernsehsendung zu machen.

Alle meine Wünsche – alle meine technischen Forderungen – wurden akzeptiert. Die Produktionsgesellschaft konnte in London ein Theater bekommen, das zwar noch im Bau war, mir jedoch gefiel und das ich einem New Yorker Studio vorzog.

Da ich das britische Publikum immer sehr geliebt habe und umgekehrt, dachte ich, daß die beiderseitige Begeisterung auch im Fernsehen zu spüren sein müßte.

Doch ich wußte nicht, daß das Gesetz verbot, zahlende Zuschauer zu filmen oder aufzunehmen. Das Publikum mußte »eingeladen« werden: Hunderte von Eintrittskarten wurden also an Angestellte verschiedener Firmen verteilt, die nicht das geringste Interesse an meinem Konzert hatten. Das also war das Publikum, vor dem ich auftreten mußte. Auch im Zuschauerraum waren Kameras angebracht, die das Publikum filmen sollten, was diesem anscheinend nicht mißfiel: Die Frauen rückten die Krawatten ihrer Männer zurecht, wenn sie merkten, daß die Kameras auf sie gerichtet wurden, und brachten ihre eigene Frisur in Ordnung, um einen guten Eindruck zu machen.

Außerdem hatte ich meine eigenen Schwierigkeiten auf der Bühne. Das Orchester und der Dirigent Stan Freeman, die normalerweise hinter mir sind, wurden in die Kulissen verbannt, so daß wir uns nicht mehr miteinander verständigen konnten. Gegen seinen Willen mußte Stan Kopfhörer tragen, um mich richtig hören zu können – sehen konnte er mich nicht. Da er ein höflicher Mann ist, machte er keine Einwände. Leider. Auch ich schwieg. »Mach keinen Ärger«, hatte ich mir gesagt.

Ich sang meine Lieder. In allen Sprachen, die ich kannte. Ohne Pause. Ich versuchte nur noch zu retten, was zu retten war. Nicht, daß das amerikanische Fernsehen ein besonders hohes Niveau hätte. Im allgemeinen ist es das schlechteste überhaupt. Aber das war nicht mein Problem; ich wollte nur eine ebenso gute Vorstellung geben wie am Broadway und in aller Welt. Vergebens. Aber es war nicht allein meine Schuld. Ich habe einen ausgeprägten Gerechtigkeitssinn und erlaube mir, jeden für seinen Bereich verantwortlich zu machen. Ich übernehme die Verantwortung für meinen Teil.

Dieses Konzert habe ich nicht vergessen. Sie werden es sicher nach meinem Tod wieder senden. Großer Erfolg in Aussicht!

In all den Jahren, in denen ich als Sängerin auf der Bühne stand, habe ich nie eine Vorstellung abgesagt – keine Halsschmerzen, keine Krankheit, keine Entschuldigung. Immer war ich da, eine oder zwei Stunden vor dem Auftritt. Bis zu jenem verhängnisvollen Abend, an dem ich in der Dunkelheit hinter den Kulissen über ein Kabel stolperte und mir den Oberschenkelknochen brach. Das war in Sydney, 1976, in der letzten Woche meiner Australien-Tournee. Ich lehnte mich an die Schulter meines Produzenten, und er brachte mich in meine Garderobe. Die Vorstellung sagte er ab. Ich schaffte es bis in mein Hotelzimmer und wartete, bis am nächsten Morgen Röntgenaufnahmen gemacht werden konnten. Unverbesserliche Optimistin, die ich war, wollte ich nicht glauben, daß ich ernsthaft verletzt sei.

Nach einer angstvollen Nacht erfuhr ich am nächsten Morgen, daß ich mir den linken Oberschenkelknochen gebrochen hatte. Ich bekam einen Gips und wurde nach Kalifornien, in das Krankenhaus der UCLA überführt. Da mein Mann damals gerade in Kalifornien war, wollte ich ihn sehen. Von dort aus wurde ich nach New York verladen.

Ich sage »verladen«, denn genau das war der Fall. Ich lag auf einer Bahre, konnte mich nicht bewegen und kam mir vor wie ein Möbelstück. Nur, daß die Transportkosten deutlich höher waren. Anders als in den Zeitungen und bestimmten Werken behauptet wird, habe ich mich keiner Hüftoperation unterzogen. Ich kam in einen Streckverband.

In das Schienbein, direkt unterhalb des Knies, wird ein Metallteil geschraubt, an dessen – zu beiden Seiten des Beines überstehende – Enden über einen Seilzug schwere Gewichte gehängt werden. Das nennt man dann »Streckverband«. Die Hölle! Man liegt auf dem Rücken, ist zur Bewegungslosigkeit verdammt und auf Gedeih und Verderb den Krankenschwestern ausgeliefert, die man bezahlen muß – zusätzlich zu den astronomischen Tarifen für ein schäbiges Zimmer in einem New Yorker Krankenhaus.

Ich bin sicher, daß andere Krankenhäuser sauberer sind. Aber das, wo ich lag, war so verdreckt, daß – da ich selbst dazu nicht in der Lage war – ich treue Freunde bitten mußte, zu kommen und mein Zimmer zu putzen. Die Verpflegung war miserabel; ich machte mir Sorgen um die Kranken, die keine Familie in New York hatten und darauf angewiesen waren, das zu essen, was man ihnen vorsetzte: Blöcke unverdaulicher Tiefkühlkost, die jeden Tag anders hießen und innen noch gefroren waren.

Die Leute in meiner Umgebung litten Hunger und sagten alle dasselbe. Sie schickten mir ein paar Zeilen durch die Krankenschwestern, von denen einige von den Philippinen kamen und reizend waren. Sie kümmerten sich wirklich um uns, im Gegensatz zu den Amerikanerinnen, denen die Arbeit vollkommen gleichgültig war. Sie kannten nur zwei Dinge: ihre »Rechte« und ihr Gehalt. Ich habe mehrere Monate in dieser Klinik verbracht.

Als die Ärzte beschlossen, den Streckverband abzunehmen, legten sie mich vom Brustkorb bis zu meinem verletzten Bein in Gips. Auch das Jahresende verbrachte ich noch an diesem Ort, vernachlässigt von Krankenschwestern, die keine Zeit für mich hatten. Ich fragte mich, ob der Körper einer Kranken sich wohl nach Weihnachten oder Neujahr richtete.

Mit meinem gesunden Bein mußte ich täglich Gymnastikübungen machen, und die angebliche »Therapeutin« – ein so junges Mädchen, daß man zweifeln mußte, ob sie Zeit gehabt hatte, alle ihre Prüfungen abzulegen – kam jeden Tag. Doch in Ferienzeiten verschwand sie von der Bildfläche.

Es war eine schreckliche Zeit, aber ich war selbst schuld! Ich hätte mich »in meinem Bett erheben« müssen, wie man in Amerika sagt – oder in Australien bleiben, bei dem großartigen Dr. Roarty und den aufopfernden Krankenschwestern. Aber ich hatte in der Nähe meiner Familie sein wollen und darauf bestanden, Australien zu verlassen.

Das war falsch, wie ich später merkte. Aber es war nicht das erste Mal, daß ich mich irrte ... Ich erinnere mich an ein Gastspiel in Washington, bei dem mein Dirigent Stan Freeman mich aus dem Orchestergraben ziehen mußte ... Bei diesem Sturz hatte ich mir zwar nichts gebrochen, dafür aber das halbe Bein aufgerissen. Das war der Anfang einer langen Reihe von Unglücksfällen. Ich war allein in Washington, schätzte die Schwere meiner Verletzung falsch ein und wartete zwölf Stunden, bevor ich einen Arzt zu Hilfe rief, der mir jedoch nicht half. Warum bin ich nicht ins Walter-Reed-Hospital gegangen, wo ich als ehemalige Angehörige der Armee problemlos aufgenommen worden wäre? Ein Rätsel ...

Ich setzte meine Tournee durch andere amerikanische Städte und durch Kanada fort. Das Bein war verbunden, aber die Wunde wollte sich trotz täglicher Behandlung nicht schließen. Als ich in Dallas sang, rief ich meinen Freund, Dr. DeBakey an und fragte ihn, ob ich am Sonntag, meinem freien Tag, zu ihm kommen könnte. Am nächsten Sonntagmorgen war ich in Houston. DeBakey erwartete mich am Eingang seiner Klinik.

Er war sehr nett, untersuchte meine Wunde und erklärte dann, daß man sie nur durch eine Hautverpflanzung schließen könne. Ich sagte, ich hätte noch drei Vorstellungen in Dallas und käme danach sofort nach Houston. »Warten Sie nicht zu lange«, meinte er.

Im Gegensatz zu der Unordnung, die in den Krankenhäusern herrschte, die ich bis dahin kennengelernt hatte, war DeBakeys Klinik fabelhaft organisiert. Herrliche Zimmer, reizende Menschen. DeBakey arbeitete Tag und Nacht und kam mich zweimal am Tag besuchen, manchmal sogar um elf Uhr abends, um sich zu versichern, daß alles in Ordnung war und man sich gut um die Patienten kümmerte. DeBakey ist sicher einer der größten Ärzte seiner Zeit. Ebenso wie unzählige andere Menschen, die er behandelt hat, gelobe ich ihm ewige Bewunderung und Dankbarkeit, die auch die Sorgfalt anerkennt, mit der er das Krankenhaus seinen Prinzipien getreu leitet.

Apropos Krankenhäuser, nach Houston ist die Universitätsklinik von Los Angeles sehr zu empfehlen. Sie ist ausgezeichnet. Die Ärzte, die dort arbeiten, sind Spitzenkräfte. Ich habe dort nur drei Tage in meinem riesigen Gips gelegen, bin aber hervorragend gepflegt worden. Bildhübsche Krankenschwestern, Kalifornierinnen, die nicht nur vergnügt, sondern auch tüchtig und freundlich waren, kümmerten sich um mich. Als ich nach New York überführt wurde, begleitete mich eine der Schwestern. Ich war auf einer Bahre festgeschnallt, doch meine Reisegefährtin blieb die ganze Nacht wach für den Fall, daß ich irgend etwas gebraucht hätte. Ein nettes und hübsches Mädchen.

Doch zurück nach Houston. Vor meiner Operation wurde nicht einmal mein Nagellack entfernt. »Rühren Sie ihre schönen Hände nicht an«, hatte Dr. DeBakey befohlen. Bei dem Chirurgen, der die Transplantation vornahm, entdeckte man (was ich erst später erfahren sollte) zwei Tage, nachdem er mich operiert hatte, eine Netzhautablösung, aber Dr. Michael DeBakey wachte über mich.

Als ich aus der Narkose erwachte, lag mein Bein in Gips. Die Chirurgen hatten einen breiten Hautstreifen von meiner linken Hüfte genommen. Sie tat mir weh. Eine Lampe beleuchtete die Stelle, damit die »scharlachrote« Salbe, die aufgetragen worden war, trocknete. Das Stück Haut, das man entnommen hatte, war groß, viel größer, schien mir, als meine Wunde unten am Bein.

Ich fragte, warum ein so großes Stück Haut herausgeschnitten worden sei. Die Antwort lautete: »Wenn es nicht anwächst, haben wir ein anderes Stück, das jetzt in einem Kühlraum ist, um es noch einmal zu versuchen.« Natürlich erwartete ich, daß die verpflanzte Haut nicht anwachsen würde. Mein ganzer Optimismus hatte mich verlassen nach all den Monaten mit dem offenen Bein. Eine Menge Ärzte, junge und alte, untersuchten mich zweimal am Tag. Drei Wochen später hieß es, ich könnte aufstehen, langsam im Krankenhausflur auf und ab gehen, ein, zwei, dann drei Mal am Tag. Schließlich brachte Dr. DeBakey mich nach vielen Umarmungen zum Auto, so behutsam und zuvorkommend, daß ich zu Tränen gerührt war.

Ich rief ihn von Sydney aus an, als ich mir genau dieses Bein gebrochen hatte. Er sprach mit den dortigen Ärzten, vergewisserte sich, daß es »nur« der Oberschenkelknochen war, daß die Haut unversehrt geblieben war, und nannte mir die besten orthopädischen Chirurgen in Amerika. Wieder einmal hatte er die Hände schützend über mich gehalten und mich vor all den Fehlern, die ich hätte begehen können, bewahrt – er traf die Entscheidungen für mich, mein »Held« Michael DeBakey. Seine rechte Hand, Sonia Farell, war mein rettender Engel.

Nachdem mein Oberschenkel ganz geheilt war, verbrachte ich zu Hause noch zwei Monate mit einem furchtbar schweren Gips. Als er abgenommen wurde, lernte ich endlich wieder laufen. Ich war steif geworden, aber ich konnte gehen, unbeholfen, mit eisernem Willen. Noch heute ist mein linker Knöchel aufgrund des Streckverbandes stocksteif, doch ich kann laufen.

Seither habe ich dutzendweise Berichte von Leuten gelesen, die dieselben Qualen durchgestanden haben, und die mir von ihrem »unermeßlichen Kummer« erzählen. Das ist sehr traurig; ich selbst jedoch fühle mich nicht sonderlich »bekümmert«. Ich hinke zwar, aber das ist keine Katastrophe, es geht ziemlich gut. Ich hinke auch nur sehr leicht, und *wer* mich liebt, der wird meinen Gang sehr interessant finden. Das Humpeln wird mit der Zeit verschwinden, und ich werde »wie neugeboren« sein. Das haben sie jedenfalls gesagt. Gott gebe es!

Heute lebe ich in Paris.

Konstantin Paustowski hat geschrieben: »Ein Mensch kann sterben, ohne Paris gesehen zu haben – und doch ist er dort gewesen, hat es in seinen Träumen und in seiner Phantasie gesehen.«

Niemand könnte den Charme von Paris besser beschreiben. Meine eigenen Worte scheinen ungeeignet, aber Paustowskis Wunsch entsprechend (er hat mich zum Schreiben angeregt), will ich versuchen, den unfaßbaren Zauber und die Faszination, die Paris auf mich ausübt, zu beschreiben.

Sein Licht bezaubert auch das härteste Herz. Das Licht von Paris ist blau. Ich will damit nicht sagen, daß der Himmel blau ist. Das ist er nicht! Aber das Licht ist blau. Es ist mit keinem anderen Licht des Abendlandes zu vergleichen. Man hat den Eindruck, eine blaugetönte Brille zu tragen, was sehr viel besser ist, als alles in rosigen Farben zu sehen.

In diesem Licht wirkt auch die Seine zauberhaft, selbst wenn wir wissen, daß sie manchmal voller Schlamm ist. Sie hat ihren eigenen Zauber. Die kleinen verwinkelten Straßen und die majestätischen, großen Boulevards – von einem Geschmack, der auf immer aus unserer Welt verschwunden ist – sind in Paris gut erhalten, ebenso wie, seltsamerweise, in Buenos Aires, einer Stadt, die Paris so ähnlich ist, daß mir Tränen in die Augen stiegen, als ich sie zum ersten Mal sah.

Die Faszination, die von Paris ausgeht, ist so schwer zu beschreiben wie die Liebe zwischen einem Mann und einer Frau. Frühling, Sommer, Herbst und Winter sind – wie Allan Lerner sagt – in Paris und in ganz Frankreich wundervolle, friedliche Jahreszeiten von unvergleichlicher Schönheit. In Paris kann man sich ausruhen, der Welt ihren wilden Lauf lassen. Wenn jemand stirbt, heißt es »die Engel haben ihn fortgetragen«. Und hier nun ein Gedicht, das, besser als ich es je könnte, diese Stadt beschreibt, dieses Land, das ich liebe.

Traum durch die Dämmerung

Weite Wiesen im Dämmergrau;
die Sonne verglomm,
Die Sterne ziehn.
Nun geh' ich zu der schönsten Frau,
weit über Wiesen im Dämmergrau,
tief in den Busch von Jasmin.

Durch Dämmergrau in der Liebeland.
Ich geh' nicht schnell,
ich eile nicht,
mich zieht ein weiches, samtenes Band
durch Dämmergrau in der Liebeland,
in ein blaues, mildes Licht.

Otto Julius Bierbaum

Epilog

Was dieses Buch betrifft, so stimmt alles. Auch wenn nicht alles vollkommen ist, auch wenn bestimmte Dinge nicht ausgesprochen sind. Schmerz und Leid sind Privatsache.

Ich habe meine Pflicht getan. Ich habe immer meine Verantwortung übernommen. Das allein zählt für mich.

Es ist bekannt, daß ich Journalisten und anderen Leuten, die von mir erzählen wollten, immer größtes Mißtrauen entgegengebracht habe. Nur ich selbst kenne die Wahrheit über mich, die Wahrheit über all die auf den Bühnen der ganzen Welt verbrachten Jahre. Die Wahrheit, die auch einige Schriftsteller, von denen manche meine Freunde waren, zum Ausdruck bringen wollten.

Hemingway. Sie ist tapfer, schön, zuverlässig, liebenswürdig und großzügig. Langweilig ist sie nie. Auch sieht sie vormittags in Hemd und Hosen und Stiefeln aus amerikanischen Heeresbeständen ebenso gut aus wie abends oder auf der Leinwand. Ihre Rechtschaffenheit sowie ihr Sinn für Komik und Tragik des Lebens sind schuld daran, daß sie nie wahrhaft glücklich sein kann, außer wenn sie liebt. Über ihre Liebe kann sie sich dann lustig machen, aber es ist Galgenhumor.

Selbst wenn sie nichts als ihre Stimme hätte, könnte sie

einem damit das Herz brechen. Doch sie hat dazu noch diesen schönen Körper und die zeitlose Schönheit ihres Gesichts. Einerlei, womit sie einem das Herz bricht, wenn sie nur da ist, um es wieder zusammenzustücken.

Grausam und ungerecht ist sie nie, aber zornig, ja, das kann sie sein, und dumme Menschen gehen ihr auf die Nerven, daraus macht sie jeweils keinen Hehl, es sei denn, der betreffende Dummkopf befinde sich in einer Notlage. Wer auch nur einigermaßen in Not ist, kann auf ihr Mitgefühl zählen.

Marlene stellt ihre eigenen Lebensregeln auf, doch der Maßstab, den sie dabei an Benimm und Anstand der Mitmenschen legt, ist nicht weniger streng als derjenige der ursprünglichen zehn Gebote. Das ist es wahrscheinlich, was sie geheimnisvoll macht: daß eine so schöne und begabte Frau, die tun kann, was sie will, nur tut, was sie für unbedingt richtig hält, und daß sie so klug und mutig war, die Regeln aufzustellen, die sie befolgt.

Ich weiß jedenfalls, daß ich Marlene noch nie sehen konnte, ohne daß sie mir zu Herzen ging und mich glücklich machte. Falls sie dadurch geheimnisvoll wird, ist es ein schönes Geheimnis. Es ist ein Geheimnis, von dem wir schon lange wissen.

André Malraux. Marlene Dietrich ist keine Schauspielerin wie Sarah Bernhardt; sie ist ein Mythos wie Phryne.

Jean Cocteau. Marlene Dietrich ... Ihr Name beginnt mit einer Zärtlichkeit und endet mit einem Peitschenschlag. Sie tragen Federn und Pelze, die zu Ihrem Körper zu gehören scheinen wie der Pelz der wilden Tiere und die Federn der Vögel. Ihre Stimme, Ihr Blick sind die einer Lorelei, doch Lorelei war gefährlich; Sie hingegen sind es nicht, denn das Geheimnis Ihrer Schönheit liegt in Ihrer Herzensgüte. Ihre Herzensgüte stellt Sie über die Eleganz, über die Moden, über die Stile, sogar über Ihr Ansehen, Ihren Mut, Ihren Gang, Ihre Filme und Ihre Lieder.

Ihre Schönheit ist nicht zu übersehen. Man braucht nicht darüber zu sprechen. Also verneige ich mich vor Ihrer Güte. Sie erleuchtet von innen jene lange Welle des Ruhms, die Sie sind, eine durchsichtige Welle, die von weitem kommt und großzügig geruht, bis zu uns heranzurollen. Von den Pailletten im *Blauen Engel* bis zum Frack in *Marokko,* von dem schäbigen schwarzen Kleid in *X. 27* bis zu den Hahnenfedern in *Schanghai Express*; von den Diamanten in *Sehnsucht* bis zur amerikanischen Uniform; von Hafen zu Hafen, von Klippe zu Klippe, von Woge zu Woge, von Deich zu Deich kommt (mit vollen Segeln) eine Fregatte auf uns zu, eine Galionsfigur, ein fliegender Fisch, ein Paradiesvogel, eine unglaubliche, eine wundervolle: Marlene Dietrich! (Vorstellung von Marlene Dietrich anläßlich des »Bal de la mer« in Monte Carlo am 17. 8. 1954)

Jean Cau. In einer Welt von Lolitas, drallen Püppchen mit Röckchen und Schmollmund, deren schrille Stimmen uns beteuern, daß sie »ihr Leben leben« wollen, und die sich winden, daß sich die Wirbel verrenken, ziehe ich meinen Federhut vor Ihnen, Madame Dietrich, und verneige mich tief, bis zum Boden.

Schönste aller Frauen, die Sie meine Träume mit Ihrer Legende erfüllen, seien Sie gegrüßt, Marlene. Seien Sie überall auf der Welt gegrüßt, Ihrem Ruhm und Ihrer Zeitlosigkeit sei Ehre erwiesen.

Woher kommt diese rauhe Stimme, die von gebrochenen Herzen spricht, diese dunkle Stimme der tausend Wünsche – und aus welchem Meer steigt diese ewige Sirene empor, die Odysseus für immer an den Mast seines Schiffes bindet? Um Ihres Ruhmes und Ihrer Schönheit willen,

Madame, sind Sie seit jeher unsere Königin, unter unseren unzähligen Blicken, die alle über die glänzenden Schuppen Ihres Körpers gestrichen sind. Und seit jeher sind Sie unsere Auserwählte, wenn Ihr Gesang sich über die Legende und über die Nacht erhebt.

Christopher Fry. Es gibt Legenden, legendäre Inseln, legendäre Städte, Legenden von Mut, Rechtschaffenheit, Schönheit. Sie werden in unseren verborgenen Gedanken immer fortleben, nicht weil sie legendär sind, sondern weil sie eine Wahrheit, tiefgründig wie alle Wahrheiten, enthalten. Die Legenda aurea von der Nachtigall, die Legende von der Lorelei, vom strahlenden Apoll, aus dessen Haar die Saiten seiner Laute gemacht waren, vom Traum von den blonden Frauen: diese Legenden werden immer ein Teil der Welt sein, ungeachtet aller Veränderungen: als ob Eva persönlich, als sie den Garten Eden verließ, aus ihrem eigenen Geheimnis ein neues Paradies erschaffen hätte. Und mit diesem Geheimnis eine Wärme, eine Weisheit, eine Menschlichkeit, eine Wahrheit und eine lebende Legende.

Kenneth Tynan. Ein oder zwei Dinge, die ich von ihr weiß ... Marlene, von verschiedenen Seiten gesehen, darum handelt es sich im folgenden – Erinnerungsbilder, wie sie in mir auftauchen, aus fünfzehn Jahren Bekanntschaft und gut dreißig Jahren still-begehrlicher Verehrung.

Da ist zuerst einmal meine Freundin, die Krankenschwester – Spenderin passender Tabletten, Quelle verblüffender medizinischer Ratschläge, magisches Allerweltsheilmittel. Dieser Marlene, Labsal der Verwundeten allerorts, habe ich viel zu verdanken. Heilkräftig sind auch ihre Chansons. Ihre Stimme sagte einem, einerlei, in welcher Hölle man stecke, sie habe das alles auch schon erlebt und sei davongekommen. Eine Spur altdeutscher Volksweisheit – manche würden von Hexerei sprechen – haftet ihr noch an. So kann sie das Geschlecht eines ungeborenen Kindes voraussagen. Dabei handelt es sich zweifellos um höhere Mutmaßung oder klug angewandte Psychologie. Sie selber, als Hexe, nennt es natürlich Wissenschaft.

Dann ist da das Arbeitstier, Tochter eines strengen deutschen Vaters, dazu erzogen, das Vergnügen als Belohnung und Vergünstigung zu betrachten, nicht als Geburtsrecht. Das ist die Marlene, der nichts über Präzisionsarbeit geht, die Künstlerin, die das, was sie kann, täglich weiter verfeinert. Essen tut sie nicht viel, sie hält sich an Beefsteaks und Grünzeug; unersättlich ist sie nur, was Applaus anbetrifft.

Cocteau zufolge ist Stil für gewisse Leute eine höchst komplizierte Art, einfache Dinge zu sagen, für andere eine höchst einfache Art, komplizierte Dinge zu sagen. Marlene gehört zu diesen andern. Ihr Stil wirkt lächerlich einfach – ein müheloses Über-die-Rampe-Kommen, ihre Stimmen den Schlingen eines Lassos gleich, mit dem sie ohne weiteres unsere lichtscheuen Wunschträume einfängt. Leicht ist das aber nicht. Es ist, was übrig bleibt, wenn man auf jede Anbiederung, Sentimentalität verzichtet und allen Arten herzergreifenden Kitsches entsagt. Da bleiben nur noch Stahl und Seide, schimmernd und unverwüstlich.

Ihr Liebreiz hat – wie ich schrieb, ehe ich sie persönlich kennenlernte – etwas Ungeschlechtliches. Sie verehrt mancherlei Männer – große Helfer der Menschheit wie Sir Alexander Fleming, den Entdecker des Penicillins; Darsteller mit einem Sinn für Größe wie Jean Gabin und Orson Welles; große Schriftsteller wie Ernest Hemingway und Konstantin Paustowski; große Meister der genau berechneten Wirkung wie Noel Coward; Männer, die Macht verkörpern, wie General Patton, John F. Kennedy und – neu in die Familie aufgenommen – Moshe Dayan. Marlene weiß den Hauch der Macht zu schätzen. Sie ist fanatisch gegen den Krieg, aber ebenso fanatisch pro-Israel. Dieser innere Widerspruch macht mir manchmal Sorgen.

Unbeteiligt, gebieterisch, hartherzig, eiskalt berechnend – das und noch einiges andere ist sie nicht. Stolz, zeitnah, ironisch, herausfordernd und aus sich herausgehend – das sind Beiwörter, die schon eher zu ihr passen. Auf der Bühne, in der Solonummer, in der sie seit Jahren auftritt, steht sie da, als wisse sie selbst nicht wieso, wie ein zu seiner eigenen Verblüffung allabendlich enthülltes Denkmal. Sie bietet sich dem Publikum dar wie die Hostie der versammelten Gemeinde. Und sie bleibt uns nichts schuldig. Sie weiß, wo all die Blumen geblieben sind – verscharrt im Schlamm von Passchendaele, zu Asche zerbombt in Hiroshima, von Napalm verkohlt in Vietnam – und dieses Wissen schwingt in ihrer Stimme mit. Sie hat mir einmal versichert, sie traue sich zu, Brechts Mutter Courage zu spielen und sie hatte wohl recht. Ich kann sie mir gut vorstellen, wie sie einen Karren über die Schlachtfelder schleppt und dabei die düsteren und stoischen Lieder von Brecht singt, um immer wieder ihren Laden aufzumachen, wo etwas los ist, wie sie es während der Ardennenschlacht in Frankreich tat – diese Königin der Marketenderinnen, Lili Marlen die Große.

Fassen wir zusammen: was wir hier vor uns haben, ist eine eigenwillige und hoheitsvolle Frau, deren einzige Liebhaberei die Gründlichkeit und deren einziges Laster die Selbstausbeutung ist. Gefährlich an ihr ist höchstens ihr Talent, sonst ganz vernünftigen Menschen (wie mir) unweigerlich dergleichen überschwengliche Prosa zu entlocken. Marlene macht Werbetexter aus uns allen: Sie ist Briefkastenonkel, Fürsprecherin höhernorts, ein Wort im Vertrauen, der territoriale Imperativ, ferner der Rauch, der in die Augen steigt, wie lebe ich allein und zwar gern, den Tüchtigen gehört die Welt, das Zeitalter der Angst, die liberale Gedankenwelt, niemandes Gimpel und jedes im Felde Gefallenen Witwe. Obendrein hat sie auch noch ihre Grenzen, die sie aber kennt.

Ich stimme Tynan zu – nicht vollkommen, aber auf jeden Fall seinem letzten Satz. Ich kenne in der Tat meine Grenzen und überschreite sie nie, oder fast nie.

Ich bin leicht zu entmutigen. Ein Achselzucken, und ich ziehe mich in mein Schneckenhaus zurück. Andererseits verteidige ich wie eine Löwin meine Prinzipien oder einen Freund, ob er nun in einer Notlage ist oder nicht. Ich habe für meine Freunde gekämpft, jedesmal wenn ich glaubte, sie würden angegriffen, auch wenn es ihnen selbst ganz gleichgültig war und auf die Gefahr hin, Ärger zu bekommen – der mir jedoch nichts ausmachte, weder damals noch heute. Ich glaube, ich werde mich nie ändern.

Ich bin nie sehr selbstbewußt gewesen, weder beim Film noch auf der Bühne. Auf der Bühne gab mir Burt Bacharachs Lob das unentbehrliche Gefühl von Sicherheit. Wer mir bei meinen Filmen dieses Gefühl vermittelt hat, ist bekannt. Aber außerhalb dieser beiden Bereiche bin ich so hilflos wie ein Neugeborenes.

Ich bin nicht wirklich stark. Natürlich habe ich feste Überzeugungen. Aber angesichts eines Dramas fühle ich mich unsicher, verloren. Ich spreche von meinen eigenen Dramen; einem Unglück, das meine Familie und Freunde trifft, trete ich mutiger entgegen, denn ich empfinde es als meine Pflicht zu helfen – ein Gefühl, das mir eine gewisse Kraft gibt.

Ich habe diese »Philosophie« nie auf mich selbst anwenden können. Wenn mich ein Unglück trifft, verfalle ich in tiefe Verzweiflung. Selbst meine engsten Freunde wissen nichts von dieser Schwäche, gegen die ich nicht ankomme. Sie schadet mir. Und da ich schon vor langer Zeit gelernt habe, daß Selbstmitleid strengstens verboten ist, muß ich mich an diesen »Fehler« gewöhnen und darf niemanden mit meinen eigenen Sorgen behelligen.

Der Tod hat mir viele Freunde entrissen, meine besten Freunde; ich habe meinen Mann verloren, der schmerzlichste Verlust von allen. Jeder Freund, der von uns geht, vertieft die Einsamkeit. Es tut weh, nicht mehr den Telefonhörer abnehmen und eine geliebte Stimme hören zu können, und ich gestehe, daß ich es müde bin zu leiden.

Ich vermisse Hemingway und die Scherze, die er mir vom anderen Ende der Welt zurief, seine humorvollen Ratschläge, die er mit einem »schlaf gut« beschloß. Ich werde niemals seinen Satz »es war einfacher im Hürtgenswald« vergessen. Diese Worte verfolgen mich, und mein früherer Zorn flammt wieder auf: Aber das hilft mir nicht durch die Nacht. Doch gibt es überhaupt ein Mittel gegen schlaflose Nächte? Niemand kennt eines. Und wenn die »Professoren«, wie Hemingway sie nannte, noch so dicke, gelehrte Bücher zu diesem Thema schreiben, gegen diese nächtliche Angst ist kein Kraut gewachsen. Das ist nun einmal so.

Ich habe fast mein ganzes Leben mit hochintelligenten Männern verbracht. Sie sind nicht wie andere Menschen – ihr Geist ist groß und anregend. Sie hassen Streit, ja lehnen ihn ab. Ihre Phantasie ist ansteckend für ihre Umwelt, ihre Erfindungsgabe hat keine Grenzen. Sie verlangen Ergebenheit und Gehorsam. Auch Humor. All das habe ich mit Freude gegeben. Ich war glücklich, auserwählt zu sein und klug genug, sie zu verstehen. Dies ist ein wesentlicher Grund, warum mein Leben glücklich war.

Die Frauen, die Probleme haben (die Männer haben meist weniger), rennen zu ihrem Psychiater und bezahlen dafür, daß er ihnen zuhört (ich kannte einen Analytiker, der einen Hörer hatte, den er nach Belieben ein- und ausschalten konnte, und der dabei immer den Eindruck erweckte, als höre er den Hirngespinsten seiner Patientin aufmerksam zu). Natürlich habe ich als Realistin nie verstanden, wie man in klingender Münze einen Unbekannten dafür bezahlen konnte, daß er einem zuhört.

Wenn Leute meiner Generation auf ihr Leben zurückblikken, denken viele von ihnen, sie hätten ihre Jugend vergeudet. Ich glaube, wir verstanden damals nicht, daß wir unsere Zeit verschwendeten. Wir lebten in den Tag hinein, nur der Augenblick zählte, wie für alle jungen Leute heute ebenso wie früher. »Nach mir die Sintflut« – das ist ein wunderbarer Ausdruck, und vielleicht nicht einmal die schlechteste Einstellung. Es wäre ein sehr guter Titel für dieses Buch gewesen, aber es entspricht nicht wirklich den Gefühlen, die wir in unserer Jugendzeit empfanden. Wir dachten nie an die »Sintflut«. Die jungen Leute von heute dagegen wissen, daß eine solche Sintflut möglich ist.

Damals, jedenfalls glaubten wir das, war alles einfacher. Ich bin sicher, daß die jungen Leute, die sich nicht für die Politik interessieren – die ihren täglichen Beschäftigungen nachgehen, wie wir früher auch – dasselbe sagen würden. Die wunderbare Einstellung der Jugend triumphiert über alles. Ich hoffe, daß sie nicht schwächer wird und daß sie mit den grauenhaften Ereignissen, die die Welt bedrohen, fertig wird und sie überlebt und daß sie ihren Seelenfrieden bewahrt.

Ich verabscheue die »Aussteiger«. Ich habe alle Bücher über sie gelesen, auch die von Kazan. Solche Leute müßten einen Ort finden, wo es keine Gesetze gibt, wo keinerlei Einschränkung ihr zielloses Leben stört, wo sie ihren Lebensunterhalt erbetteln können, völlig verkommen, zuerst ihre Sachen, dann ihre Körper verkaufen, und schließlich umgebracht und in zweifelhaften Särgen mit der Aufschrift »Familie unbekannt« fortgeschafft werden.

Da so viele Leute sich fragen, womit ich heute meine Zeit verbringe, will ich offen sein: ich lese pausenlos. Ich bekomme fast alle Neuerscheinungen aus Amerika – gute wie schlechte. Den neuen Gott der modernen Literatur, Peter Handke, habe ich auf deutsch gelesen, aber er bleibt mir ein Rätsel. Er hat erklärt, er könne nicht in Deutschland leben, er wohne lieber in Paris. Er scheint Deutschland sowie das Leben im allgemeinen satt zu haben. Überdies halte ich ihn für einen zutiefst masochistischen Menschen – einer der Hauptgründe, warum ich mich mit den Personen in seinen Büchern nicht identifizieren kann. Aber ich bin keine Kritikerin, nur eine einfache Leserin. Nach seinem dritten Buch verspürte ich Langeweile, Überdruß und habe aufgegeben. Wahrscheinlich mein Fehler! Vielleicht sind seine Bücher in der englischen Übersetzung besser. Aber ich lasse mich nicht gerne enttäuschen. Bei den deutschen Schriftstellern muß ich mich also an Böll und Grass halten. Doch es fällt mir leichter, französische Autoren zu lesen. Am liebsten sind mir natürlich die Engländer und Amerikaner, und ich verbringe ganze Nächte mit ihren Büchern.

Die Zeit heilt nicht alle Wunden. Nach wie vor erstaunt mich die Beständigkeit der Trauer und ihre Macht über die Menschen. Vielleicht heilt die Zeit oberflächliche Wunden – doch der tiefen Wunden wird sie nicht Herr. Im Laufe der Jahre schmerzen die Narben ebenso wie die Verletzungen. »Kopf hoch«, »beiß die Zähne zusammen«, »das geht schon wieder vorbei«, etc. – alle diese Ratschläge nützen nicht viel. Wichtig ist, einen Kokon um sein Herz zu spinnen, den Einfluß der Vergangenheit zurückzudrängen. Bauen Sie nicht auf die Anteilnahme anderer. Man kann sehr gut ohne sie auskommen, das weiß ich.

Was bleibt, ist die Einsamkeit.

Namenregister

Margaret Crosland

Piaf

Biographie

Ullstein Buch 22227

ein Ullstein Buch

»Margaret Crosland verfolgt den Weg der Straßensängerin zur Königin des Chansons, die ewige Suche der Piaf nach Liebe und Anerkennung. Das Buch, das sich weit über andere Standardwerke aus der Show-Welt hervorhebt, ist für Verehrer der Piaf ebenso spannend wie für Freunde der französischen Kulturgeschichte.«

Berliner Morgenpost